Les mères aussi aiment ça...

Données de catalogage avant publication (Canada)

Raskin, Valerie D.
Les mères aussi aiment ça

Traduction de : Great sex for moms.
1. Éducation sexuelle des femmes. 2. Mères - Sexualité. 3. Rôle parental.
I. Titre.

HQ46.R3714 2003 613.9'071 C2003-941107-9

DISTRIBUTEURS EXCLUSIFS :

• Pour le Canada
et les États-Unis :
MESSAGERIES ADP*
955, rue Amherst
Montréal, Québec
H2L 3K4
Tél. : (514) 523-1182
Télécopieur : (514) 939-0406
* Filiale de Sogides ltée

• Pour la France et les autres pays :
VIVENDI UNIVERSAL PUBLISHING SERVICES
Immeuble Paryseine, 3, Allée de la Seine
94854 Ivry Cedex
Tél. : 01 49 59 11 89/91
Télécopieur : 01 49 59 11 96
Commandes : Tél. : 02 38 32 71 00
Télécopieur: 02 38 32 71 28

• Pour la Suisse :
VIVENDI UNIVERSAL PUBLISHING SERVICES SUISSE
Case postale 69 - 1701 Fribourg - Suisse
Tél. : (41-26) 460-80-60
Télécopieur : (41-26) 460-80-68
Internet : www.havas.ch
Email : office@havas.ch
DISTRIBUTION : OLF SA
Z.I. 3, Corminbœuf
Case postale 1061
CH-1701 FRIBOURG
Commandes : Tél. : (41-26) 467-53-33
Télécopieur : (41-26) 467-54-66

• Pour la Belgique et le Luxembourg :
VIVENDI UNIVERSAL PUBLISHING SERVICES BENELUX
Boulevard de l'Europe 117
B-1301 Wavre
Tél. : (010) 42-03-20
Télécopieur : (010) 41-20-24
http://www.vups.be
Email : info@vups.be

Pour en savoir davantage sur nos publications,
visitez notre site : **www.edhomme.com**
Autres sites à visiter : www.edjour.com
www.edtypo.com • www.edvlb.com
www.edhexagone.com • www.edutilis.com

L'ouvrage original américain a été publié par
Fireside, une filiale de Simon & Schuster, Inc.,
sous le titre *Great Sex for Moms*

Dépôt légal : 3e trimestre 2003
Bibliothèque nationale du Québec

ISBN 2-7619-1772-3

Gouvernement du Québec – Programme de crédit d'impôt pour l'édition de livres – Gestion SODEC.

L'Éditeur bénéficie du soutien de la Société de développement des entreprises culturelles du Québec pour son programme d'édition.

Nous reconnaissons l'aide financière du gouvernement du Canada par l'entremise du Programme d'aide au développement de l'industrie de l'édition (PADIÉ) pour nos activités d'édition.

Les mères aussi aiment ça...

Dr Valerie Davis Raskin

Traduit de l'américain
par Danièle Bellehumeur

LES ÉDITIONS DE L'HOMME

Introduction

Nous croyons souvent que les autres ont une vie sexuelle plus satisfaisante que la nôtre. Le jardin secret de la voisine nous semble toujours un peu plus vert.

Que nous soyons médecin ou patiente, mère au foyer ou utilisatrice des services de garde, pompier ou libraire, mariée depuis des décennies ou femme monoparentale, mère depuis quelques jours ou depuis dix ans, il n'en demeure pas moins que la plupart d'entre nous avons le sentiment que tout le monde jouit d'une vie sexuelle plus excitante que la nôtre, plus agréable, plus intime, plus… à vous d'inscrire ici le qualificatif qui convient.

Lorsque nous sommes mères, ce vague sentiment devient une ferme conviction.

Notre meilleure amie, notre sœur, l'infirmière d'à côté, la caissière du supermarché et la dernière flamme de notre partenaire, toutes ces femmes – croyons-nous – ignorent tout de la panne de désir sexuel.

Nous croyons aux mythes, faute d'information. Nous croyons que la plupart des femmes atteignent l'orgasme durant une relation sexuelle conventionnelle.

C'est faux.

Nous croyons que la plupart des couples mariés font l'amour trois fois par semaine.

C'est également faux.

Nous croyons que le désir sexuel devrait normalement refaire surface lorsque nous cessons d'allaiter.

Ce n'est pas le cas.

Nous croyons que notre partenaire est obsédé par notre corps tout autant que nous le sommes.

Dieu merci, il n'en est rien.

Nous croyons que la libido est instinctive et, qu'une fois disparue, la magie ne reviendra jamais plus.

Nul doute, elle peut rejaillir comme une fontaine.

Outre nos fausses croyances sur la vie sexuelle de tout un chacun, nous pensons qu'il nous est impossible de modifier nos rapports sexuels. Et nous craignons que l'unique solution soit, malheureusement, de consulter un ou une sexologue qui garde en arrière-boutique un coffret rempli d'objets secrets tels des colliers de cuir noir, des uniformes de petites bonniches françaises, des objets de plastique mauve fonctionnant avec des piles ou encore des films sur vidéocassettes introuvables au club vidéo.

Vous songez sans doute aux jours au cours desquels le sexe était quelque chose de formidable : en d'autres mots, avant la venue de bébé. Peut-être envisagez-vous le retour de ces jours heureux dans un avenir *très* lointain ? Quoi qu'il en soit, il y a fort à parier que, pour l'instant, vous avez baissé les bras. Car vous avez la conviction que, pour ramener la passion au cœur de votre vie sexuelle, vous devrez vous transformer en bombe scandinave, prendre un amant ou mieux, vous initier à des contorsions dignes de Houdini.

J'espère vous faire changer d'avis.

Vous *pouvez* avoir une vie sexuelle formidable tout en élevant vos enfants. Vous pensez sans doute que, fatiguée ou occupée comme vous l'êtes, il n'y a tout simplement pas de place pour le sexe dans votre vie ; pourtant, même une mère épuisée peut emmagasiner des réserves d'énergie afin de profiter d'une vie sexuelle équilibrée. Je vous montrerai comment y parvenir. Et si vous vous croyez incapable d'améliorer vos rapports sexuels en raison de votre grande pudeur, je vous proposerai un remède contre ce fléau.

De quelle façon puis-je vous aider ? Pourquoi devriez-vous me faire confiance ? Je peux vous affirmer ceci : je suis psychiatre, mais jamais je n'ai eu l'intention de me spécialiser en sexologie. En fait, j'espère encore que ma mère ne le découvrira pas de sitôt. Mais voilà. Pendant des années, j'ai pratiqué le métier de psychothérapeute et j'ai été mère. J'ai alors compris que la passion pouvait s'évanouir sans crier gare, que les femmes se sentaient terriblement seules et coupables devant leur panne de désir sexuel et, enfin, que le lien affectif entre conjoints peut rapidement s'effriter dès que le lien sexuel est rompu. J'ai également appris que le fait d'ignorer la réalité du problème – ce qui est bien tentant, avouons-le – ne règle en rien la situation, bien au contraire.

À titre de psychiatre, je traite surtout des femmes ayant des problèmes liés à la maternité et au système reproducteur comme la dépression du post-partum, les troubles de panique pendant la grossesse et les SPM (syndromes prémenstruels). Comme vous n'ignorez sûrement pas d'où viennent les bébés, vous vous doutez bien que plusieurs de mes patientes ont eu récemment des rapports sexuels ; mais je traite d'abord et avant tout des mères qui espèrent retrouver un jour une vie sexuelle active ou, mieux encore, leur plaisir sexuel, une fois que leurs enfants seront au collège.

J'écoute mes patientes en dépression postnatale me déclarer combien elles aimeraient ne plus jamais avoir à faire l'amour. J'entends des femmes qui se sentent coupables et qui sont convaincues que leur époux est un pauvre diable qui a perdu au jeu de la loterie du karma amoureux – cet homme est aujourd'hui piégé avec une femme sans libido, alors qu'il pourrait vivre auprès de l'une de ces innombrables femmes qui « jouissent » à la seule idée de faire l'amour. On me raconte l'effritement de l'amour et de la romance qui se noient dans les eaux de la lessive, sous le poids des ventes de petits fours et du covoiturage. On me dit tout l'ennui qui s'installe après des années à « le faire de la même sempiternelle manière ». On me parle de ces petits monstres qui foncent tête première dans la chambre des parents ou encore de ces enfants qui drainent toute l'énergie de leurs parents, sexuelle et autre. J'entends parler d'époux qui ne lèveront jamais le petit doigt pour participer aux tâches ménagères, mais qui s'attendent à avoir du sexe sur demande. Quant aux mères monoparentales, elles me confient combien il est complexe d'avoir une vie sexuelle active dans leur situation. Les mères me parlent aussi de ces ados qui ne veulent jamais aller dormir et qui, au petit matin, sont incapables d'entendre la sonnerie du réveil leur annonçant qu'il est temps d'aller à l'école, ces mêmes ados qui sont pourtant curieusement munis d'un radar infaillible pour entendre les moindres murmures ou les sons étouffés provenant de la chambre des parents qui font doucement l'amour.

J'entends aussi des femmes me parler de la vie sexuelle d'autres femmes, paradisiaque bien sûr : une sœur qui arrive d'une seconde lune de miel dans les Caraïbes pendant laquelle les amoureux transis ont fait l'amour vingt-quatre heures par jour, sept jours par semaine ; une amie qui s'est offert une escapade amoureuse avec son mari et qui n'a pas quitté la chambre de l'hôtel pendant tout le week-end ; une voisine qui a laissé sa fenêtre de chambre ouverte pour ameuter tout le quartier et montrer combien son mari est habile au lit.

Mais je dois questionner mes patientes pour qu'elles se décident à me raconter ces histoires.

Au début de ma pratique, je me demandais pourquoi les mères n'abordaient jamais le sujet de leur sexualité sauf sous la pression de mes questions et ce, même dans le cadre d'une thérapie. Pourquoi les mères craignaient-elles à ce point de parler de leur sexualité ? J'ai tout saisi le jour où l'une de mes patientes m'a affirmé que jamais je ne pourrais comprendre ses difficultés sexuelles puisque, de toute évidence, je jouissais d'une vie sexuelle formidable. Tous les thérapeutes le savent, les patients nous idéalisent ; mais cette fois, la situation était particulièrement poignante. Une patiente ayant cette perception des choses comme mère devait, je m'en doutais bien, croire à la version romantique de la maternité véhiculée par Hallmark et compagnie. Pour elle, il était impensable que je puisse connaître les côtés sombres et secrets de la maternité. Se comparant aux autres, elle était convaincue qu'elle était la seule à vivre ces moments bizarres, tendus et ennuyeux, dans ses draps froids.

Nous rions à l'idée de tous ces hommes qui comparent, anxieux, la taille de leur pénis avec celui de leurs voisins; mais le fait est que nous tombons tout autant dans le piège de la comparaison entre femmes. Depuis l'âge de dix ou onze ans, on nous a montré à dépister laquelle d'entre nous est la plus jolie, la plus intelligente, la plus mince et la plus populaire. Devenues adultes, nous avons souvent le sentiment profond et tenace de n'avoir pas suffisamment d'atouts pour assumer pleinement notre sexualité. Nous pensons que nos performances au lit sont catastrophiques et que notre cas est sans espoir. Nous avons le sentiment d'être nulles lorsque nous nous comparons à celles qui « l'ont l'affaire ».

Voici la bonne nouvelle: vous n'êtes pas seule. Mieux encore: vous pouvez retrouver le plaisir sexuel et ce, même si vous êtes grand-mère. Rien n'est jamais tout noir ou tout blanc. C'est un fait, vous devez absolument vous pencher sur vos problèmes sexuels et trouver une solution. Une sexualité vivante et vibrante est un aspect important d'une relation harmonieuse; qui plus est, des parents heureux sont la pierre angulaire d'une famille heureuse.

Au cours de mes années de pratique médicale, j'ai découvert des solutions pratiques, parfaitement accessibles aux mères d'aujourd'hui. Mais ne précipitons pas les choses. Avant d'aborder les 10 étapes qui vous permettront de nourrir votre passion amoureuse, vous devez identifier clairement les obstacles qui entravent votre chemin. Voyez les choses sous cet angle: lorsque vous laissez votre voiture au garage pour une mise au point, votre mécanicien fait quelques tests afin de vérifier que le moteur tourne rondement et ce, même si vous êtes convaincue de connaître la nature du problème. De la même manière, en procédant à un examen honnête et approfondi des problèmes sexuels qui vous ont affectée au cours de votre vie, vous vous engagerez dans la bonne direction.

Mais pourquoi s'y arrêter, me direz-vous? Pourquoi ne pas s'attaquer tout de suite aux solutions? Pour une raison fort simple et importante: lorsque vous prononcez votre propre diagnostic, vous faites la paix avec vous-même. Lorsque vous vous heurtez à des problèmes d'ordre émotif ou sexuel, il est rassurant d'apprendre qu'ils sont monnaie courante. Il est encourageant de découvrir que bien des gens ont su relever avec succès des défis semblables à ceux que vous rencontrez. Par ailleurs, quel soulagement vous ressentirez d'apprendre que nul n'est à blâmer et que vous n'avez aucune raison d'avoir honte, ni vous ni votre conjoint ! Enfin, vous serez heureuse de découvrir que ce que vous considérez comme votre « handicap personnel incurable » n'est pas un bon diagnostic.

Ce n'est pas votre faute. Ce n'est pas sa faute.

Une mère peut améliorer sa sexualité de mille et une façons, mais avant tout elle doit cesser de se sentir coupable. Vous n'obtiendrez aucun résultat tant et aussi longtemps que vous jetterez le blâme sur vous, que vous vous croirez incompétente ou que vous continuerez à plaindre ce pauvre homme prisonnier de votre mariage. Vous n'irez pas plus loin si vous le blâmez et le rendez responsable de la situation. Ce sont là les obstacles qu'il vous faut d'abord franchir. La colère et la culpabilité font de bien piètres amants. Le plaisir sexuel commence par l'estime de soi et la considération mutuelle entre conjoints.

Ce n'est pas votre faute si vous êtes constamment épuisée. Ce n'est pas sa faute s'il désire faire l'amour même lorsque vous êtes fatiguée. Ce n'est pas la faute de votre enfant si son cycle de sommeil perturbe vos rapports sexuels. Ce n'est pas la faute de votre mari s'il ne sait pas être plus adroit dans ses caresses. Ce n'est pas votre faute si vous ne lui avez pas encore dit de quelle façon vous aimez être touchée. Et ce n'est pas votre faute si la société dans laquelle nous vivons cherche à vous convaincre que tout le monde dans la vie, à part vous, atteint le septième ciel dans le feu brûlant de nuits enflammées, soir après soir.

Nous vivons dans un monde tapissé de murales affichant des femmes presque nues, inondé de sous-vêtements provocants et de vidéos si osées que nos grands-mères se retourneraient dans leur tombe en les voyant. Et pourtant, nous sommes terriblement inhibés lorsque vient le moment de parler ouvertement de sexualité avec notre partenaire. Songez au nombre de couples qui regardent ensemble des films érotiques aux images fort explicites, mais qui jamais au grand jamais ne discutent de leur propre relation sexuelle. Nous sommes paralysées à la seule idée d'être incompétentes ; nous craignons qu'en parlant de nos failles nous donnions à l'autre des munitions qui lui permettront de nous évaluer. Votre époux nourrit probablement les mêmes peurs ; sans doute évitez-vous d'aborder avec lui le sujet de front, de crainte qu'il ne se sente critiqué ou « castré » par vos propos.

Tout au long de cet ouvrage, je vous encouragerai à trouver votre voie vers le plein épanouissement sexuel. Je comprends que cela vous semble impossible, mais je sais que vous pouvez y parvenir. Et je sais également que si cette tâche était facile, vous l'auriez déjà accomplie depuis longtemps. Je m'engage à vous aider, à vous suggérer des mots clairs et des outils précis que vous pourrez utiliser à votre convenance.

J'ai la conviction que si vous désirez améliorer votre vie sexuelle, il en va de même de votre partenaire. Je crois également que certains livres ne vous seront d'aucune utilité, notamment ces ouvrages qui vous font miroiter des résultats extravagants comme « réglez tous vos problèmes sexuels et ayez des orgasmes cosmiques dès demain ». En fait, ces ouvrages aux promesses irréalistes (« obtenez des orgasmes à faire trembler ciel et terre tous les jours en seulement 20 secondes ») ne font qu'empirer les choses, car ils alimentent votre sentiment d'incompétence. Comment vous sentez-vous lorsque vous feuilletez un bouquin qui vous explique comment devenir une mère parfaite ? N'avez-vous pas le sentiment d'être une « incapable » lorsqu'on vous dit que toute bonne mère sait comment s'y prendre pour mettre fin en douce aux crises de son fils de deux ans ou encore que jamais une mère parfaite n'élève la voix en discutant avec son adolescent ?

Je suis convaincue que toute femme peut vivre un orgasme si elle se sent à l'aise devant les étapes à franchir pour y parvenir.

Je crois que toute femme peut apprendre à parler plus ouvertement de son corps et de ses besoins sexuels avec son partenaire. Je sais qu'on peut changer le cours des choses et passer d'une sexualité ennuyeuse à une sexualité intéressante. Je ne crois pas en une sexualité parfaite, pas plus d'ailleurs qu'en une mère parfaite.

Je crois que nous pouvons devenir de très bonnes mères et atteindre le plein épanouissement sexuel et le plaisir.

Cet ouvrage fait la lumière sur la réalité ; il vous dira ce qui se passe réellement dans la chambre à coucher de vos voisins et voisines. Sachant cela, il vous sera plus facile de regarder en face votre propre vie et de prendre courage, en constatant que vous n'êtes pas la seule à traverser le désert sexuel des mères. En lisant ce livre, vous trouverez les mots pour discuter de sexualité avec votre partenaire. Vous découvrirez également quelques trucs simples qui vous aideront à retrouver un peu de romantisme et d'intimité dans votre vie sexuelle sans que jamais vos limites personnelles ne soient dépassées.

L'art de nourrir votre passion amoureuse tout en élevant vos enfants vous est présenté en 10 étapes. Cette démarche ressemble en tout point à tout processus visant à développer une nouvelle compétence ou à renouer avec un ancien talent. Si vous aviez l'habitude de coudre, mais que vous avez abandonné ce passe-temps depuis longtemps, si vous avez toujours désiré apprendre une troisième langue sans jamais vous y mettre vraiment ou prendre des cours de *taï chi* lorsque vous aurez enfin un peu de temps libre, quel que soit votre désir, vous savez ce que vous devrez faire pour le réaliser. Vous devrez prendre la décision de passer à l'action, de consacrer à cette activité le temps et l'énergie nécessaires, de vous procurer les outils indispensables, de persévérer et, finalement, de tolérer l'inconfort de vos premiers essais un peu maladroits.

Il en va de même pour la (re)conquête de votre plaisir sexuel. Vous devrez d'abord fixer vos priorités et choisir de valoriser votre sexualité, de prendre soin de vous et de tenir compte de vos désirs et de vos besoins. Je vous aiderai à faire de meilleurs choix personnels. Je vous enseignerai à faire taire cette petite voix intérieure qui vous murmure constamment « tu ne peux pas » ou « tu n'y arriveras jamais». Il sera temps ensuite d'acquérir de nouvelles compétences. Je vous accompagnerai tout au long de ce trajet alors que vous apprivoiserez votre esprit et nourrirez votre sensualité, votre concentration, votre confiance et vos connaissances. Finalement, je vous inviterai à utiliser vos talents, à mettre en pratique vos nouvelles connaissances et à vous aventurer juste un peu plus loin que ce qu'on appelle la «zone de grand confort».

Nous, les êtres humains, avons cette particularité: notre principal organe sexuel se trouve entre nos deux oreilles. C'est à la fois une bénédiction et un piège. Une sexualité morne, l'inertie, la fatigue, la peur, l'aliénation et les piètres scénarios culturels, toutes ces considérations négatives se trouvent au dernier étage, c'est-à-dire dans le cerveau. Dans la plupart des cas, ces tendances n'ont rien de physiologique chez la mère. Comme le principal obstacle au plaisir sexuel est avant tout d'ordre mental, voici la bonne nouvelle: vous pouvez agir sur le mental et, par conséquent, sur votre sexualité en la nourrissant d'ingrédients de votre choix tels l'excitation, l'humour, l'énergie, la confiance, l'intimité et l'affirmation de soi. En fait, cet ouvrage vous invite à faire des changements mineurs qui vous apporteront des bénéfices substantiels. Il s'adresse à toutes les mères qui désirent améliorer leur vie sexuelle. Il parle de ces mères ordinaires qui trouvent une solution à leurs problèmes sexuels ordinaires; des problèmes que la majorité d'entre nous connaîtront un jour ou l'autre.

Selon moi, la sexualité d'une mère est influencée par ce qui se passe dans son esprit, dans sa relation amoureuse et dans son quotidien. Une mère aimante prend soin de sa vie sexuelle. Le vide sexuel dans un couple est bien plus menaçant pour le bien-être de la famille que des escapades occasionnelles en amoureux au cours du week-end. Je vous invite à garder l'esprit ouvert. Après tout, vous avez déjà tout ce qu'il faut pour jouir d'une relation sexuelle honnête, aimante, sécurisante, empreinte de maturité, plaisante et gratifiante sur le plan émotif.

LE DIAGNOSTIC

LES QUATRE OBSTACLES au plein épanouissement sexuel de la mère

Maternité et sexualité ont beaucoup en commun. Lorsque tout baigne, c'est vraiment formidable. Mais lorsque l'ennui ou le désagrément s'installe, il y a fort à parier que dans la majorité des cas les principales intéressées *refuseront* de l'admettre. Car dans notre culture, lorsqu'il est question de sexualité et de maternité, nous amplifions le beau côté des choses tout en prétendant que les aspects négatifs sont inexistants. Cette conspiration du silence ajoute l'insulte à l'injure. En effet, puisque la vie sexuelle du voisin semble si formidable, il est terriblement tentant de nous jeter le blâme lorsque nous sommes aux prises avec des difficultés de cet ordre.

Mais il est faux de prétendre que la vie sexuelle de tout le monde est paradisiaque. Si la sexualité et la maternité vous causent des problèmes, sachez que vous n'êtes pas la seule et que nombre de personnes font face à des difficultés semblables. Les obstacles à l'épanouissement sexuel sont nombreux et les mères ont mille et une raisons, par ailleurs fort compréhensibles, de cesser d'investir dans leur vie sexuelle.

Les prochains chapitres vous aideront à modifier votre impression – « je suis un cas désespéré », « incurable » – par un diagnostic plus réaliste et plus compatissant. Vous aurez à reconnaître vos tendances à l'inertie et au déni lors de votre autoévaluation et vous constaterez qu'elles sont très présentes sur la ligne de front.

La maternité est un sprint de 100 mètres qui ne finit jamais ; dans ces conditions, il est normal de minimiser ou de négliger certains défis que nous préférons glisser sous le tapis, sans les relever. Mais le moment est venu de réévaluer vos priorités et de retrouver un certain équilibre et ce, même si vous aviez adopté la voie du « ce qu'on ignore ne fait pas mal ».

Certaines mères se sentent vidées de toute énergie, elles ont le sentiment de se retrouver en pleine traversée du désert ; d'autres sont aux prises avec un problème tout aussi sérieux, celui de sacrifier leur vie entière au nom de la maternité. Ces mères sont tellement épuisées qu'elles devront d'abord chasser le démon du don de soi excessif avant de retrouver une vie sexuelle saine et équilibrée. Si vous correspondez à la description de la mère perfectionniste, ce chapitre vous éclairera ; lisez-le attentivement.

En fait, les troubles sexuels sont parfois la pointe de l'iceberg et cachent souvent des problèmes relationnels. Le couple aux prises avec de sérieux conflits maritaux aura également des problèmes d'ordre sexuel. On ne peut dans ces circonstances dissocier le manque d'intérêt sexuel du diagnostic véritable : un mariage en péril. Ce chapitre vous aidera à déterminer si votre panne de désir sexuel est due à un éloignement des conjoints ou à un mariage en difficulté.

J'aimerais maintenant vous inviter à la prudence. Demandez-vous très honnêtement si votre vie sexuelle est perturbée pour des raisons autres que le bouleversement émotif lié à la présence des enfants. Dans ce livre, lorsque je décris les obstacles à surmonter et les 10 étapes de l'art de nourrir votre passion amoureuse, je m'adresse directement aux mères qui, avant d'avoir des enfants, aimaient le sexe et prenaient plaisir à faire l'amour. Si le sexe n'a jamais été une source de plaisir pour vous, une approche différente serait sans doute plus appropriée que celle que je propose dans ce livre. Par ailleurs, si, du jour au lendemain, vous avez perdu tout appétit sexuel, si vous avez noté que vos désirs, vos fantasmes et votre énergie sexuelle étaient en chute libre, la cause peut être d'ordre physiologique ; il peut s'agir d'un déséquilibre hormonal ou des effets secondaires d'un médicament quelconque. Ne négligez pas les facteurs physiques. Pour une description des dysfonctionnements sexuels et des causes physiologiques d'une baisse de libido, reportez-vous au chapitre traitant de la septième étape et à l'annexe B. Avant de mettre en pratique les solutions d'ordre émotif proposées dans cet ouvrage, il serait sage de consulter d'abord votre médecin afin de revoir votre histoire médicale et de procéder aux examens d'usage.

Premier obstacle : la réalité

Être mère et nourrir sa libido : tout un défi à relever !

« On s'est peu intéressé… aux besoins et aux désirs sexuels, à l'expérience sexuelle des femmes qui ont fait le grand saut dans la maternité. »

Judith C. Daniluck,
Women's Sexuality Across the Lifespan

- Les cycles de la vie familiale ont des conséquences prévisibles sur la sexualité de la mère.
- Ne cédez pas devant la pression qui surgit de toutes parts et qui peut ruiner votre vie sexuelle.
- Oui, vous devrez faire des efforts pour profiter d'une vie sexuelle satisfaisante, mais le jeu en vaut la chandelle.

Si vous êtes mère, vous avez sans doute connu des moments – parfois même de longs moments – où vous n'aviez tout simplement pas l'énergie nécessaire pour faire l'amour. Je parie que vous n'avez plus une minute à vous, encore moins pour le sexe. Et pour tout dire, il est probable que votre époux[1] ne partage pas

1. Tout au long de cet ouvrage, nous utiliserons à tour de rôle les termes époux, conjoint, partenaire, mari. Libre à vous d'y substituer le mot qui vous convient.

votre panne de désir et qu'il ne semble jamais trop fatigué pour se passer de relations sexuelles.

Le sexe est-il devenu un véritable fardeau ? Faites-vous l'amour un peu machinalement, perdue dans vos pensées ? Il est possible que vos rapports sexuels soient aussi fréquents qu'avant la naissance des enfants, mais pour ce qui est de la passion et de l'enthousiasme d'antan, il faudrait repasser ! Si vous faites l'amour par obligation ou par culpabilité, il va sans dire que vous pourriez vous en passer sans efforts ; vous n'accordez aucune valeur à votre plaisir personnel et vous « comptez les mouches en attendant qu'il ait terminé ».

Il vous arrive peut-être à l'occasion de vous souvenir, avec nostalgie, de cette merveilleuse époque où le désir vous enflammait, où une seule relation sexuelle n'était jamais suffisante pour assouvir votre désir. Peut-être avez-vous songé, durant ces jours heureux, que vous ne seriez jamais de ces femmes stéréotypées qui ne veulent plus de sexe après avoir convolé en justes noces. Ne vous arrivait-il pas de prendre l'initiative des jeux de l'amour de temps en temps ?

Vous réfléchissez et vous vous interrogez. « S'agit-il d'un problème physiologique ? Ai-je besoin d'hormones ? Est-ce qu'une partie de mon corps a été endommagée pendant l'accouchement ? S'agit-il de la ménopause, même si je suis dans la trentaine ? S'agit-il d'effets secondaires d'un produit que je consomme et qui tue ma libido ? Dois-je me procurer un produit quelconque qui m'aiderait à rallumer la flamme ? » Plusieurs de mes patientes souhaitent découvrir que leur panne de désir est causée par un trouble physique ; si c'était le cas, elles se sentiraient moins coupables !

Suis-je la seule ?

Des millions de femmes ont le même défi à relever : avoir une sexualité vivante et vibrante tout en étant mères. Porter un ou des enfants peut avoir des conséquences dommageables chez certaines femmes, mais il s'agit dans la majorité des cas de séquelles d'ordre émotif bien plus que physique. Les mères discutent rarement de sexualité entre copines ou alors très superficiellement, évitant d'entrer dans les détails et surtout de parler de plaisir sexuel. Vous avez sans doute ri un bon coup en partageant votre fantasme commun entre amies : celui d'obtenir de votre gynécologue une note écrite, signée de sa belle main, vous interdisant tout rapport sexuel pour une durée indéterminée. Mais avez-vous discuté ouvertement, entre femmes, de la qualité de votre vie sexuelle ?

Je parie que vous ignorez si votre meilleure amie atteint l'orgasme ou à quelle fréquence elle et son conjoint font l'amour. De son côté, elle ne sait sans doute pas si votre mari est le meilleur ou le pire amant que vous ayez connu. Sauriez-vous dire ce qu'elle pense du sexe oral, est-ce formidable ou vulgaire à ses yeux ? Pouvez-vous parler ouvertement de votre vie sexuelle en entrant dans les détails ? Est-ce un sujet tabou ? En répondant à ces questions, auriez-vous le sentiment de trahir l'intimité que vous partagez avec votre partenaire ?

Si vous avez osé en parler ensemble, il y a fort à parier que votre meilleure amie vous a révélé qu'elle avait elle aussi remarqué une baisse de libido depuis qu'elle était mère. Et vous vous êtes probablement demandé : « Est-ce le lot de toutes les mères ? » et « Saurons-nous retrouver notre sexualité d'antan ? »

Vous le savez maintenant, vous n'êtes pas la seule dans cette situation. De fait, l'incompatibilité sexuelle entre épouse et époux, entre mère monoparentale et conjoint est monnaie courante. Comme il est commun par ailleurs de voir des femmes et des hommes bien portants faire l'amour avec bonheur tout au long de leur vie, alors qu'ils sont grands-parents ou arrière-grands-parents. Les mères qui élèvent des enfants sont généralement moins intéressées par le sexe que leur partenaire.

- On note un manque de désir sexuel chez le tiers des femmes âgées entre 18 et 59 ans.
- La panne de désir sexuel est le motif le plus souvent invoqué par les gens qui consultent afin de traiter leurs troubles sexuels.

« Le jour où les enfants... »

Vous pouvez compléter cette phrase de mille et une façons. Lorsque les enfants feront leur nuit, j'aurai de nouveau envie de faire l'amour. Le jour où les enfants iront à l'école, je ne serai plus trop fatiguée pour faire l'amour. Lorsque les enfants iront en camp de vacances, notre vie sexuelle retrouvera le feu sacré d'antan. Lorsque les enfants seront au collège, nous serons à nouveau libres de passer le samedi soir ensemble. Lorsque les enfants fréquenteront l'université, tout redeviendra comme avant.

Mais voilà ! Quelles que soient les étapes que vous traversez pendant votre vie active de mère, toutes peuvent ruiner votre vie sexuelle. Renoncer à une vie sexuelle plaisante pendant vingt ans, c'est tout un bail ; comment s'étonner que tant de mariages soient menacés par l'incompatibilité sexuelle du couple ? Et même si vous êtes convaincue que votre mariage n'est pas à risque pour autant, ne croyez-vous pas que ce serait payer très cher le plaisir d'avoir vos enfants ? Fort heureusement, vous pouvez apporter quelques changements, mineurs mais importants, qui rallumeront le feu de la passion dans votre lit. Il n'y a pas de raison, et vous ne devriez pas, laisser votre plaisir sexuel dormir dans le placard.

Avant tout, regardons la réalité en face. Pour que votre auto-évaluation soit juste et pertinente, il est essentiel de revoir les obstacles précis qui se dresseront sur votre route lorsque vous traverserez chacune des étapes de votre vie active de mère.

Mère d'un nouveau-né

Bien des mères expérimentent leur première baisse de libido après l'accouchement. En général, l'obstétricien exigera de quatre à six semaines d'abstinence avant toute nouvelle relation sexuelle, ce qui semblera une éternité aux yeux du papa et ridiculement court aux dires de la nouvelle maman.

Prendre soin d'un nouveau-né est une tâche exténuante, sans parler des nuits blanches qui se succèdent sans fin ; c'est le scénario parfait pour nous drainer de toute énergie, sexuelle ou autre. Après la naissance, d'autres facteurs contribuent à accentuer ce manque de libido : la douleur (surtout s'il y a eu déchirure refermée à l'aide de points), la convalescence après une intervention chirurgicale (césarienne), l'anémie (qu'on peut détecter par une simple prise de sang) et les changements hormonaux (surtout si vous allaitez).

Et même si le rétablissement physique va bon train, cette baisse de libido se poursuit pendant toute l'année suivant l'accouchement, puisque la nouvelle maman récupère et que sa vitalité est à son plus bas. La plupart des jeunes mamans ont le sentiment de fonctionner sur le pilote automatique sans jamais parvenir à accomplir toutes leurs tâches. Même les bébés les plus calmes et les plus faciles peuvent parfois vous épuiser, lorsqu'ils percent leurs dents, ont des coliques ou sont trop fatigués. Certains pères se chargent parfois du boire pendant la nuit et c'est tant mieux ; mais, c'est un fait, l'ensemble de la responsabilité incombe à la mère, surtout pendant les premiers mois.

L'allaitement tue la libido, ce qui est plutôt ironique lorsque l'on sait que pour bien des hommes, la vue de leur femme donnant le sein est un puissant excitant sexuel. Ce manque de désir chez la femme qui allaite est purement chimique. En temps normal, les ovaires produisent une petite quantité de testostérone qui active la libido (on comprend mieux, de ce fait, certaines différences entre la libido des hommes et des femmes). Or, pendant l'allaitement, les ovaires cessent de produire de la testostérone, réduisant ainsi à néant le peu d'intérêt que la mère pouvait encore avoir pour le sexe.

Toutefois, cet impact sur la libido n'est pas uniquement attribuable à des facteurs chimiques. Les femmes qui allaitent ont un discours commun : elles ont le sentiment que leur corps est devenu une véritable machine, rien de moins. Voici le témoignage de Céline : « Le jour où vous êtes dans une file d'attente au supermarché et que, votre bébé affamé criant à tue-tête, vous succombez finalement à ses hurlements et découvrez votre sein devant tout le monde pour le nourrir, la sensualité et la magie de l'allaitement en prennent pour leur rhume. » Pour d'autres, nourrir au sein est si exigeant et exténuant qu'il ne leur reste plus d'énergie pour entreprendre quoi que ce soit d'autre. Une mère disait : « J'aime allaiter mon enfant ; mais, après une journée à ce rythme, mon corps s'insurge et veut du temps pour lui-même. » Pour d'autres encore, l'allaitement est si agréable qu'elles se sentent comblées et n'éprouvent plus le désir qu'on les touche affectueusement.

Une femme sur trois souffre de dépression du post-partum, une condition qui affecte le désir sexuel. Une baisse de libido peut être un symptôme de dépression, tout comme les crises de larmes, un manque d'estime de soi, des crises de panique et le manque de sommeil même lorsque le bébé fait ses nuits. Et pour couronner le tout, on prescrit souvent aux femmes en dépression postnatale des antidépresseurs (qui augmentent le niveau de sérotonine, comme Prozac, Zoloft, Paxil, Luvox, Effexor, Celexa, Anafranil) qui ont souvent pour effets secondaires de diminuer la libido et d'empêcher l'atteinte de l'orgasme[2].

- Environ les deux tiers des femmes déclarent avoir des rapports sexuels moins fréquents après la naissance d'un enfant.
- Quatre mois après le début d'une dépression postnatale, environ 20 % des nouveaux parents n'ont pas encore refait l'amour.
- Six mois après la naissance d'un premier enfant, environ les deux tiers des femmes déclarent avoir des problèmes d'ordre sexuel.

Mère de tout-petit et d'enfant d'âge préscolaire

Au cours de la première année suivant la naissance, bien des couples croient que tout rentrera dans l'ordre lorsqu'ils auront enfin

2. Si vous souffrez de dépression du post-partum, vous devez en faire votre priorité, votre principale préoccupation. Ne traitez pas vos troubles sexuels comme un phénomène à part, ne négligez pas la dépression du post-partum en la réduisant à un « simple baby blues ». Pour en savoir davantage, lisez l'ouvrage de Karen Kleinman et de Valerie Davis Raskin intitulé *This Isn't What I Expected : Overcoming Postpartum Depression* (New York, Bantam, 1994).

récupéré les heures de sommeil qui leur manquent. Mais ils ont souvent une mauvaise surprise en découvrant que s'occuper des tout-petits et des enfants d'âge préscolaire est extrêmement exigeant, ce qui laisse peu d'énergie à la mère pour des ébats amoureux. Entre la lessive et les caresses pour calmer une fillette de deux ans en colère, les tâches de la mère s'accumulent sans fin et lui retirent ce qu'il lui reste de libido.

En fait, les mères sont particulièrement épuisées pendant les années préscolaires de l'enfant. Les bébés font souvent la sieste et sont plus faciles à surveiller lorsqu'on les compare à un enfant de deux ans qui fait de l'escalade sur les meubles, explore les prises électriques et veut goûter à la nourriture de Milou. À l'instar de la mère d'un nouveau-né, la mère d'un tout-petit a le sentiment qu'on est constamment accroché à ses jupes et à son corps. Il est normal et compréhensible qu'elle souhaite préserver son espace vital et son intimité, qu'elle désire du temps à elle pour récupérer. Durant cette période, les heures de sommeil de maman sont encore perturbées ; entre une otite et un cauchemar d'enfant, bien des choses peuvent venir interrompre le couple qui fait l'amour et qui cherche à trouver un peu de temps pour se retrouver en toute intimité.

Pendant cette période, un autre facteur agit comme élément de stress dans la vie sexuelle du couple : les rituels pour endormir l'enfant, parfois interminables ou difficiles. Après avoir donné le bain (ce qui inclut à l'occasion une bataille rangée pour parvenir à laver les cheveux de l'enfant), avoir choisi le pyjama, offert une dernière collation au lit, retrouvé enfin la « doudou » ou la peluche indispensable qui était tombée derrière la causeuse, avoir lu une « toute dernière » histoire et massé le dos de l'enfant, il n'est pas rare que la mère s'écroule de sommeil aux côtés de l'enfant ou s'extirpe de la chambre, les yeux gonflés de sommeil, pour atteindre enfin le lit conjugal.

On reconnaît de plus en plus l'existence et les conséquences de la dépression du post-partum. Mais il reste toujours un secret bien gardé entourant la maternité et la dépression : ce sont les mères des tout-petits (et non des nouveau-nés) qui courent le plus de risques de souffrir de dépression clinique. C'est particulièrement vrai pour la mère au foyer, et nulle n'est à l'abri. Passez en revue les symptômes de la dépression énumérés à l'étape 10 (page 239) et, si vous vous retrouvez dans cette situation, cessez de le nier et allez chercher de l'aide.

- Le jour du premier anniversaire du premier enfant, près d'un couple sur 10 n'a pas de vie sexuelle active.
- Un an après une dépression du post-partum, les couples qui ont recommencé à faire l'amour ont habituellement une relation sexuelle par semaine.

Mère d'enfant d'âge scolaire

Les enfants sont maintenant à l'école pendant la journée entière et – ô déception ! – bien des mères constatent que rien n'y fait, elles n'arrivent toujours pas à retrouver leur libido d'antan. Mais pourquoi cela ? Parce que plusieurs femmes profitent de leur liberté toute neuve pour entreprendre de nouveaux projets ou retourner au travail. L'agenda ne tarde pas à déborder d'activités : retour aux études, participation active au sein du comité de parents de l'école, travail à temps partiel qui devient un boulot à temps plein, gardienne à la maison qui est remplacée par un service de garde au quotidien. Soudainement et contre toute attente, la vie leur semble plus frénétique que jamais.

La vie des enfants est tout aussi trépidante. Comme ceux-ci ne peuvent conduire la voiture pour se rendre à leurs rendez-vous entre copains, à leurs cours de danse, à leurs leçons de piano, à leurs exercices de hockey ou à leurs réunions de scouts, maman joue le chauffeur. Lorsqu'il y a des tout-petits, elle doit également les emmener chaque fois qu'elle conduit un enfant à l'une de ses nombreuses activités. L'époux ne pourra comprendre l'épuisement d'une mère en fin de journée s'il n'a jamais passé un après-midi à organiser les activités des enfants à quelques minutes d'avis, se retrouvant ainsi coincé dans une suite interminable de situations telles que devoir écouter le discours ennuyeux d'une sœur pendant une longue demi-heure, passer deux heures dans la voiture à attendre la fin d'une leçon de flûte, passer ensuite chez le dépanneur pour acheter un litre de lait, puis foncer droit à la maison afin de préparer le repas du soir avant de superviser les devoirs.

Mère d'adolescents

Si vous avez des adolescents à la maison, vous devez vous battre pour avoir un peu d'intimité car, à leurs yeux, une porte de chambre fermée n'est rien d'autre qu'une invitation à entrer sans frapper. Cette jeune fille qui insiste tant pour interdire à quiconque d'entrer délibérément dans sa chambre – n'est-ce pas son domaine privé, après tout ? – n'hésitera pas à foncer dans la chambre de ses parents sans frapper, au moindre prétexte.

Habituellement, le cycle de sommeil des ados fait naturellement obstacle à toute intimité conjugale. Vos adolescents vont souvent au lit en même temps que vous et soyez assurée que, pendant le week-end ou les jours fériés, ils voudront veiller plus tard que vous. Bien des parents s'abstiennent de faire l'amour de peur que leurs enfants ne les entendent ou viennent frapper à la porte verrouillée de leur chambre.

Certains ados sont envahissants parce qu'ils traversent une phase d'égocentrisme pendant laquelle ils sont tournés vers eux-mêmes, absorbés par leurs propres besoins. Ils n'ont tout simplement pas conscience de vos besoins à vous, de votre désir d'avoir votre vie propre, votre intimité sexuelle ou autre. D'autres adolescents sont aux prises avec les difficultés d'une sexualité émergente, ce n'est donc pas une coïncidence s'ils font soudainement leur apparition chaque fois que vous verrouillez votre porte. Ces jeunes ne veulent pas faire face à la réalité – maman et papa « le font » – et tentent inconsciemment et par tous les moyens de vous empêcher de faire l'amour ! Ce scénario est particulièrement fréquent chez les mères monoparentales, lorsque l'adolescent vit un conflit intérieur à la pensée que sa mère pourrait laisser entrer un nouvel homme dans sa vie. Il est aux prises avec des sentiments comme la jalousie, l'angoisse, la peur qu'on l'aime moins ou, encore, le désir inassouvi de voir sa mère et son père revivre ensemble un jour.

Plusieurs enfants, diverses périodes

Si vous avez plusieurs enfants, il est probable que tous ne traverseront pas les mêmes périodes en même temps. Certains soirs, la benjamine se réveillera alors que l'aîné vient tout juste de se rendormir enfin. Dans certaines familles, on passe des semaines à soigner chacun à tour de rôle. Lorsque vous n'avez plus à vous lever à minuit pour donner du sirop à votre enfant qui a une mauvaise toux, c'est maintenant votre tour d'être malade, puis celui de votre mari. Qui a l'énergie nécessaire pour faire l'amour dans ces conditions ?

Les familles reconstituées forment souvent un rassemblement disparate composé de l'adolescent de monsieur, des enfants d'âge scolaire de madame et du nouveau-né du couple. Tous ces enfants sont à des étapes différentes de leur développement. Et comme nous l'avons mentionné plus tôt, il arrive que certains de ces enfants aient le désir inconscient de ne pas vous permettre d'entretenir une vie sexuelle.

Vaincre l'inertie

Si vous n'avez pas suffisamment d'énergie pour faire l'amour, vous êtes sans doute incapable de vous imaginer affrontant l'ensemble du problème. Cette seule perspective vous angoisse et vous dépasse.

J'aimerais tant pouvoir vous offrir un raccourci vers la reconquête de votre libido, un équivalent à « comment retrouver un ventre plat grâce à quelques minutes d'exercices par jour ». Bien sûr, vous savez que ce remède miracle n'existe pas. Pour y parvenir, vous devrez faire des efforts et y consacrer toute votre attention. Je sais combien c'est difficile. Pourquoi faire tous ces efforts ?

Pourquoi essayer ? Parce que le plaisir sexuel est une source d'énergie, parce qu'il vous régénère au lieu de vous épuiser. Souvenez-vous que le sexe a ceci en commun avec la maternité : lorsque c'est bon, c'est tout simplement formidable. Après la venue des enfants, le couple qui jouit d'une vie sexuelle vivante et vibrante peut, grâce au plaisir sexuel :

- Se témoigner amour et affection.
- S'apaiser, se réconforter et se détendre.
- Créer des ponts, resserrer les liens lorsque des conflits éclatent inévitablement entre conjoints.
- Affirmer son sens des valeurs.
- Réduire le stress provenant de l'intérieur comme de l'extérieur de la famille.
- S'amuser.
- Raffermir le lien affectif qui à son tour augmente le plaisir sexuel.
- Rappeler à la mère qu'elle est « bien plus qu'une simple maman ».
- Tracer le caractère unique du mariage. Ainsi, grâce au sentiment qui unit les conjoints, ceux-ci sont plus que des amis l'un pour l'autre, plus que des associés en affaires, plus que des coparents.

Affirmation

> « … dans la majorité des cas, l'intimité sexuelle sera
> au cœur de la vie des conjoints,
> ils feront des efforts constants et chercheront le raffinement tout au long de leur union…
> des merveilles les attendent. »
>
> STEPHEN E. LAMB ET DOUGLAS E. BRINGLEY
> *Between Husband and Wife*

Deuxième obstacle : le déni

Lorsque le sexe nous ennuie, nous sommes tentés de le nier

« Le plus grand problème qui nous afflige, nous, les humains, c'est d'ignorer notre propre ignorance. »

Virginia Satir

- Si vous croyez qu'il y a un problème sexuel au sein de votre couple, faites confiance à votre intuition. Vous avez probablement raison.
- Si votre conjoint pense qu'il y a un problème sexuel au sein de votre couple, croyez-le. Il a probablement raison.
- Il faut deux personnes pour créer des difficultés sexuelles dans une relation. Montrez-vous résolument sceptique si on tente de vous faire porter le chapeau de « celle qui est dysfonctionnelle ».
- Le déni a des effets néfastes : il permet aux problèmes sexuels mineurs de s'aggraver. Pour retrouver l'intimité sexuelle au sein du couple, il faut franchir le premier pas, c'est-à-dire vaincre le déni.

Certaines d'entre vous comprendront les sentiments de Dana :

« Le soir venu, lorsque mon mari commence à me caresser d'une certaine manière qui, je le sais, est une invitation à faire l'amour, tout mon être se crispe intérieurement. Je l'aime du fond du cœur, mais je pourrais me passer de sexe pendant au moins un an si ce n'est dix ans. Lorsque la journée a consisté pour moi à courir après mes deux enfants d'âge préscolaire, à régler les factures pendant leur sieste, à rembobiner cent fois les aventures de *Winnie l'Ourson* et de *Caillou*, à tenter sans succès de convaincre ma fille de deux ans de renoncer à changer de vêtements 14 fois avant le repas du midi, à nettoyer les chefs-d'œuvre que mon fils de quatre ans a dessinés sur le papier peint, à pratiquement éclater en sanglots lorsque mon fils a enlevé ses bottes et ses mitaines au moment précis où j'arrivais enfin à l'habiller pour sortir, non vraiment, en fin de journée, la dernière chose au monde dont j'ai envie, c'est bien de sexe. Pour tout dire, lorsque mon mari pose ses mains sur moi, j'ai le sentiment que ce n'est là qu'une personne de plus à vouloir quelque chose de moi.

« J'ai l'impression de toujours jeter le blâme sur les enfants, mais, en réalité, je suis tout aussi fatiguée les jours où je me rends au bureau. Que ce soit à la maison ou au travail, j'ai parfois le sentiment que tout le monde a des problèmes et qu'il m'appartient de les régler.

« Je sais bien que mon mari m'en veut de refuser si souvent de faire l'amour. Je suis partagée entre des sentiments contradictoires : d'une part, je me demande s'il se décidera enfin à grandir, je me dis qu'il s'imagine avoir encore vingt ans. J'ai envie de lui dire : “ Alors, mon chou, qu'est-ce que tu imaginais lorsque nous avons fait ces deux enfants ? Reviens sur terre et apprends avec moi *L'art d'être parents – cours 101.* ” D'un autre côté, je me dis que mon époux est décidément très malchanceux d'être piégé avec une femme comme moi et je m'interroge sur ce qui ne tourne pas rond chez moi. Est-ce que tout cela est normal ? Est-ce que les choses s'arrangeront lorsque les enfants seront plus âgés ? »

Dana, mère de Lizzie (deux ans) et de Jacques (quatre ans)

Lorsqu'une mère me demande : « Après la naissance des enfants, qu'est-ce qui est normal en terme de sexualité ? », cette question en cache une autre, à savoir « Quelle est la fréquence des relations sexuelles chez les autres couples ayant un enfant?» Si je pouvais écrire sur la sexualité sans devoir répondre à la fameuse question: «Combien de fois?», je le ferais volontiers! C'est une question piège; il n'existe aucune réponse réellement satisfaisante ou rassurante pour celle qui la pose.

Les femmes ont plusieurs raisons de se demander «combien de fois?» Certaines ont un conjoint qui les presse de faire l'amour plus souvent et sont aux prises avec un sentiment de honte ou d'échec. D'autres cherchent un soutien qui les aidera à dire «non, pas ce soir» avec plus d'aisance. Parfois, la femme qui pose cette question craint de ne plus être suffisamment attrayante aux yeux de son conjoint. Mais dans tous les cas, cette question dénote un malaise sur le plan sexuel.

Lorsque la vie sexuelle d'un couple est plaisante, intéressante et reflète l'intimité émotive des partenaires, la fréquence des rapports sexuels est secondaire. Le couple ne sera pas enclin à faire des comparaisons s'il vit une forte connivence sexuelle. Toute personne qui se sent satisfaite – que ce soit sur le plan matériel, spirituel ou émotionnel – ne regarde pas autour d'elle pour s'enquérir de ce que les autres possèdent ou non.

La fréquence des rapports sexuels a aussi peu d'importance que la dimension du pénis. Je connais certains couples qui font l'amour tous les jours et qui ne partagent aucune intimité, alors que d'autres n'ont des rapports sexuels qu'une ou deux fois par mois et vivent pourtant une grande intimité sexuelle; c'est pourquoi, dans mon approche de la sexualité, je valorise la qualité plutôt que la quantité. Selon moi, une sexualité épanouie est faite de communication, de courage, de soins et d'intimité. Ensuite, le plaisir surgit tout naturellement.

Si l'un des deux conjoints s'interroge continuellement sur la vie sexuelle des gens qui l'entourent, c'est que quelque chose cloche. Souvent, les deux partenaires savent que les choses ont changé, comme c'est le cas pour Dana et son conjoint. Tous deux espèrent que ce n'est rien de grave et que le temps arrangera les choses. Dana minimise le problème en se disant: «Ce n'est qu'une simple question de territoire. » Puis elle progresse en reconnaissant la gravité de la rupture du lien sexuel et, du coup, en cherche les causes : Est-ce les enfants ? Le travail ? Son époux est-il trop porté sur le sexe ? Elle a raison de ne pas se jeter le blâme. Mais le fait d'insister pour ne trouver qu'une seule et unique cause à ce dysfonctionnement – et d'espérer qu'un seul remède miracle réglera la situation – est en soi une forme déguisée de déni.

Au-delà du « dysfonctionnement »

Dans cet ouvrage, je me plais à réduire l'importance qu'on accorde trop souvent au concept de « dysfonctionnement sexuel ». Cette expression est certainement très utile lorsqu'il s'agit de colliger des données statistiques qui permettent d'informer le public que l'insatisfaction sexuelle est une véritable épidémie en Amérique, contrairement à tous les mythes colportés qui affirment le contraire. J'accueille avec enthousiasme tous les mots qui permettront à une femme de comprendre qu'elle (ou son partenaire) n'est pas seule à connaître cette situation.

Mais j'émets des réserves en ce qui concerne l'expression « dysfonctionnement sexuel » que j'utiliserai peu dans cet ouvrage[3]. Pour être en mesure de définir le « dysfonctionnement sexuel », vous devez pouvoir définir le « fonctionnement sexuel » ; or, nous serions peu nombreux à nous entendre sur une définition, outre son rôle évident de faire des bébés. S'agit-il d'un simple appareillage fait de plomberie et d'impulsions électriques ? Certainement pas ! Devez-vous expérimenter des orgasmes cosmiques soir après soir pour avoir un fonctionnement sexuel normal ? Bien sûr que non.

L'expression « dysfonctionnement sexuel » présente une difficulté majeure, celle de pointer du doigt l'un des deux conjoints. Dans ce livre, j'utiliserai les expressions « problèmes sexuels » et « difficultés sexuelles » parce que la sexualité est du domaine relationnel et

3. Voir l'annexe B pour une description médicale du dysfonctionnement sexuel.

que l'épanouissement sexuel relève du couple et non d'un seul individu. J'ai rencontré trop de femmes ayant peu de libido qui s'affublent de l'étiquette « dysfonctionnelles » quand ce n'est pas l'entourage qui les qualifie ainsi. En donnant cette étiquette à une femme, on sous-entend qu'un manque de libido est une maladie ou une tare pour elle. Or, pointer du doigt un seul partenaire est une véritable forme de déni : c'est refuser de voir l'ensemble du problème. Lorsqu'une femme est en manque de désir sexuel, il y a fort à parier que c'est parce que son partenaire la néglige, la tient pour acquise, la critique, la bouscule au lit, la domine ou contribue dans une certaine mesure à nourrir le problème.

Le mot « dysfonctionnement » implique le non-fonctionnement d'un organe sexuel et je crois que les difficultés sexuelles des mères sont rarement engendrées par des problèmes pelviens.

En cherchant à définir un « bon » fonctionnement sexuel, je suis étonnée de constater comme la définition se rapproche de celle du bonheur : si vous le possédez, vous le savez. Si vous ne le possédez pas, personne ne peut vous convaincre du contraire. Si vous avez le sentiment d'avoir un problème sexuel, faites confiance à votre intuition. Si votre conjoint vous confie qu'il a un problème sexuel, croyez-le et sachez dès lors que vous en avez un également.

Vaincre le déni

Lorsqu'une personne a le sentiment d'avoir un problème d'ordre sexuel, on a tendance à croire qu'elle fera évidemment confiance à ce savoir instinctif. Mais les choses ne sont pas si simples. Tous les couples aux prises avec des difficultés sexuelles traversent une période de déni.

Chez les mères (et les pères), la présence des enfants est le prétexte tout trouvé pour prolonger davantage cette phase de déni parce qu'elle explique aisément leur grande fatigue. Lorsque l'un des partenaires exprime sa frustration sexuelle, le conjoint ou les deux peuvent immédiatement jeter le blâme sur les enfants et utiliser ce prétexte pour éviter d'aborder la question. Il est si facile de jeter le blâme et de se dire impuissant à trouver une solution : comme les enfants sont la cause de tout, les parents n'y peuvent rien changer tant et aussi longtemps que la progéniture n'aura pas grandi. Il faut remettre ça aux calendes grecques !

Un instant ! Ne suis-je pas en train de dire que la venue des enfants a un effet important et négatif sur la vie sexuelle des parents ? Oui, bien sûr. Mais l'histoire ne se termine pas là. C'est un peu comme un rhume des foins : le pollen envahit l'air ambiant, il est présent partout et pourtant seulement quelques personnes souffriront de congestion au cours du printemps et de l'été. Les enfants sont à l'image d'une invasion de pollen. Si la vie sexuelle du couple est vulnérable, la venue des enfants entraînera une chute rapide de désir. Certaines personnes éternuent au moindre contact avec le pollen, alors que d'autres doivent plonger le nez dans un vaste réservoir de pollen pour éprouver quelques symptômes. Il en va de même de la sexualité : les symptômes de panne de désir peuvent apparaître au moindre stress occasionné par la présence des enfants ou ils peuvent se présenter tardivement lorsque les problèmes reliés aux enfants auront envahi tous les aspects de la vie des parents. Certains couples devront faire de grands efforts pour résoudre leur panne de désir, alors que d'autres y parviendront rapidement sans trop de difficultés. Mais aucun couple ne pourra résoudre le problème si l'un des deux partenaires fait le choix de nier la réalité et prétend que tout va pour le mieux.

L'un des principes de base en psychothérapie est que l'honnêteté est le meilleur parti à prendre. Plutôt que de nier la vérité, il vaut toujours mieux dire les choses comme elles sont, même si c'est parfois douloureux. Supposons que votre mariage est en crise ; il est plus agréable de croire que vous êtes la victime de votre conjoint, que tout est sa faute, que vous avez tout tenté pour sauver votre union, mais qu'il refuse obstinément de cesser de faire cette chose qui vous importune tant. Mais voilà, vous n'y pouvez rien et ce même discours intérieur qui protège votre ego vous garde également prisonnière.

La vérité – peut-être avez-vous choisi votre conjoint justement pour cette chose qu'il s'obstine à faire et à propos de laquelle vous avez encore des problèmes à régler – est l'unique voie vers la liberté, pour l'un comme pour l'autre. Il est parfois utile de réécrire l'histoire pour mieux la comprendre. Si votre histoire personnelle vous porte à croire que les enfants et une vie sexuelle très active ne peuvent aller de pair, il est possible que le fait de réécrire votre histoire fasse surgir des moments de turbulence. Mais vous constaterez finalement qu'il valait le coup de traverser cette douleur.

Si vous avez nié vos difficultés sexuelles de couple, il ne fait aucun doute que vous tentez de vous protéger contre quelque élément alarmant. Le déni est un moyen de défense naturel contre la peur d'ouvrir la boîte de Pandore. Nier nos problèmes liés à l'intimité, c'est un peu comme avoir des graines indésirables plantées dans les quatre coins du jardin. Vous pouvez feindre de les ignorer, elles n'en seront pas moins présentes pour autant. Après quelques mois de déni, les graines auront poussé et, éventuellement, elles se seront répandues ici et là dans tout le jardin ; et voilà que les espaces du jardin autrefois si harmonieux se mettront à dépérir. Quelques années plus tard, les mauvaises herbes auront littéralement envahi les lieux si bien que votre jardin de jadis sera méconnaissable. Pourtant, il aurait été si simple d'enlever les graines et les jeunes pousses dès leur apparition.

Est-ce à dire que si vous et votre conjoint n'avez pas une vie sexuelle forte et vibrante, le divorce – s'offrir une toute nouvelle terre en friche – est inévitable ? Absolument pas ! Suis-je d'avis que les difficultés sexuelles contribuent à multiplier les divorces ? Certainement. Vous connaissez les données statistiques accablantes : un mariage sur deux est voué à l'échec et ces chiffres augmentent lorsqu'il s'agit d'une seconde union. Une rumeur circule selon laquelle nous serions en réalité des « monogames en série » non outillés pour maintenir une fidélité sexuelle envers une seule et même personne tout au long de notre vie. Dans un tel système, les relations extraconjugales sont qualifiées de phénomènes biologiques, comme si les humains devaient inévitablement satisfaire leurs pulsions sexuelles à tout venant. Je ne suis pas d'accord.

Une union trouble peut engendrer des problèmes sexuels, des difficultés conjugales peuvent mener à l'adultère, mais le contraire n'est pas vrai. Les personnes qui ont des relations extraconjugales parce qu'elles sont malheureuses et qu'elles veulent s'affirmer cherchent de la compagnie et du réconfort sur les plans sexuel et émotionnel. Une vie sexuelle terne n'est pas ce qui nous attend irrémédiablement au bout du chemin et un nouveau partenaire sexuel n'est pas le remède miracle pour en guérir. Il est possible de demeurer fidèle au même partenaire émotivement et sexuellement tout au long de sa vie, mais, pour y parvenir, il faut faire preuve d'énergie et de détermination.

Pour ce faire, vous devez reconnaître le bien-fondé de deux vérités qui n'ont rien à voir avec le divorce. D'abord, il n'est pas suffisant de viser la survie. Vous devez viser plus haut. Ensuite, un réveil tardif ne veut pas dire qu'il est trop tard pour sauver votre union. On dit qu'il est trop tard lorsque les blessures causées à l'estime de soi sont irréparables, que la distance affective entre les conjoints est définitive, que trop de paroles meurtrières ont été prononcées et ne peuvent se rattraper. Et lorsqu'il est trop tard pour enseigner à vos enfants à quoi ressemble la véritable intimité, en leur servant de modèle. Croyez-moi, les enfants apprennent par l'exemple et si vous désirez leur offrir ce qu'il y a de mieux, vous devez commencer dès maintenant à vous améliorer.

Mais ce n'est pas mon choix !

- Pendant l'écriture de cet ouvrage, une amie m'a dit : « Ne donne pas à mon époux des armes qu'il pourrait utiliser contre moi. » Si votre conjoint vous a apporté ce livre, il est possible que ce geste vous ait blessée ou offensée. Essayez de garder l'esprit ouvert.
- Montrez-lui et essayez de vous rappeler le passage qui affirme que lorsqu'une femme est en panne de désir sexuel, il ne s'agit que de la moitié de l'équation (voir pages 36-37).

- Prenez conscience que ce lien, qui autrefois vous unissait, lui manque et que son geste ne veut pas dire qu'il vous voit comme une femme dont la vie sexuelle est un échec.
- Reconnaissez qu'il lui faut une bonne dose de courage pour tenter ainsi d'établir le dialogue ; après tout, nous vivons dans un contexte culturel où les « vrais hommes » attendent que les femmes en redemandent.
- Vous avez l'occasion de vous rapprocher comme jamais, sachez le reconnaître et profiter de votre chance – c'est maintenant qu'il faut agir.

Profitez de la chance qui passe

Si ce livre est entre vos mains, il y a de fortes chances que vous ayez déjà traversé une phase majeure, celle du déni. Vous êtes peut-être très inquiète, craignant un problème d'ordre sexuel, ou encore vous êtes simplement ennuyée par ces pannes de désir. Je vous félicite de prendre la situation telle qu'elle se présente, peu importe son intensité. Si votre plus grande inquiétude est de voir la monotonie s'installer irrémédiablement entre vous et votre partenaire, bravo ! Vous n'aurez pas attendu que la situation s'envenime pour prendre les choses en mains afin de rallumer la flamme entre vous. Par ailleurs, si vous n'avez eu aucune relation sexuelle depuis des mois, voire des années, votre geste démontre qu'il n'est jamais trop tard à vos yeux, donnez-vous-en le crédit. La plupart des gens parlent peu de leurs difficultés sexuelles avec leur partenaire. Soyez fière de vous, vous vous apprêtez à franchir ce pas.

Affirmation

> « Si tu as de gros problèmes, regarde-les de près. Ils cachent des trésors de belles occasions. »
>
> H. Jackson Brown Fils
> *Le petit livre de la vie*

Troisième obstacle : le sacrifice maternel

Ne devons-nous pas leur sacrifier notre vie ?

> « Même avec les changements profonds que le féminisme et le nouveau type d'économie ont instaurés, bien des mères continuent à se sentir exagérément coupables et à se faire des reproches. Les mères prennent sur leurs épaules les problèmes et les chagrins de leurs enfants, même quand elles sont elles-mêmes complètement débordées de travail et ne reçoivent aucune aide de la part de leur famille, qu'elles manquent de contacts avec leur entourage ou du soutien dont elles auraient besoin de la part des services sociaux. »
>
> Harriet Lerner
> *Mère un jour, mère toujours ! Comment les enfants transforment votre vie*

- L'épuisement sexuel prend souvent sa source dans l'épuisement maternel. Les femmes qui souffrent de fatigue chronique en raison de leurs tâches maternelles sont tout simplement trop épuisées pour entretenir des relations sexuelles.
- Le sacrifice maternel excessif présente certains symptômes tels remplir son rôle de parent avec frénésie, avoir le sentiment chronique de ne pas vivre à la hauteur de ses valeurs personnelles, être incapable d'accepter de l'aide.
- Sans doute votre enfant a-t-il davantage besoin d'une mère moins tendue que d'une nouvelle activité enrichissante.

Certaines d'entre nous ont eu une mère ressemblant à celle de Sara ou encore à celle de Sharon :

> « *Tout ce que je veux, c'est que mes enfants reçoivent ce que j'ai moi-même reçu. J'étais si fière de ma mère et j'ai eu tant de chance, elle nous faisait toujours passer en premier. J'ai le sentiment d'avoir grandi dans le meilleur des mondes : les biscuits maison, les pique-niques au parc, le petit orchestre au sous-sol. Il n'y a rien qu'elle n'ait fait pour nous. Mes enfants en méritent tout autant.* »
>
> Sara, mère de deux enfants

> « *Je suis terrifiée à la seule idée de ressembler un jour à ma mère. Dans mes tout premiers souvenirs d'enfance, je la revois assise devant le téléviseur, regardant un* soap, *à moitié consciente, sa cigarette allumée trouant le tapis. Si je devais m'approcher, ne serait-ce qu'un peu, de cet état d'inconscience, je me tuerais. Non mais, à quoi pensait-elle ?* »
>
> Sharon, mère d'un enfant

Nous n'avons pas toujours conscience de notre propension à juger les mères en général ; nous nous jugeons nous-même de même que nos mères et nos amies. Nous pouvons sans avoir à réfléchir faire une description détaillée de ce qu'est une bonne mère, de ce qu'elle fait, dit et pense. Nous savons de quelle façon une bonne mère nourrit son enfant, quelles sont les émissions de télévision autorisées, quels sont les livres pour enfants qu'elle préfère et quelles sont les activités familiales du samedi qu'elle préconise. Dans notre société, une « bonne mère » doit répondre à des exigences culturelles qui peuvent se résumer en un seul mot : sacrifice.

Notre idéal de la mère est ridiculement parfait : jamais elle n'élève la voix, elle éduque toujours son enfant avec calme et amour, elle prévoit les besoins de celui-ci en tout temps, elle est aussi habile à panser les égratignures au genou du petit qu'à réconforter son adolescente qui a le cœur brisé par son premier chagrin d'amour. Elle aura terminé son entraînement physique tous les matins avant 5 h 30, car ses enfants détestent la garderie du centre de conditionnement physique. Lorsque ses enfants refusent de manger leur laitue, elle ne les supplie jamais de le faire ; elle choisit plutôt de leur servir des crudités en forme de bonshommes de neige qu'ils plongeront allègrement dans une trempette maison sans gras. Durant son heure de lunch, elle se précipitera au magasin pour acheter le dernier CD du groupe préféré de son adolescente, CD sorti le jour même.

Que manque-t-il dans cette image idyllique de la mère (à part un brin de réalisme, évidemment) ? Les besoins de la mère. Sa vie. Ses relations. Son temps. Son corps. Est-il besoin d'ajouter que sa sexualité ne fait même pas partie du portrait ? Dans notre société, on nous dit qu'une bonne mère est parfaitement désintéressée et qu'elle sacrifiera sur-le-champ n'importe quel besoin personnel au bien-être de ses enfants.

Jamais dans l'histoire la pression ne fut aussi grande sur les mères qu'elle ne l'est aujourd'hui. Freud nous a légué quelques héritages irréalistes dont cette notion voulant que les mères soient entièrement responsables du bien-être émotif de leurs enfants. Ou, comme l'affirme Harriet Lerner : «... le monde de la psychologie demeure, en grande partie, un conte mystérieux qui pointe un doigt accusateur en direction de la mère[4] ». Nous voulons entraîner notre enfant à la propreté, mais en demeurant empathiques jusqu'à l'obsession. Nous lâchons prise uniquement lorsqu'un expert nous affirme que nous en faisons trop. Nous achetons des ouvrages qui nous disent comment parler gentiment à nos ados. Nous visons la perfection. Nos gains sont invisibles et nous, les mères, sommes constamment invitées à

4. Harriet Lerner, *Mère un jour, mère toujours ! Comment les enfants transforment votre vie*, Montréal, Le Jour éditeur, 1998.

monter sur le podium du déni de soi, ce qui nous laisse dépourvues de toute énergie pour entretenir une vie sexuelle ou toute autre activité.

Le sacrifice excessif mène à l'épuisement sexuel

Les mères qui se donnent trop connaissent souvent l'épuisement maternel ; or, une mère épuisée est rarement intéressée à vivre sa sexualité. Les mères ont tendance à percevoir leur fatigue comme un élément variable suivant les besoins du jour. Nous avons le sentiment d'avoir raison d'être fatiguées lorsqu'un enfant malade nous réveille au milieu de la nuit, ou lorsque nous brûlons la chandelle par les deux bouts pour terminer un projet important. Nous établissons facilement le lien entre une nuit blanche et notre panne de désir sexuel du lendemain. Mais nous avons du mal à reconnaître la fatigue lorsqu'elle fait partie intégrante de notre mode de vie. Si c'est votre cas, il vous est peut-être difficile d'admettre que le fait d'être trop épuisée pour avoir des relations sexuelles n'est pas uniquement dû à votre dure journée.

Deux fois plus de femmes que d'hommes souffrent de dépression clinique et je suis convaincue que s'il en est ainsi, c'est en partie parce que nous les femmes persistons à croire que nous pouvons et devons faire passer les besoins des autres avant nos besoins personnels. Bien des mères sont aux prises avec deux concepts contradictoires en ce qui concerne l'exercice de la maternité. D'une part, nous endossons l'idée que les mères doivent prendre soin d'elles-mêmes, mais nous négligeons régulièrement de prendre soin de nous-même. D'autre part, nous avons le sentiment qu'il est agréable de donner aux autres, mais nous refusons ou bloquons toute aide que nos amis et nos proches tentent de nous offrir.

J'ai noté que plusieurs de mes patientes ont inconsciemment endossé le même contrat intérieur. Elles joueront leur rôle de nourricière jusqu'à épuisement ; alors et seulement alors, elles commenceront peut-être à s'occuper de leurs besoins personnels avec l'aide du Prozac ou du Zoloft. Les femmes qui me consultent et qui sont en dépression clinique, souffrent d'anxiété ou sont sur le point de divorcer ont presque toujours ignoré les signaux d'alarme. L'épuisement ne s'annonce pas à grands cris, comme un train qui siffle pour indiquer le dernier arrêt. Il vous tombe dessus un beau matin.

Vous connaissez les signaux d'alarme : l'irritabilité, la fatigue, la tension, les troubles de sommeil, le sentiment d'être débordée, la procrastination, les excès de colère. Les symptômes de l'épuisement maternel sont parfois d'ordre physique : maux de tête, raideur à la nuque, douleurs dorsales, grippes à répétition. Mais il existe un autre symptôme que vous avez peut-être ignoré : *votre manque d'intérêt envers la sexualité est un symptôme d'épuisement.*

Une mère fatiguée a habituellement utilisé toutes ses ressources ; mais, en général, la toute première à disparaître est l'énergie sexuelle. Elle sera rapidement trop fatiguée pour entretenir des relations sexuelles à moins d'aimer énormément faire l'amour. Une mère qui ne trouve pas le temps d'aller chez le coiffeur n'aura pas de temps à consacrer au sexe. Une mère perfectionniste qui a constamment le sentiment de ne pas être à la hauteur de ses propres attentes ne se sentira pas à l'aise dans la chambre à coucher ou ne se permettra aucune forme de plaisir réservé aux adultes.

Voici quelques énoncés de mères trop fatiguées pour vivre leur sexualité :

1. J'ai rarement le sentiment d'en avoir fait assez pour mes enfants.
2. Lorsque je prends du temps pour moi, j'ai le sentiment d'être égoïste.
3. Lorsque mon enfant a des difficultés scolaires, je pense immédiatement que j'ai dû faire une erreur.
4. Je me sens souvent incompétente lorsque je me compare aux autres mères.
5. Lorsque la frustration finit par prendre le dessus, je m'exprime comme si j'étais une pauvre martyre.

6. Lorsqu'une mère décrit une activité ou un talent particulier de son enfant, je me sens coupable, anxieuse, envieuse ou angoissée et je me demande si mon enfant devrait, lui aussi, participer à cette activité.
7. J'ai souvent le sentiment d'échouer dans mon rôle de parent, en n'offrant pas à mon enfant une vie suffisamment enrichissante.

Si vous êtes mère, vous courez le risque de souffrir, du moins un peu, d'un excès de sacrifice de soi. Il fait bon de se donner aux autres et je sais, comme toutes les mères, combien il est gratifiant d'être la mère nourricière de sa famille. Le problème se pose lorsque nous décidons que plus nous donnons, mieux ce sera. Le sacrifice maternel ressemble davantage à l'alcool et à la caféine qu'à la gentillesse : trop, c'est trop. Si vous ne prenez pas soin de vous-même, vous ne pourrez améliorer votre libido.

Ce dont les enfants n'ont nullement besoin

C'est typique, les mères zélées croient que le seul antidote au sacrifice de soi est le narcissisme, le « moi d'abord » à outrance. Lorsqu'elles songent à la vie de leurs enfants, elles voient tout en noir ou tout en blanc : une vie parfaite les attend ou la déchéance, l'entre-deux n'existe pas à leurs yeux. Il n'en est rien.

Vous pouvez vous garder un peu de temps et d'énergie pour vos besoins personnels sans devenir une mauvaise mère pour autant. Ce faisant, vous adoptez et appréciez à sa juste valeur ce principe avancé par la pédiatre et psychanalyste anglaise D. W. Winnicott, qu'elle nomme « un don de soi raisonnable ». Nos enfants n'ont réellement pas besoin d'en recevoir plus de notre part et, par ailleurs, c'est le mieux que nous puissions faire.

Non seulement le sacrifice excessif est voué à l'échec, mais, ironie du sort, il n'agit pas dans le meilleur intérêt de nos enfants. Si vous passez une bonne partie de la soirée à coudre à la main un costume d'Halloween unique en son genre, vous serez fatiguée et irritée lorsque votre conjoint vous fera des avances sexuelles ; en outre, il y a fort à parier que vous ne prendrez aucun plaisir à faire du porte-à-porte dans le quartier avec les enfants. Toutes les mères doivent s'accorder du temps pour elles-mêmes et cette règle ne connaît aucune exception.

Le « zèle parental » est l'une des formes d'abnégation ou de sacrifice excessif[5]. Cette expression s'applique à la mère qui se précipite pour tout faire, qui est très active, compétitive et frénétique. Elle quitte la joute de hockey à la course pour se rendre à la leçon de ballet de la benjamine, n'a jamais le temps de flâner doucement à la table après un bon repas en famille et considère que le fait de « ne rien faire » en famille génère plus de stress que de détente.

Le zèle parental s'est installé dans les familles américaines graduellement et si sournoisement que le jour où nous l'avons décelé, nous étions déjà pris à la gorge. Pendant notre enfance, nous avons probablement tous joué dans la cour extérieure sans surveillance ; nos parents ne craignaient pas de voir nos vies détruites simplement parce que nous improvisions des jeux avec les voisins du quartier. Nous les mères croyons avoir l'obligation d'offrir à nos enfants des jeux éducatifs et des activités culturelles planifiées. Nous avons été programmées à craindre le pire pour l'avenir de nos enfants, nous avons peur qu'une omission de notre part à un moment précis du développement de l'enfant puisse gâcher ses chances d'entrer dans le meilleur collège, ébranler son estime de soi ou l'empêcher de faire carrière un jour. Nous sommes prises dans un engrenage sans fin, dans un broyeur dépourvu de bouton d'arrêt. Comment s'étonner que tant de mères n'aient plus d'énergie lorsque vient le temps de vivre leur sexualité !

Un autre symptôme qu'on retrouve chez les mères qui s'oublient et se négligent est cette propension qu'elles ont à se rendre indispensables, à ne pas savoir déléguer ou à ne laisser personne les aider, pas même leur conjoint. Se croire indispensable est un vice séduisant pour la mère. Il apparaît à la naissance, lorsque le

5. Alvin Rosenfeld et Nicole Wise, *Hyper-Parenting : Are You Hurting Your Child by Trying Too Hard ?*, New York, St. Martin's Press, 2000.

nouveau-né lui donne cette merveilleuse sensation d'être la seule et la plus habile à décoder ses signes de reconnaissance, à le réconforter dans toutes les circonstances, à le rassurer en présence d'étrangers. Le jour où notre enfant malade ne réclamait personne d'autre que nous à ses côtés, nous avons toutes ressenti une profonde satisfaction ; nous avons vécu une véritable intoxication lorsque notre bébé courait uniquement vers nous, bras ouverts, pour nous enlacer. C'est tout simplement merveilleux de se sentir aimée plus que toute autre personne au monde.

Pourquoi en parler en termes de vice séduisant ? Parce que nous en venons parfois à avoir besoin de cette gratification de la part de nos enfants. Or, si nous avons besoin de cette confirmation comme mère, nous ne pouvons laisser qui que ce soit entrer dans le « village » de l'enfant pour nous donner un coup de main. Lorsqu'une mère croit être la seule et unique personne à pouvoir combler les besoins de son enfant, la culpabilité et l'anxiété surgissent et deviennent rapidement les fondements de son rôle maternel. Dans ces circonstances, nous ne tardons pas à éprouver du ressentiment envers le conjoint que nous accusons de ne pas participer suffisamment à la tâche et c'est ainsi que nous nous érigeons inconsciemment en victime : nous développons mille et une façons subtiles d'empêcher les autres de nous aider davantage.

En se rendant indispensable, la mère peut engendrer un conflit conjugal, puisqu'elle est nettement plus encline que le père à endosser le rôle du parent parfait. En outre, un père qui est très occupé peut accepter de mettre le romantisme de côté pour un certain temps, mais il sera moins porté que la mère à laisser s'éteindre sa flamme sexuelle. Habituellement, il voudra avoir des relations sexuelles et le demandera, ce qui peut envenimer les choses, donner à sa conjointe le sentiment que le sexe est une obligation, un devoir conjugal, plutôt qu'une expérience à partager entre partenaires. Vous êtes trop épuisée pour désirer des relations sexuelles, soit ; mais il est possible également que, croulant sous le poids de vos tâches familiales, vous n'éprouviez aucun sentiment amoureux envers votre conjoint et que vous le repoussiez inconsciemment.

Ce dont les enfants ont besoin

Je vous assure que les enfants n'ont pas besoin d'une mère qui se donne à outrance. Se donner raisonnablement est réellement suffisant. Les enfants s'épanouissent amplement au sein d'une famille où les adultes s'aiment profondément. Si vous désirez faire quelque chose d'important pour vos enfants, soyez attentive à tout ce qui menace l'intimité du couple. Car même les mariages les plus forts s'écroulent sous le poids de la distance sexuelle.

En l'an 2003, un enfant ordinaire issu de la classe moyenne ne souffrira nullement d'une leçon de piano manquée ou d'une histoire en moins à l'heure du coucher. Les enfants courent de bien plus grands risques lorsqu'ils grandissent au sein d'une famille dont les parents sont froids et distants ou encore remplis de colère et de ressentiment après le divorce.

Si vous ne faites pas les changements nécessaires pour prendre soin de vous, je ne crois pas que vous améliorerez votre libido et ce, même si vous mettez en pratique tous les autres conseils que prodigue cet ouvrage ! Je suis sans doute intransigeante ici, mais ce n'est pas sans raison : je sais à quel point il est facile de croire que nous sommes l'exception à la règle, qu'il n'y a pas assez d'heures dans une journée, qu'il est égoïste de prendre soin de soi, que nous le ferons plus tard, que nous blesserons quelqu'un si nous disons « non », qu'en limitant nos heures de disponibilité nous alourdissons injustement et inévitablement la tâche d'un tiers.

Qu'est-ce qui nous empêche de prendre soin de nous-même ? La raison la plus évidente est la suivante : les femmes sont éduquées de manière à se soucier constamment des autres. Dès notre plus jeune âge, on nous enseigne à valoriser la relation aux autres, le lien interpersonnel. On nous montre à trouver notre plaisir dans le plaisir d'autrui, à avoir le sentiment de nous accomplir en prenant soin des autres.

De grâce, sachez que je n'ai rien contre le fait de prendre soin de nos semblables ! J'adore mon rôle de mère (la plupart du temps) et j'aime mon métier de médecin (la plupart du temps). Je suis heureuse que notre rôle de nourricière soit compatible avec notre féminité, je suis reconnaissante de ne pas devoir justifier les limites de ma disponibilité au travail, qui me permettent de participer pleinement à la vie de mes enfants.

Toutefois, comme ma pratique médicale consiste à prendre soin des femmes, je vois chez mes patientes combien il peut être néfaste de pousser à outrance une chose pourtant positive au départ. Jour après jour, j'aide des femmes épuisées à franchir les obstacles qui les empêchent de prendre soin d'elles-mêmes. Dans un chapitre subséquent, dans la section intitulée « Deuxième étape : Protégez votre énergie sexuelle », je vous proposerai quelques stratégies visant à mettre fin à l'abnégation, au don de soi excessif. Pour le moment, je vous demande simplement d'être honnête envers vous-même et de déterminer si votre style parental fait partie du problème.

Nous savons toutes que nous, les mères, devons prendre soin de nous-mêmes. Si vous n'y êtes pas parvenue à ce jour, j'espère qu'en sachant qu'une faible libido est en réalité un symptôme de fatigue maternelle chronique, vous trouverez la motivation nécessaire pour commencer à prendre soin de vous. Toute mère a l'obligation personnelle de trouver l'équilibre dans sa vie.

Affirmation

> «… nous, les parents épuisés et débordés d'une génération d'enfants trop occupés et trop stimulés, avons le pouvoir de ralentir le rythme de notre vie quotidienne à la maison. Nous pouvons doucement remodeler nos vies trop bien remplies et envahies par le stress… Nous pouvons protéger et honorer des moments libres faits de quiétude et transmettre cette douce habitude à nos fils et à nos filles. »
>
> Katrina Kenison
> *Le précieux fil des jours : réflexions à l'intention des mères qui courent après le temps*

Quatrième obstacle : la désunion

Si le sexe était le seul problème...

« La vie sexuelle du couple est l'aspect
le plus fragile du mariage... »

Judith Wallerstein
Compassionate Marriage

- Un couple dont le lien émotif est intact peut avoir une vie sexuelle terne.
- Un couple dont le lien émotif est rompu partage rarement une vie sexuelle fantastique ou même médiocre.
- Si le manque d'intérêt sexuel repose sur la colère ou le ressentiment envers le partenaire, le couple doit rétablir le lien affectif avant de chercher à recréer un climat d'intimité sexuelle.

Il n'y a aucun intérêt à avoir des relations sexuelles avec une personne qui ne vous attire pas ou peu. Le désir sexuel disparaît chez la femme qui n'éprouve plus d'amour envers son conjoint. Mais la panne de désir après la naissance des enfants n'est pas nécessairement le symptôme d'un problème conjugal sous-jacent.

Il est normal d'éprouver de l'anxiété lorsque l'amour et l'attirance sexuelle que nous éprouvions pour notre conjoint semblent s'étioler. Le secret d'un mariage durable semble si mystérieux que des mères parfaitement heureuses dans une union qui leur convient sont constamment sur leurs gardes et deviennent presque paranoïaques ; elles s'en font *beaucoup trop* et craignent que les pannes de désir sexuel soient attribuables à une rupture du lien affectif au sein du couple. Ces lectrices doivent être rassurées et savoir qu'une panne de désir sexuel est, en réalité, une question d'ordre sexuel.

Mais il existe par ailleurs des femmes mariées qui sont profondément malheureuses, mais qui ont terriblement peur d'admettre que la véritable raison de cette distance sexuelle entre conjoints est une rupture du lien affectif. Si l'éloignement sexuel est en réalité le symptôme d'un mariage en péril, il est essentiel de régler avant tout les problèmes relationnels du couple. Et ce, pour deux raisons. D'abord, la passion sexuelle ne peut resurgir que dans un contexte de confiance et de communication entre les conjoints. Il n'est pas nécessaire de vivre une union parfaite pour réveiller la flamme sexuelle au sein du couple, mais cette reconstruction n'est possible que si elle repose sur de solides fondations. Deuxièmement, il est inutile de mettre la charrue avant les bœufs, cela ne fonctionne pas. En fait, vous pouvez augmenter la distance affective entre les partenaires en cherchant à isoler les questions sexuelles d'un plus large contexte, à savoir un profond désenchantement conjugal.

Il est primordial de cerner avec soin la meilleure façon d'aborder le problème, à telle enseigne que tout sexologue responsable étudiera d'abord la relation entre les conjoints avant d'aller plus loin[6]. Bien sûr, ce chapitre ne saurait remplacer une évaluation clinique de votre situation, mais si vous doutez un tant soit peu de la solidité de votre union, je vous invite à poursuivre votre lecture. Cet ouvrage ne vous sera d'aucune aide si votre mariage est en péril pour des raisons comme la dépendance, l'hostilité ouverte, l'abus, une communication impossible et sans espoir ou encore l'infidélité. Dans de pareils cas, une baisse de libido est le

6. Il est tout aussi important de régler les problèmes d'ordre physiologique. Voir la dixième étape.

symptôme d'un problème plus grave, elle n'en est pas la cause. C'est pourquoi, dans une situation d'infidélité conjugale, par exemple, la première étape à franchir n'est pas une thérapie sexuelle puisque de toute évidence les fondations mêmes du mariage sont fortement ébranlées.

Qu'en est-il de la panne de désir sexuel?

Voici une liste d'énoncés de femmes éprouvant des problèmes d'ordre sexuel dans le couple en raison de situations parentales stressantes ou de mauvaises habitudes de vie. Ces énoncés suggèrent que la monotonie, l'ennui, la fatigue et le manque de temps pour des rencontres sexuelles sont les symptômes d'une négligence mineure et non d'une situation problématique grave. Si vous répondez par l'affirmative à ces énoncés, il est probable que votre «jardin» sexuel exige un peu plus d'attention de votre part – un brin d'innovation, quelques semences et un peu d'engrais – et ne requiert nullement le passage d'un *bulldozer*.

Pour chacun de ces énoncés, répondez par «oui» ou par «non».

1. Si je dois choisir entre «une petite vite» et quinze minutes de plus pour dormir, je choisis de dormir.
2. Mes vêtements de nuit passeraient haut la main à la censure du Vatican.
3. Lorsque je fais l'amour, je me perds dans mes pensées, je songe à des choses aussi terre à terre que l'heure du covoiturage du lendemain ou les tâches qui m'attendent au travail.
4. Au moment de l'orgasme, je souhaite que mon conjoint jouisse aussi sans attendre pour enfin m'endormir.
5. Je dirais que nos relations sexuelles sont «efficaces».
6. Lorsque nous faisons l'amour, il y a fort à parier que tout se passera exactement comme les dix dernières fois.
7. Je ne peux me souvenir de la dernière fois où l'un de nous a tenté une nouveauté en faisant l'amour.

8. Si on devait calculer le temps que nous passons dans une semaine à nous embrasser avec passion, le résultat serait inférieur à celui que nous passons à vider les poubelles.
9. Je garde en mémoire les dates de nos dernières relations sexuelles pour m'aider à calculer si je peux lui dire « non » lorsque je n'en ai pas envie.
10. Parfois, j'aurais simplement envie de baisers et de caresses, mais je ne me le permets pas car, comme je n'ai pas envie de faire l'amour, je veux éviter que mon partenaire ne se sente frustré ou ennuyé par mon refus.
11. Il est vrai que mon conjoint est souvent celui qui prend l'initiative de la relation sexuelle, mais une fois que les choses sont en marche, j'y prends habituellement plaisir.
12. Pendant les vacances, je retrouve ma vigueur sexuelle.
13. Le sexe me manque lorsque nous ne trouvons pas le temps de faire l'amour.
14. Lorsque nous avons la chance d'avoir un week-end bien à nous, ensemble et sans enfants, nous profitons tous deux de l'occasion pour faire l'amour et vivre ce week-end en amoureux.

Évaluez vos résultats

Les huit premiers énoncés décrivent les symptômes classiques d'une monotonie sexuelle qui est souvent le lot de parents débordés. Les mères épuisées vivent leur sexualité comme des automates. Personne ne recherche la monotonie au lit ; elle s'installe lentement à notre insu jusqu'au jour où elle devient évidente. La bonne nouvelle, c'est que vous pouvez rallumer la flamme sexuelle en faisant de meilleurs choix et en apportant quelques changements mineurs mais importants.

Les énoncés 9 et 10 sont des signes annonciateurs d'un problème plus sérieux qui risque de se développer. Ils peuvent signifier que les rapports sexuels sont devenus une obligation conjugale et que la culpabilité, la pression ou le sens du devoir ont fait leur chemin dans l'intimité sexuelle du couple. Tous les couples qui s'aiment acceptent à l'occasion de faire l'amour même lorsqu'ils n'en ont pas réellement envie, dans le but de faire un compromis. Ce n'est pas tellement différent d'une décision de couple lorsque vient le temps de choisir un restaurant, un film ou une destination de voyage, l'un des deux prenant la décision faute d'en arriver à un consensus. Mais faire l'amour par devoir peut rapidement devenir une tâche lourde à porter qui se retourne contre nous. Les mères qui ont souvent le sentiment d'être obligées d'accepter des relations sexuelles ou qui le font parce qu'elles se sentiraient coupables de refuser perdent graduellement tout intérêt par rapport à la sexualité. Il est important d'agir rapidement afin de ne pas s'enliser dans la triste spirale dans laquelle le sexe consenti par devoir tue le plaisir sexuel.

Vous saurez mieux comment réagir si vous savez avec précision dans quelle mesure vous pratiquez le sexe par obligation. Certaines femmes ne prennent jamais l'initiative de rapports sexuels, mais y trouvent leur plaisir une fois la relation amorcée (onzième énoncé). Cela n'a rien de pathologique, c'est un peu comme oublier de prendre du dessert, puis le déguster avec plaisir quand il vous est offert. Il est important de connaître l'une des nombreuses différences qui caractérisent les hommes et les femmes, à savoir que nombreuses sont les femmes qui repoussent de prime abord une avance sexuelle. Mais la clé est de savoir que le sexe est agréable une fois qu'on se laisse prendre au jeu. Sans vouloir imposer quoi que ce soit, notons simplement que les femmes n'ont pas l'habitude de provoquer les rencontres sexuelles.

Mais rien ne vous oblige à toujours être celle qu'on invite. L'anticipation fait partie du plaisir et il serait merveilleux de jouir de cette attente tout autant que des jeux de l'amour proprement dits. Dans cet ouvrage, nous vous proposerons différentes étapes qui vous permettront de prendre l'entière responsabilité de votre sexualité. Vous goûterez de nouveau aux délices sexuels d'antan et je vous assure que votre partenaire sera enchanté lorsque vous partagerez l'initiative de la relation sexuelle.

À l'autre extrémité se trouvent des femmes pour qui le sexe n'est *rien d'autre* qu'une obligation dont elles ne veulent pas. Cette situation se rencontre surtout au sein d'unions en péril (nous aborderons ce sujet plus loin). Toutefois, si par le passé vous aimiez faire l'amour avec votre partenaire, ce que vous n'aimez plus aujourd'hui tout en vous sentant toujours aussi intimement liée à lui, vous devez absolument vous soumettre à un examen physique complet afin d'évaluer les causes médicales possibles (voir la dixième étape). En l'absence de tout problème d'ordre physiologique et conjugal, il arrive que la vie sexuelle du couple devienne une obligation en raison de sa monotonie. Si vous suivez les suggestions énumérées dans cet ouvrage sans noter une nette amélioration dans vos rapports sexuels, vous auriez alors avantage à demander une aide professionnelle.

Pronostic : excellent

Les trois derniers énoncés sont d'excellents pronostics. Vous prenez toujours plaisir à faire l'amour et votre énergie sexuelle peut se renouveler. C'est le moment d'intervenir, car vous savez déjà que votre vie sexuelle est fantastique lorsque les éléments jouent en votre faveur. Votre défi est de faire en sorte qu'à partir de maintenant une vie sexuelle fantastique ne soit plus l'exception, mais la règle dans votre vie.

Pourquoi vouloir faire l'amour avec lui ?

Bien des mariages vont passablement bien, sont tolérables et parfois même fantastiques, jusqu'à ce que les enfants naissent. L'éducation des enfants est souvent le plus grand défi que le couple doit relever et la moindre faille dans l'union sera amplifiée au cours de cette période. Un couple aux prises avec des problèmes sexuels et relationnels après la venue du premier enfant aura souvent le réflexe d'attribuer son insatisfaction sexuelle à la fatigue ou aux changements physiques suivant l'accouchement. La section qui suit vous aidera à clarifier votre situation et à voir si vos problèmes conjugaux sont liés à une difficulté relationnelle qui se situe en dehors de la chambre à coucher.

Soyez honnête.

Je sais combien il est affolant d'admettre que nous ne sommes pas heureux au sein du couple, mais, je vous l'assure, une thérapie sexuelle et trois mois passés en amoureux sur une île déserte ne pourront rien changer à votre situation si vous refusez de régler les problèmes relationnels sous-jacents.

Si vous avez commencé à fantasmer et à vouloir mettre fin à votre mariage, il y a fort à parier que vos difficultés sexuelles sont les symptômes plutôt que la cause de vos problèmes conjugaux. En outre, il existe des signes évidents de toxicité au sein du couple comme le dédain, le dégoût, le mépris, le ridicule, la solitude et la peur. Rien de plus normal que de n'avoir aucun désir sexuel envers un conjoint qui ne vous aime pas ou ne vous respecte pas. D'autres changements sont tout aussi significatifs : l'infidélité sexuelle, le sacrifice sexuel, la colère ou la victimisation pour répondre au désir ou à l'absence de désir sexuel chez le partenaire.

Pour chacun des énoncés suivants, répondez par « vrai » ou « faux ».

1. Le climat est plus détendu à la maison lorsque j'accepte de faire l'amour plus souvent que je ne le désire, car lorsque mon conjoint n'a pas eu de relations sexuelles récentes, il est vraiment détestable ou bourru. Pour tout dire, j'ai fait très souvent l'amour sans le désirer juste pour m'assurer qu'il serait plus gentil à mon égard.
2. J'appréhende le moment où mon conjoint me fera des avances sexuelles.
3. Si j'ai du mal à obtenir l'orgasme, je fais semblant d'y arriver.
4. Mon conjoint déteste ma façon de dépenser l'argent, d'utiliser mon temps libre ou de tenir la maison.
5. Je me prends parfois à rêver que je suis veuve ou divorcée.

6. Lorsque nous nous disputons, je me sens souvent attaquée ou sur la défensive. Nos échanges s'enflamment rapidement et l'un ou l'autre finit toujours par ramener à la surface quelque chose qui le tracassait secrètement depuis un certain temps.
7. Lorsque je fais quelque chose qu'il désapprouve, mon conjoint me taquine ou me met dans l'embarras devant les amis ou la famille en leur racontant tout dans les moindres détails.
8. Mon conjoint ne partage pas les tâches domestiques. Je suis la digne représentante de l'expression « mère seule au foyer » : j'ai tous les inconvénients du divorce, mais aucun de ses avantages.
9. Je me sens seule dans ce mariage.
10. Je n'éprouve plus, envers mon mari, le même respect que je lui vouais au début de notre mariage. Si ce n'était des enfants, je ne crois pas que nous serions encore ensemble aujourd'hui.

Si vous avez répondu « vrai » à plus de deux énoncés, il est possible que vous soyez en état de panique. Ou que vous vous sentiez triste, peut-être étrangement soulagée de voir vos pires craintes se confirmer. Tout dépend de votre façon de réagir aux nouvelles désagréables. Certaines personnes ne veulent pas connaître les résultats de la biopsie, alors que d'autres veulent tout savoir sans attendre. Diagnostiquer ce qui ne va pas dans un couple est un peu comme recevoir les résultats d'une biopsie : le mot ou l'appellation qu'on lui donne ne change strictement rien à la réalité, il aide simplement à envisager plus facilement une solution au problème.

Dans cet ouvrage, nous aborderons principalement des questions comme l'épuisement, la monotonie et les libidos mal assorties. Si votre diagnostic semble vous indiquer que votre difficulté sexuelle est surtout occasionnée par une union conjugale en péril, je vous encourage fortement à dresser un plan d'action conjointement à la lecture de cet ouvrage. Parmi les ouvrages portant sur l'art de reconstruire le couple, mon livre préféré est celui des auteurs John M. Gottman et Nan Silver : *Les couples heureux ont leurs secrets.* En outre, je recommande souvent l'ouvrage de Phillip C. McGraw publié sous le titre *Sauvez votre couple : une stratégie en 7 étapes pour rétablir les liens avec votre partenaire*[7]. De plus, prenez en considération la possibilité d'une thérapie de couple, telle que décrite à la dixième étape. Réagissez et passez à l'action. Dans un couple, il est rare que la vie sexuelle s'améliore en l'absence de solides liens affectifs entre les conjoints. L'un n'exclut pas nécessairement l'autre ; je vous ferai des suggestions et vous proposerai des actions pour rétablir la communication sexuelle entre vous pendant que vous travaillerez de votre côté à reconstruire les fondements mêmes d'un climat de confiance affective et d'ouverture mutuelle.

Je vous rappelle que nous sommes maintenant prêtes à découvrir les 10 étapes visant à nourrir la passion.

Affirmation

> « Bien que nous cherchions dans l'amour sexuel à maintenir le lien entre cœur et esprit, il y a des moments dans la vie où le pont entre amour et extase semble avoir disparu. Il y a des moments – beaucoup de moments – où nous devons nous contenter de liens imparfaits. »
>
> JUDITH VIORST
> *Les renoncements nécessaires*

7. Phillip C. McGraw, *Sauvez votre couple : une stratégie en 7 étapes pour rétablir les liens avec votre partenaire,* Varennes, Québec, Éditions AdA, 2001.

LA PRESCRIPTION

Première phase
Établir vos valeurs fondamentales

Entrons maintenant de plain-pied dans cette démarche visant à rallumer le feu de la passion dans votre vie. Au cours des trois premières étapes, nous examinerons et remodèlerons nos croyances profondes à l'égard de la maternité et de la sexualité.

Avant la venue des enfants, l'intimité sexuelle ne présentait aucune difficulté. Nous avions peu de frontières à respecter si ce n'est d'éviter de nous lancer dans nos ébats amoureux pendant que nos invités nous attendaient dans la salle à manger. Mais les choses ont bien changé. De nos jours, notre plus grand défi sexuel est, n'ayons pas peur des mots, d'ordre logistique.

Au début de votre relation conjugale, vous aviez sans doute beaucoup plus de temps libre. Prendre soin de nourrir votre énergie sexuelle avant qu'elle ne s'épuise n'avait rien d'égoïste. Les enfants sont plus exigeants envers nous, leurs mères, que ne le sont les commandants de l'armée envers leurs soldats. Notre vie ne nous appartient plus et nous laisse rarement le loisir de jouir des plaisirs du sexe.

Nos valeurs sont faites de nos croyances et de nos attentes sur lesquelles s'inscrivent les étiquettes : bon ou mauvais, bien ou mal. Elles sont hiérarchiques : où se cache l'essentiel ? que devrait-on sacrifier pour le bien commun ?

En général, les valeurs sexuelles (ex. : « la sexualité est un aspect agréable et plaisant d'une relation intime ») entrent en contradiction avec les valeurs maternelles (ex. : « la priorité suprême est de répondre aux besoins apparents des enfants »). Je vous lance un défi : celui d'établir des valeurs fondamentales qui vous permettront d'intégrer une vie sexuelle vivifiante à votre existence tout en demeurant une mère formidable.

Je vous demanderai également d'examiner vos croyances profondes sur l'attitude que toute « bonne fille » devrait avoir. Vous pouvez éliminer l'impact négatif que la venue des enfants peut avoir sur votre sexualité : il vous suffit de décider une fois pour toutes de faire taire cette voix intérieure qui vous censure, cette petite voix puritaine qui désapprouve tout ce qui n'est pas terne et monotone. Un jour, on découvre l'amour et c'est fantastique. C'est un mets gastronomique. Après un certain temps, tout cela ressemble à un mets refroidi. Après la naissance des enfants, notre plat gastronomique a vraiment pris un coup de vieux.

Le moment est venu d'explorer votre créativité sexuelle.

Les trois premières étapes jettent les fondations de vos valeurs personnelles et visent votre épanouissement sexuel.

Avant de goûter de nouveau aux plaisirs sexuels, vous devez savoir que vous y avez droit.

Vous devez reconnaître que vous avez le droit à votre plein épanouissement sexuel à titre de parent responsable.

Et vous devez être convaincue que vous êtes la mieux placée pour déterminer quels sont les jeux sexuels admissibles ou non dans votre chambre à coucher.

Première étape

Honorez l'intimité sexuelle, faites-en une valeur familiale

> « Est-ce le lot des parents de tout sacrifier
> jusqu'au jour où ils se retrouvent en gériatrie ? »
>
> Dr Alvin Rosenfeld et Nicole Wise
> *Hyper-Parenting : Are You Hurting Your Child by Trying Too Hard ?*

- Une vie sexuelle satisfaisante entre conjoints est un élément important pour le maintien de liens familiaux solides.
- L'exemple que vous donnez à la maison est le meilleur moyen de contrecarrer les messages sexuels négatifs qui pullulent dans notre société et qui bombardent les jeunes, partout et en tout temps.
- Vous avez le droit de vivre votre intimité sexuelle et d'établir vos frontières sexuelles à la maison.

L'idéal mythique de la mère, composé d'une dévotion maternelle et d'une abnégation complète, est incompatible avec le simple fait de mener sa vie, sexuelle ou autre. Tenter d'être la *parfaite mère héroïque* est une tâche inhumaine et épuisante. Pour donner le meilleur de soi en tant que mère, il est aussi important de s'accorder des moments « juste pour soi » ; pour maintenir un lien familial solide, il est tout aussi important de se réserver des moments «juste pour le couple», y compris des périodes suffisamment longues pour vivre entre conjoints une intimité sexuelle détendue.

Pourquoi une sexualité épanouie est-elle si importante au sein de la famille? La sexualité des parents, pourtant si discrète, est-elle à ce point favorable au bien-être des enfants? Et comment! L'intimité des parents influence grandement les enfants. Des parents vivant en harmonie sont plus affectueux et plus souples, ils sont plus calmes et pardonnent plus facilement. En outre, le couple intime fonctionne mieux ensemble, il fait équipe et les enfants en profitent.

Et puis, l'intimité n'est pas aussi invisible qu'on le croit. Dans une certaine mesure, les enfants d'aujourd'hui sont conscients que le noyau familial est vulnérable. Tous les enfants connaissent un ou une amie dont les parents ont divorcé. Aussi sont-ils rassurés lorsqu'ils voient leurs parents se donner ouvertement des signes d'affection et de tendresse.

Les Bernier, par exemple. Malheureusement, ils savent à quel point il est difficile de trouver ces quelques moments d'intimité:

> Parents de deux jeunes âgés de dix et de treize ans, le couple Julie et Simon attendent que les enfants s'endorment. Tout allait pour le mieux lorsqu'ils étaient petits, ils tombaient dans les bras de Morphée dès 20 h. Mais le coucher est maintenant à 21 h en semaine, sans compter que la discipline est un peu relâchée. L'une se plaint de ne pouvoir s'endormir et l'autre se lève sous prétexte d'avoir oublié de se brosser les dents. Lorsque les jeunes sont enfin endormis, Julie est habituellement trop fatiguée pour avoir envie de faire l'amour. Durant le week-end et les vacances, l'heure du coucher est flexible, si bien que les parents dorment souvent à poings fermés avant même que les enfants n'aillent se coucher. Ils craignent que les jeunes n'entrent brusquement dans leur chambre et ils ont toujours été trop mal à l'aise pour faire l'amour lorsque les enfants sont réveillés. Simon aimerait que Julie soit moins

fatiguée et plus souvent disposée à faire l'amour. Julie aimerait que Simon cesse de la blâmer. Ce n'est tout de même pas sa faute si les enfants ne leur accordent jamais de temps d'intimité. Ils sont tous les deux convaincus de ne pouvoir rien faire pour changer cette situation par rapport aux enfants.

Réévaluez vos concepts en regard de la sexualité

Consciemment ou inconsciemment, les parents sont souvent convaincus que leur vie sexuelle reviendra à la normale lorsque les enfants auront grandi. Ils croient que le mariage peut résister à cette sexualité médiocre qui dure des années. Ils sacrifient leur sexualité au nom des besoins apparents des enfants, un peu comme ils sacrifient l'achat d'une nouvelle voiture dans le but d'épargner pour leur offrir des études universitaires.

Mais voilà, notre vie sexuelle n'est pas une richesse qu'on dépose dans une banque pour en tirer des intérêts. En remettant à plus tard votre vie sexuelle d'adulte, vous faites un sacrifice qui n'est pas dans le meilleur intérêt de vos enfants et qui, bien au contraire, peut les blesser. Le divorce est un risque bien réel au sein des familles et pourtant, nous insistons encore pour laisser dormir sur une tablette les quelques besoins fondamentaux des parents.

Avant d'aborder ouvertement la question, bien souvent le couple n'était pas conscient d'avoir résolu de sacrifier l'un des plus importants aspects de sa relation amoureuse. Il arrive que l'un des partenaires, fidèle à ses croyances concernant le bon fonctionnement d'un mariage, prenne cette décision au nom du couple ; l'autre est aux prises avec le sentiment d'être exclu et contrarié par cette décision unilatérale.

Assurez-vous de bien écouter ce que votre partenaire a à dire sur votre vie sexuelle et veillez à ce qu'en retour il vous écoute attentivement. Il est possible que, par le passé, l'un des conjoints ait choisi de ne pas entendre les doléances de l'autre quant à la vie sexuelle. Bien souvent, l'un des partenaires est vraiment étonné de constater à quel point la question sexuelle semble problématique aux yeux de l'autre. Nous refusons de l'admettre, mais ces questions non résolues mènent souvent au divorce.

Même si vous n'envisagez pas de divorcer, feindre d'ignorer l'absence de passion amoureuse ne joue pas en faveur des enfants, pas plus d'ailleurs que le fait d'ignorer l'absence d'amour. Les parents justifient le manque d'intimité sexuelle en supposant que les enfants risquent d'être heurtés s'ils soupçonnent leurs parents d'avoir des relations sexuelles. Les adultes prêtent foi à ces croyances et agissent en conséquence pour le bien de leurs enfants.

Cette théorie issue de la psychologie freudienne illustre fort bien la classe américaine moyenne. Freud croyait que le seul fait d'être témoin de la « scène primaire » (voir ses parents faire l'amour) mènerait à la névrose, en partie parce qu'il était convaincu que l'élément central du développement psychologique de l'enfant consistait à résoudre son impossible rêve, celui d'épouser son parent du sexe opposé. Or, cette théorie voulant qu'un simple bouleversement émotif suffise à perturber à jamais l'équilibre psychique de l'enfant est à la source même de cette course frénétique du parent cherchant à atteindre une impossible perfection. Songez-y un moment. La plupart des gens sur cette planète, la majorité des personnes à travers l'histoire, vivent et ont vécu dans une habitation où toute la famille partage une seule pièce. Laura Ingalls Wilder n'a jamais dit qu'elle avait entendu ses parents concevoir sa jeune sœur, mais, entre vous et moi, nous savons bien que la petite maison dans la prairie était minuscule.

Je ne suis pas en train de vous dire de ne pas respecter vos frontières sexuelles. Toutefois, je m'oppose à la théorie de Freud voulant qu'un enfant qui entend ou qui voit par hasard ses parents faire l'amour puisse en être si perturbé psychologiquement que les parents n'aient d'autre choix que de sacrifier plus ou moins leur vie sexuelle.

Il serait préférable de simplement vous montrer prudents ; et dites-vous bien que si un jour votre enfant vous surprend accidentellement à faire l'amour, les risques qu'il en soit définitivement perturbé sont encore plus minces que les risques qu'il courrait si un jour, contrairement à votre habitude, vous oubliiez de boucler sa ceinture de sécurité.

Que désirez-vous enseigner à vos enfants au sujet de la sexualité ?

Nous voulons créer l'environnement parfait pour nos enfants, mais c'est un désir ridicule. Ironie du sort, nous mettons tout notre zèle à « protéger » nos enfants contre toute perception de notre vie sexuelle ; en agissant de la sorte, nous détruisons toute possibilité de leur transmettre nos valeurs familiales à l'égard de la sexualité. Nous ne profitons pas de l'occasion pour leur enseigner que l'amour et l'intimité sexuelle vont de pair ; or, cet important message est précisément le contraire de tout ce qu'ils entendent ou voient dans les médias.

Nos enfants sont constamment exposés au sexe, en commençant par la Barbie au buste parfait, en passant par de séduisantes adolescentes qui se dandinent sous les feux des projecteurs sans oublier les émissions de variétés ou les *talk-shows*; dans la majorité des cas, ces émissions leur disent de mille et une façons que le sexe est lié à tout sauf à l'amour, au respect et à l'engagement. Lorsque nous refusons entre partenaires de nous témoigner notre amour en évitant tout geste affectueux en leur présence si ce n'est un petit baiser sur le front, nous ajoutons de l'eau au moulin de ce message qui prétend que le sexe n'a rien à voir avec le mariage. Nous donnons ainsi notre accord tacite, affirmant que le sexe est strictement réservé aux gens qui sont beaux, violents, jeunes ou encore qu'il s'agit d'un plaisir interdit qui n'est certainement pas destiné aux vraies mères et aux vrais pères qui s'aiment.

Je ne suis pas en faveur de l'indiscrétion sexuelle à la maison. Je ne suis pas de celles qui croient que vous devez circuler nue à la maison, profiter du petit-déjeuner pour clamer haut et fort que vous avez fait l'amour divinement la nuit dernière, coller une affiche sur votre porte disant NOUS FAISONS L'AMOUR, NE PAS DÉRANGER. Je crois qu'il suffit simplement de nous témoigner physiquement notre amour (en nous embrassant ou en nous serrant dans les bras) devant nos enfants.

Ces gestes d'affection ne provoqueront pas un comportement sexuel prématuré chez nos enfants. Si seulement il était aussi simple d'aider nos enfants à faire de bons choix en matière de sexualité ! Nous pouvons leur dire d'ignorer les messages que leur envoie la société – à savoir que si le sexe et l'amour n'ont rien en commun, que dire du mariage ! –, mais ce n'est évidemment pas suffisant. Avons-nous la naïveté de croire que si nous prétendons n'avoir aucune sexualité entre conjoints, nos enfants ne feront jamais l'amour ?

En choisissant de vivre ouvertement notre amour, nous pouvons leur montrer comment l'amour et le toucher affectif sont intimement liés. Par exemple, si nous interdisons la présence de tout alcool à la maison, cela ne veut pas dire que nos enfants n'en feront pas l'expérience ailleurs ; et nous ne pourrons les empêcher de boire s'ils sont témoins de notre ivresse. Toutefois, il est possible qu'en voyant leurs parents boire avec modération et responsabilité, nos enfants nous prennent pour modèles et se comportent exactement comme nous l'espérions. Il en va de même lorsque des parents se témoignent ouvertement leur affection devant leurs enfants.

Réévaluez vos idées concernant les besoins des enfants

Les parents croient que les désirs et les besoins de leurs enfants ont toujours préséance et que leurs propres besoins passent en second. Bien sûr, on ne laisse pas un bébé pleurer parce que les parents font l'amour, on ne met pas un enfant à la porte de la chambre à coucher lorsqu'il se présente souffrant d'une otite.

Les très jeunes enfants demandent toute notre attention en tout temps, mais la situation se calme à un moment donné ; pourtant, la majorité des parents oublient de mettre un terme à leur statut de « je suis de garde vingt-quatre heures sur vingt-quatre, sept jours sur sept », alors que les enfants, eux, grandissent. C'est ce que votre grand-mère qualifierait de « trop gâter les enfants » – c'est-à-dire acquiescer à leurs moindres désirs (voici qu'apparaît la Maman-toujours-là-et-toujours-prête), alors qu'en réalité il serait dans leur meilleur intérêt de leur tracer aimablement une limite d'amour.

Ici, la limite d'amour, le « non » qui leur sera vraiment profitable, trace le contour qui protège le temps réservé exclusivement au couple.

En l'absence de toute limite, les enfants deviennent d'éventuels envahisseurs qui menacent la vie sexuelle de leurs parents. Si ces derniers n'ont aucune vie privée, ils ne trouveront ni le temps ni l'espace pour vivre leur intimité. Les parents ont la responsabilité d'établir des frontières sexuelles et voici comment ils doivent procéder.

Énoncez votre mission

Les enfants apprennent en faisant des choses. Il serait sans doute bon que vous et votre conjoint preniez le temps d'identifier clairement vos valeurs familiales en regard de la sexualité ou de cerner vos besoins en tant que parents. Vous devez faire connaître ces besoins à vos enfants. En concevant votre énoncé de mission, vous établissez un plan qui vous servira de guide lorsque vous aurez à répondre aux défis inévitables qui vous attendent le jour où vos enfants chercheront à repousser vos frontières. Cet exercice est une magnifique occasion de nous rappeler que nous désirons répondre aux défis innombrables de la vie et, ainsi, modeler en douceur la vision que nos enfants se font de notre monde. Les énoncés de mission sont de puissants outils ; ils portent l'ancienneté des Dix Commandements et la modernité des plans visionnaires de Powerpoint et de ses entreprises *.com*. Élaborer un énoncé est une façon simple et efficace de déterminer vos priorités, de savoir ce qui vous tient réellement à cœur.

Une fois votre énoncé terminé (si votre époux ne peut participer à son élaboration, demandez-lui à tout le moins de le signer), soyez attentive et relevez toutes les occasions, grandes ou petites, de discuter de vos valeurs avec vos enfants. Si votre fils vous demande de lui préparer un sandwich sur-le-champ parce qu'il ne veut surtout pas manquer le prochain épisode de *Star Trek* qui commence dans quelques minutes, profitez de l'occasion pour lui rappeler que vous prenez soin de lui, mais que vous n'êtes pas sa servante. Si vous faites le marché avec votre ado et que vous remarquez un magazine annonçant en première page qu'un excellent acteur quitte sa femme parce qu'il est gai, dites à votre ado que « selon vous, ce n'est pas parce qu'on est célèbre qu'on n'a pas droit à sa vie privée ». Si votre fille de dix ans se plaint en disant « la gardienne m'ennuie et puis toi et papa n'êtes jamais à la maison », expliquez-lui combien il est important pour un couple d'avoir du temps en toute intimité.

En guise d'amorce, voici quelques messages destinés aux enfants :

Les parents ont, eux aussi, une vie bien à eux.

Une porte fermée, ça signifie qu'il ne faut pas entrer sans permission.

Être une maman est une joie, non un fardeau.

Le fait d'être présente à la maison ne signifie pas que je doive répondre à tous tes désirs sur-le-champ.

Une maman embrasse ses enfants d'une certaine manière et elle embrasse d'une autre manière l'adulte qui est son amoureux.

En grandissant, il est normal que tu te mettes au lit sans mon aide, mais je ne cesserai jamais de te rappeler de te brosser les dents jusqu'au jour où tu entreras au collège.

Certains aspects de ma vie ne regardent pas mes enfants.

Dans ma vie, il y a tout l'amour et tout l'espace nécessaire pour vous comme pour moi.

Les parents ont établi des frontières non sexuelles lorsque :

- Les enfants dînent en premier, puis les parents prennent plaisir à manger en tête-à-tête, dans la détente.
- Les enfants apprennent à ne pas interrompre la conversation lorsque les parents discutent au téléphone.
- Maman prend une pause de quinze minutes tous les jours.
- Papa amène les enfants à la garderie du centre de conditionnement physique pendant son heure d'entraînement et ce, même s'ils se plaignent que cela les ennuie.

- Les enfants apprennent à demeurer calmement assis pendant le service religieux.

Confidentialité sexuelle et frontières

La confidentialité sexuelle renforce l'intimité entre les conjoints et leur donne un espace privé et séparé du monde des enfants. Une porte verrouillée, une nuit passée à l'extérieur de la maison sont des exemples de cette confidentialité sexuelle que peuvent entretenir les parents. En guise de contraste, j'utilise l'expression « frontière sexuelle » et psychologique. Une frontière sexuelle est un cercle imaginaire dans lequel évolue la partie de soi qui est « femme-sans-être-mère ». Imaginez que ce cercle est une clôture qui protège et entoure un champ dans lequel vous pouvez jouer tout à votre guise, en toute sécurité.

Notez toutes les pièces ayant un verrou dans la maison. Avez-vous au sous-sol une chambre d'amis avec verrou ? Une salle de bains ?
Toute pièce est acceptable si elle vous procure l'intimité nécessaire pour faire l'amour. L'idéal est d'avoir accès à plus d'une pièce, surtout si vous permettez à vos enfants de venir librement vous rejoindre dans votre lit (certains parents le font à l'occasion, d'autres adoptent cette pratique comme une politique maison). Si vous avez choisi de leur donner accès au lit conjugal, vous devez avoir une autre pièce, accueillante et privée, munie d'un verrou pour vos rencontres amoureuses entre conjoints.

Il est important que la mère puisse se créer des frontières sexuelles et se donner l'espace nécessaire pour vivre son intimité sexuelle. Poser des verrous n'est pas suffisant. Qu'est-ce qu'une frontière sexuelle ? C'est croire que votre épanouissement sexuel est essentiel au bien-être de la famille. C'est décider de manquer la joute de hockey du benjamin pour faire une escapade de vingt-quatre heures en amoureux, avec votre conjoint. Ce cercle qui vous entoure et vous permet de jouer en toute sécurité, il vous protège également contre l'abnégation. Pour améliorer votre vie sexuelle, vous devrez créer une frontière qui vous permettra de prendre du temps pour vous, de porter régulièrement le chapeau « maman est en vacances ».

D'abord, munissez-vous de bons verrous

Dès que les enfants commencent à entrer et à sortir librement de la maison, vous devez installer un verrou sur votre porte de chambre et l'utiliser. L'idéal est de montrer aux enfants, dès leur plus jeune âge, à respecter l'intimité de votre chambre à coucher. Mais il n'est jamais trop tard pour changer les choses. Ainsi, vous avez toujours le loisir de poser un verrou intérieur à la porte d'entrée de la maison ; si les enfants arrivent, vous aurez au moins quelques secondes pour vous ressaisir avant d'ouvrir. Mais ce qui importe vraiment c'est que, pour établir de bonnes frontières sexuelles, vous puissiez faire respecter votre espace privé. Vous ne pourrez vous détendre et faire l'amour passionnément si vous craignez que Justin ne choisisse précisément ce soir-là pour se réveiller et faire brusquement irruption dans votre chambre.

Avant de réclamer le respect de votre vie privée, vous devez montrer à vos enfants que vous respectez leur propre intimité. Tôt ou tard, toutes les mères ont envie de s'immiscer dans la vie privée de leur enfant. Nous justifions la lecture du journal intime de notre ado en prétendant vouloir nous assurer qu'il ne court aucun risque grave. Lorsque votre fille de sept ans prend son bain et vous annonce qu'elle veut être seule, il est terriblement tentant d'entrer dans la salle de bains sous prétexte que vous avez absolument besoin du diachylon qui se trouve dans l'armoire. Abstenez-vous. Créez un environnement où la vie privée de chacun est une valeur familiale.

Lorsqu'un de vos enfants demande plus d'intimité, que ce soit le bambin qui désire se rendre seul sur le petit pot ou l'ado qui déclare sa chambre zone interdite, profitez de l'occasion pour discuter avec lui de vos propres besoins d'intimité. Répondez ainsi à votre ado: «À mon avis, tu as parfaitement raison et j'aimerais que nous fassions tous un effort pour respecter davantage l'intimité des gens lorsqu'une porte est fermée. Donnons-nous ensemble une règle de conduite: nous allons frapper et toujours attendre d'être invités à entrer avant d'ouvrir la porte.»

Dix éléments essentiels que tous les parents passionnés doivent posséder et utiliser

Ces outils aideront les parents à créer leurs frontières sexuelles et à préserver leur intimité:

1. Un verrou à la porte de votre chambre à coucher.
2. Un appareil qui ronronne, un humidificateur bruyant, un éventail, une radio ou tout autre assistant sonore placé près de la porte.
3. Un téléphone muni d'une prise d'interruption.
4. Un espace privé avec serrure pour y entreposer tout ce que vous désirez garder loin de la vue des enfants (un classeur, une boîte à outils, un bureau de travail muni de tiroirs fermés à clé).
5. Des vêtements de nuit sexy pour vous et votre partenaire qui vous font oublier momentanément vos rôles de «père et mère».
6. Des sous-vêtements chic pour vous et votre partenaire.
7. Une gardienne responsable.
8. Un vase pour y déposer votre petite monnaie destinée à vous payer une soirée ou un week-end en amoureux à l'hôtel.
9. Des huiles de massage.
10. Un moyen de contraception efficace lorsque vous n'avez pas l'intention de devenir enceinte.

Des solutions selon l'âge

Les parents de bébés et de jeunes enfants ont tout un défi à relever pour se donner l'intimité sexuelle désirée. Lorsque les petits réclament notre présence, c'est qu'ils en ont généralement *besoin*; il faut donc interrompre nos ébats amoureux pour réconforter un bébé qui pleure ou un petit qui a peur. Pendant un certain temps, les tout-petits ne peuvent heureusement sortir seuls de leur berceau ce qui vous laisse une certaine latitude (sauf si vous en avez un plus âgé qui, lui, a commencé à circuler librement), mais vous devez tout de même planifier votre temps. Les parents de très jeunes enfants doivent habituellement prévoir les moments où ils pourront faire l'amour; bien des parents profitent des siestes de bébé pour s'aimer. Certains couples décident d'établir immédiatement leurs frontières sexuelles en se réservant du temps pour vivre leur sexualité: ajouter une heure de plus aux services de la gardienne pour se permettre de s'embrasser et de se caresser dans la voiture; faire garder l'enfant par grand-maman pendant quelques heures pour courir à la maison et faire l'amour; échanger des nuits de garde avec d'autres parents.

Les enfants grandissent et nous oublions que lorsqu'ils réclament notre présence, ils n'ont *pas vraiment besoin* de nous. Si Julie et Simon n'avaient nullement l'intention de laisser leurs enfants leur imposer un manque flagrant d'intimité sexuelle, il semble que les choses aient simplement évolué ainsi. Ils ont donc décidé de prendre les choses en main et de se réserver du temps entre adultes en instaurant une période « parents en vacances » pendant laquelle on ne pouvait les interrompre sous aucun prétexte, sauf pour de véritables urgences. Il a fallu quelque temps pour que les jeunes se prêtent à cette discipline, mais comme les parents ont tenu bon et n'ont pas dérogé à la règle, ils se sont graduellement adaptés. Selon cette nouvelle routine, dès 20 h 30 chacun retrouvait ses quartiers et se préparait pour la nuit. Les parents aidaient les enfants à prévoir leurs besoins: As-tu faim? As-tu brossé tes dents? As-tu un bon livre de chevet? On ne s'attendait pas à ce que les enfants dorment à 21 h, mais il était entendu que chacun devait rester dans sa chambre à partir de cette heure et se préparer calmement à dormir en faisant une activité de son choix.

Dès 21 h, les parents « ne sont plus en service ». Ils attendent que les enfants dorment pour faire l'amour, soit vers 22 h pendant les jours de classe. Julie et Simon ont découvert que le fait d'avoir un peu de temps ensemble tous les soirs les aide à maintenir un lien affectif et leur laisse un peu de répit pour décompresser en fin de journée et voir s'ils ont envie de faire l'amour. La nouvelle règle s'assouplit pendant le week-end et les vacances. Tous deux se sont dits heureux de constater qu'ils désiraient plus souvent faire l'amour lorsque l'occasion se présentait.

Julie est mal à l'aise de faire l'amour lorsqu'un des enfants est réveillé et elle est convaincue que le fait que la porte soit verrouillée ne sera pas suffisant pour qu'elle se détende et y prenne plaisir. Elle ne craint pas de blesser ses enfants s'ils la surprenaient en train de faire l'amour ; en fait, Julie se sent profondément gênée à la seule idée d'être prise en flagrant délit par qui que ce soit, en particulier par ses enfants. Si Julie s'ouvrait à l'idée d'avoir des relations sexuelles avant que toute la maisonnée ne tombe dans les bras de Morphée, elle découvrirait peut-être qu'en plaçant un appareil émettant un bruit régulier près de sa porte (un humidificateur, un éventail, etc.), elle se donnerait une frontière sexuelle acceptable pouvant dissiper son malaise.

Certains couples se donnent des moments d'intimité sexuelle en faisant délibérément l'effort de se retrouver seuls à la maison et d'en profiter pour faire l'amour. Ils se retrouvent pendant l'heure du lunch, alors que les enfants sont à l'école ; cette solution est particulièrement appropriée lorsque les parents ont des horaires flexibles. D'autres inscrivent leurs enfants à des camps d'été et s'accordent une nouvelle lune de miel chaque année. Une mère nous a décrit son plan de secours : lorsque Sara est invitée à dormir chez une amie, elle appelle la mère du meilleur ami de son deuxième enfant et lui raconte de pieux mensonges : « Sara a été invitée à dormir chez une amie ce soir. Mais elle devait garder son frère Francis, car mon mari et moi devions aller au cinéma. Si je vous offrais de garder vos deux garçons samedi soir prochain, accepteriez-vous de prendre Francis pour la nuit ? » Ou encore, elle invite sa mère à emmener les deux enfants au cinéma pour voir le dernier *Harry Potter* et lui permettre d'avoir du « temps » avec son amoureux.

Certains couples font sonner le réveil à 4 h du matin, surtout les jours où les enfants ont toutes les raisons de se lever plus tard.

Et si le pire devait se produire?

Lorsqu'une mère fait l'amour, la pensée la plus dévastatrice qui puisse lui traverser l'esprit commence sans doute par ces mots: « Et si les enfants... » (se réveillaient, entraient dans la chambre, nous entendaient, etc.). Il est normal de s'inquiéter et de ne pas vouloir exposer les enfants inopinément. Mais il est possible que vous accordiez plus d'importance qu'il n'en faut à cette éventualité. La meilleure stratégie est la prévention; un bon verrou fera habituellement l'affaire. Mais voyons ensemble quel pourrait être le pire des scénarios si vous deviez échouer.

Votre enfant entre dans votre chambre au beau milieu de vos ébats amoureux. Un très jeune enfant ne peut comprendre; il pourrait être effrayé par ce qu'il voit et entend lorsque des adultes font l'amour. Vous devez répondre à cette peur que l'enfant éprouve. Vous devez lui expliquer que, lorsqu'ils sont seuls, les mamans et les papas se touchent d'une manière toute particulière, qu'ils aiment beaucoup cela même si ça peut parfois effrayer les enfants. Une explication claire et factuelle rassure l'enfant; il sait que personne n'est blessé ou souffrant et que cette façon particulière de se toucher est réservée uniquement aux adultes.

Un enfant d'âge scolaire peut ne pas être effrayé par la scène, mais se montrer très curieux. Si vous n'êtes pas très à l'aise, vous pouvez couper court à une série de «pourquoi» qui risque de s'enchaîner sans fin en réduisant votre réponse au strict minimum. Ne dites rien de plus que ce qui est nécessaire et passez à un autre sujet, sans honte mais sans trop de précipitation, pour ne pas alimenter davantage sa curiosité. Par exemple: «Je vois que ce que tu viens d'entendre éveille beaucoup ta curiosité, mais comme tu peux le constater, nous nous portons à merveille tous les deux. Les adultes font parfois des choses que les enfants ne comprennent pas encore.» Puis, passez à un autre sujet.

S'il est plus âgé, l'enfant peut être parfaitement conscient de ce qui se passe et éprouver de la gêne ou de la répulsion devant cette scène, un peu comme nous lorsque nous imaginons nos parents faisant l'amour. Votre enfant emploie les mêmes mécanismes de défense que vous devant l'éventualité de voir ses parents en pleins ébats sexuels : le déni et le refoulement. Il tourne le bouton à « arrêt » et il sera heureux si vous lui permettez de rester dans le déni plausible. Toutefois, s'il entre brusquement dans la chambre et que la scène est explicite, ne cherchez pas à nier les faits et ne vous mettez pas sur la défensive. Habillez-vous et parlez-en ouvertement. Reconnaissez que la situation est gênante pour tout le monde. Par exemple, dites-lui : « J'imagine que tu es au courant et que tu sais ce que nous étions en train de faire. Je sais que c'est très gênant pour tout le monde. Aussi, nous serions tous plus à l'aise si notre vie amoureuse, à ton père et moi, demeurait privée. » Puis discutez ensemble des moyens à prendre, dorénavant, pour préserver votre intimité tout en prenant soin de ne blâmer personne, ni l'enfant ni vous-même, pour cet incident. La conversation sera brève, croyez-moi.

Tous en profitent

Dans les chapitres qui suivent, nous tenons pour acquis que vous avez accepté de vous offrir ce précieux cadeau qu'est votre propre épanouissement sexuel. Que vous le sachiez ou non, il ne fait aucun doute que ce cadeau profitera également à vos enfants. Consacrer du temps à l'intimité du couple n'est pas un geste égoïste de la part des parents, c'est une pratique saine pour le mieux-être de toute la famille. Le fait que ce soit si agréable pour la mère ne veut pas dire que c'est néfaste pour les enfants !

Affirmation

« Un sage crée les occasions plus qu'il ne les trouve. »

Francis Bacon

Deuxième étape

Protégez votre énergie sexuelle

> « À quel âge voyons-nous poindre le sentiment de culpabilité face au plaisir et au jeu ? À quelle étape du développement adoptons-nous cette croyance voulant que notre principal objectif dans la vie soit de nous mettre au service des besoins de tous et chacun ? »
>
> Alice Domar et Henry Dreher
> *Self-Nurture*

- Lorsque le stress diminue, la libido augmente. L'abnégation est, chez la mère, l'un des principaux facteurs qui la draine de toute énergie sexuelle.
- Vous pouvez augmenter votre libido et prendre soin de vous-même tout à la fois.
- Le perfectionnisme fait obstacle à votre épanouissement sexuel et vous pouvez le vaincre en modifiant votre perception du rôle maternel.

Chez la mère, le stress et la fatigue sont des ennemis naturels qui drainent son énergie sexuelle. Vous avez besoin de vous renouveler ; or, vous devez absolument reconnaître l'importance de ce besoin et le respecter afin d'établir des bases solides pour votre épanouissement sexuel.

Il existe mille et une façons de réduire le stress de la mère. Vous avez sans doute consulté une liste de moyens anti-stress sur Internet, dans des magazines ou à la télévision. Les méthodes anti-stress ressemblent aux régimes amaigrissants : vous pouvez en rêver sans relâche, mais tout revient à une simple formule mathématique. Pour perdre du poids, nous devons réduire notre ingestion de calories ou en brûler davantage. Point à la ligne. Pour réduire votre stress, vous devez dépenser moins d'énergie et trouver des modes de ressourcement. Point à la ligne. Faites-en moins pour les autres et plus pour vous-même. Épuisez moins vos batteries et veillez à les recharger plus souvent.

Prendre soin de soi est un mode de vie. C'est également un choix qui s'impose tout naturellement lorsque vous croyez que vous le méritez, lorsque vous reconnaissez votre propre valeur. Cela n'a rien d'un secret ou d'un mythe, et il n'existe aucun raccourci pour y parvenir.

Visualisez votre « autoportrait de soignante »

Dans le rôle maternel, le soin porté aux autres est sans aucun doute le plus grand saboteur, le premier responsable de la panne de désir sexuel des mères. Elles ont souvent le sentiment que leur lit est le *seul et unique* endroit dans la maison où personne n'a besoin de leur aide. Elles n'ont qu'un *seul* moment juste pour elles et c'est en fin de soirée. Dans ces circonstances, lorsqu'une mère épuisée reçoit une avance sexuelle faite en ce lieu et à ce moment, elle la perçoit souvent comme un autre service à rendre, un de plus sur la longue liste des choses à faire avant de clore cette interminable journée. Cette deuxième étape vise à retrouver le plaisir de l'intimité sexuelle plutôt que de la vivre comme une obligation ; pour ce faire, vous devez conserver votre fin de soirée juste pour vous ressourcer et planifier de vivre votre sexualité en d'autres temps et d'autres lieux, afin de ramener la passion dans votre vie. Je vais vous montrer comment procéder.

Il est si facile de se laisser prendre dans l'engrenage et d'ignorer combien les obligations nous font la vie dure. La visualisation est un excellent moyen de nous révéler nos vérités cachées. Tracez un cercle qui représente vos journées lorsque vous êtes éveillée. Donnez à ce cercle la forme d'une tarte, dessinez une pointe représentant honnêtement la portion de votre temps voué à prendre soin des autres. Il peut s'agir de tâches agréables comme regarder une joute de hockey, ou ardues comme nettoyer le réfrigérateur, ou encore désagréables comme changer la litière du chat. L'important est d'inclure absolument tout ce que vous faites ou devez faire au cours d'une semaine ordinaire. Utilisez l'autre partie du cercle pour représenter toutes vos actions sans obligation aucune. On parle ici de tout geste qui ne profite à nul autre que vous.

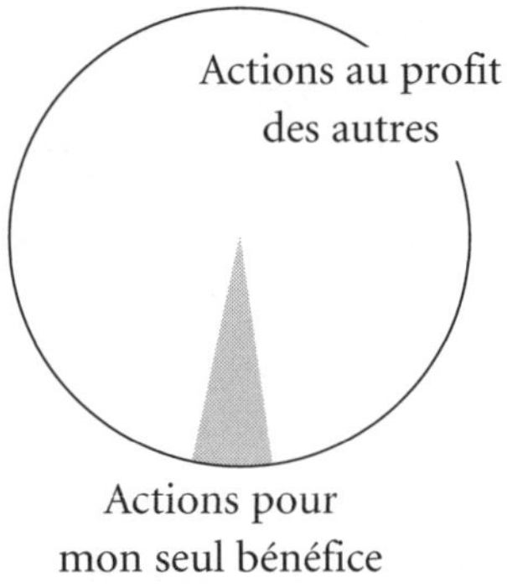

Selon les portions de votre cercle, combien de temps consacrez-vous aux autres ? À vous-même ? Voici, à titre d'exemple, une liste des tâches qui se retrouvent souvent dans le graphique : préparer les repas ; prévoir les lunchs ; organiser le covoiturage ; faire la vaisselle ; faire le lavage ; remplir tous les questionnaires et formulaires pour l'école, le camp et le club sportif ; aider les enfants à faire leurs devoirs ; faire du bénévolat à l'école ; prendre soin des animaux domestiques ; prendre les rendez-vous chez le médecin et le dentiste.

Si vous travaillez à l'extérieur, dans quelle mesure vos tâches professionnelles consistent-elles à prendre soin des autres ? Est-ce que vos clients, vos employés, vos collègues, vos patrons vous demandent de vous occuper d'eux ? Au travail, est-ce que ce que vous donnez représente autant que ce que vous recevez ?

Il est parfois facile d'arriver à nos fins, encore faut-il savoir ce que nous voulons et où nous allons. Vous pouvez décider de votre destination en utilisant cette méthode de visualisation (pointe de tarte). Engagez-vous à élargir la pointe qui représente vos activités libres de toute obligation. Commencez en ajoutant une mince ligne si cela vous chante. Mais commencez. Et après quelques semaines, revenez à votre graphique, modifiez la pointe de tarte en fonction des changements apportés et voyez si vous ne pourriez pas faire autre chose pour l'agrandir un peu plus. Vous saurez choisir les activités personnelles qui vous conviennent, celles qui vous font plaisir, qui sont abordables, qui sont faisables. Prenez la décision de vous y mettre. Ce n'est pas facile, mais vous pouvez y arriver.

Voici quelques exemples de choses à faire pour agrandir la pointe des choses faites « juste pour moi » et que vous pourriez ajouter à vos activités : achetez-vous des fleurs, allez flâner dans une librairie, rencontrez un ou une amie au bistro (quelqu'un qui n'a pas besoin d'aide !), faites-vous maquiller gratuitement au rayon des cosmétiques d'un grand magasin, fermez la porte de votre bureau et plongez-vous dans la lecture d'une revue pendant dix minutes, prévoyez une pause de quinze minutes à la maison et assurez-vous que les enfants sauront s'occuper pendant cette courte période.

Je vous entends vous écrier : « Mais je le ferais si j'en avais le temps ! » Très bien. Alors, de combien de temps *disposez-vous* ? Idéalement, j'aimerais que toutes les mères suivent la suggestion de Sarah Ban Breathnach qui propose de prendre deux heures pour soi avant d'entreprendre le reste des activités de la semaine[8]. Mais en pratique, la plupart des femmes ne disposent pas de ce temps ou ne le prennent tout simplement pas.

Pour commencer, je m'adapterai au temps dont vous disposez. Soyez précise : de combien de minutes par jour ou par semaine disposez-vous pour prendre soin de vous ? Si vous disposez de deux heures par semaine, prévoyez une activité qui vous « nourrit » : créativité (un cours d'arts visuels), stimulation intellectuelle (une conférence ou un livre), détente (jardinage, yoga, massage). Si l'exercice physique est un plaisir et non une corvée à vos yeux, sachez qu'il est prouvé que l'aérobie éveille l'énergie sexuelle. Si

8. Sarah Ban Breathnach, *L'abondance dans la simplicité : la gratitude au fil des jours*, Montréal, Éditions du Roseau, 1999.

vous ne disposez que de quinze minutes par semaine, profitez-en pleinement. Par exemple, prenez un bain moussant aux huiles, avec café et journaux ou encore étendez-vous dans le jardin en profitant des bienfaits du soleil sur votre peau : voilà des activités peu chères et pourtant énergisantes. Et si vous n'avez qu'une minute par jour à vous consacrer, voici quelques suggestions : fermez les yeux, respirez profondément et imaginez que vos paupières sont très lourdes, puis visualisez une vague qui ondule dans votre corps pour détendre tous vos muscles, une vague qui prend naissance au-dessus de votre tête ; sentez-la descendre dans votre cou et vos épaules, puis dans votre poitrine, votre bassin et vos jambes jusqu'au bout de vos orteils. Refaites cet exercice de nouveau, plus tard au cours de la journée.

Le temps réel que vous prenez pour vous-même est très important, il vous permet de rétablir votre équilibre. La discipline est tout aussi importante, ainsi que votre intention d'accomplir un geste pour vous, si petit soit-il. Décider d'ajouter un moment de détente à votre horaire quotidien, c'est décider de prendre soin de vous. Si vous vous octroyez une minute de relaxation chaque jour, vous reconnaissez vos besoins et vous demeurez consciente que votre bien-être a également de l'importance. Lorsque vous aurez goûté aux bienfaits de prendre soin de vous jour après jour, vous verrez à quel point il vous sera facile de trouver plus d'une minute par jour juste pour vous. Avec le temps, les soins que l'on se donne à soi-même peuvent prendre une autre forme : le plaisir de faire l'amour.

Quand prendre soin de soi devient sexy

On ne saurait trop insister, la détente peut nous ouvrir au désir sexuel. Les exemples de relaxation que nous venons de décrire visent d'abord à diminuer le stress et l'épuisement et peuvent faire partie d'une démarche menant à l'épanouissement sexuel. Haussez la barre d'un cran et prévoyez des journées consacrées à nourrir votre sensualité.

À quoi ressemble une journée de « revitalisation sexuelle » ? Il s'agit d'une journée de profonde relaxation combinée à des activités qui éveilleront votre imaginaire sexuel et qui vous inciteront à rendre hommage à votre corps pour les plaisirs physiques qu'il vous procure. Contrairement aux hommes, bien des femmes reconnaissent ne pas avoir une libido munie d'un bouton de démarrage et considèrent comme essentiels les lents préparatifs qui conduisent sûrement aux plaisirs de l'amour.

Vous avez demandé à votre conjoint de se montrer plus responsable et de s'occuper davantage des enfants... mais vous vous êtes butée à son silence ? Essayez ceci : proposez à votre époux de s'occuper des enfants samedi prochain, car vous désirez profiter de la journée pour refaire le plein d'énergie sexuelle. Soyez légère, évitez toute discussion sur le juste partage des tâches. Pour ne pas vous sentir obligée de performer au lit ce soir-là, soulignez que vous expérimentez différentes approches pour l'instant.

Au début, vous devrez vous discipliner pour intégrer à votre horaire des moments consacrés à votre revitalisation sexuelle. Voyez les choses à la manière d'un programme de remise en forme physique : vous semblez toujours manquer de temps jusqu'au jour où vous y prenez goût. Essayez-le et n'oubliez pas que les bienfaits ne se feront sentir qu'après un certain temps d'activité régulière.

Activités d'autorevitalisation sexuelle

- Un après-midi, allez voir un film érotico-romantique seule ou avec une amie.
- Achetez une jolie camisole et portez-la dès votre retour à la maison.
- Lisez un magazine érotique, surtout les articles portant sur des choses que vous ne feriez « jamais en cent ans ».
- Offrez-vous un massage (certains centres de santé proposent des massages express pour un prix raisonnable ; selon votre budget, offrez-vous un massage de longue durée, si vous le pouvez).

- Lisez un ouvrage érotique ou romantique n'importe où, sauf à la maison.
- Sirotez un café dans un bistro et écrivez, dans le détail, tout ce qui entoure la conception de votre premier enfant. Soyez explicite !
- Regardez les couples s'embrasser en public.
- Rendez-vous dans une librairie, dans un quartier où personne ne vous connaît, et feuilletez des livres traitant de sexualité.
- Achetez des chandelles en prévision de la soirée. Prenez le temps d'en humer les divers arômes. Vérifiez s'il est vrai que les arômes culinaires (citrouille, vanille, clou de girofle) sont aphrodisiaques.
- Faites un peu d'exercice avant de revenir à la maison. (L'exercice physique augmente le flot sanguin dans la région pelvienne et relâche des hormones qui augmentent le désir sexuel et facilitent l'orgasme chez certaines femmes.)
- Installez-vous dans un petit café et rédigez des haïku érotiques (brefs poèmes de trois vers suivant le modèle cinq/sept/cinq syllabes).
- Évitez de consommer de l'alcool. Il diminue votre énergie sexuelle, vous porte à dormir, réduit les chances d'atteindre l'orgasme et contrecarre tous les efforts déployés pour retrouver votre vitalité sexuelle.

Lorsque vous rentrez à la maison ce soir-là

- Informez les enfants que papa sera responsable de la routine du dodo. Refusez toute invitation non verbale à donner un coup de main, qu'elle vienne de votre conjoint ou des enfants.
- Amorcez une activité qui lance clairement le message que vous n'êtes pas disponible ou placez votre écriteau NE PAS DÉRANGER MAMAN. Enfermez-vous dans la salle de bains,

prenez un bain moussant et lisez quelques pages d'un livre érotique. Demandez à votre conjoint de vous faire signe lorsque le terrain sera libre.
- Faites un somme en début de soirée (c'est vraiment le moyen le plus efficace de préserver votre vitalité sexuelle jusqu'à la fin de la soirée).
- Si la température le permet, installez-vous dans le jardin. Revoyez mentalement le film que vous avez vu en après-midi ou repensez au livre que vous avez lu et laissez voguer votre imagination en songeant aux scènes qui vous ont le plus impressionnée.

Les stratégies proposées jusqu'à maintenant n'ont qu'un seul but : vous ressourcer. Vous serez moins épuisée si vous prenez soin de vous. En créant de nouvelles bases à votre propre épanouissement sexuel, non seulement vous serez appelée à répondre à vos besoins, mais vous devrez probablement éliminer tout de go certains éléments qui vous vampirisent et drainent votre énergie. Pour rétablir l'équilibre, il vous suffit parfois de regarder l'ensemble de vos obligations comme si elles étaient inscrites sur un tableau noir. Quoi qu'il en soit, la plupart des mères éprouvent encore de la difficulté à identifier les tâches pouvant être déléguées, celles pouvant être confiées à une personne de l'extérieur, celles qu'on pourrait éliminer en totalité ou en partie.

Elles ont souvent le sentiment que leur vie sexuelle était plus émoustillante au début de la relation parce qu'elle était empreinte de nouveauté et de fraîcheur. N'oubliez pas qu'à l'époque, vous aviez beaucoup de temps juste pour vous. *Vous* étiez fraîche et dispose lorsque venait le temps de faire l'amour. Si vous avez réellement l'intention de respecter et de combler vos propres besoins, il y a fort à parier que vous aurez à éliminer certaines tâches qui drainent votre énergie sexuelle.

Un des changements les plus drastiques et les plus efficaces est de mettre un terme à « l'hémorragie du service aux autres ». Avez-vous dans votre entourage un collègue, une amie, un proche parent qui a le don de vous vider de votre énergie ? Songez à ce nom que vous détestez voir apparaître sur votre afficheur téléphonique, à cette personne avec qui vous ne voulez pas aller luncher, à cet ami en perpétuelle crise existentielle. Nous sommes si bien programmées à nourrir et à soutenir les autres que nous confondons les rôles de « soutien » et de « sauveur » ; nous ne savons pas reconnaître les signaux indiquant un manque de réciprocité. Ou nous nous sentons coupables. Quelle sorte de femme est-elle, celle qui refuse de porter secours à une personne en crise (peu importe que ce soit son septième sauvetage en un mois) ?

Pour mettre fin à cette abnégation qui vous draine littéralement, vous devez apprendre à écouter davantage votre voix intérieure, vos véritables sentiments. Si vous entretenez une relation qui n'a jamais été et ne sera jamais réciproque, elle est néfaste pour vous tout autant que pour l'autre, qu'il s'agisse d'un ami, d'une collègue ou d'un proche. Refusez dorénavant toute invitation à résoudre le problème de cette personne, cessez de jouer au jeu du « oui, mais... » (vous lui faites des suggestions qu'elle rejette systématiquement), ne soyez plus le déversoir de ses déboires, ne lui servez plus de poubelle. Lorsque cette personne se décharge en votre présence, retournez-lui l'ascenseur par une décision qu'*elle* doit prendre. Dites-lui : « Oh, mais ça me semble terrible ! Qu'est-ce que tu comptes faire ? » Ou encore : « Un thérapeute pourrait sans doute t'aider à voir clair dans ce torrent d'émotions qui t'assaillent à l'égard de ton mari alcoolique/ton patron abuseur/ta mère tyrannique/ton ex-conjointe/etc. » Ou bien : « Je crois que tu devrais parler de tout cela avec la personne concernée. » Établissez clairement les limites de votre disponibilité tout en demeurant honnête et aimable : « Bonjour Nancy. Je n'ai que cinq minutes pour te parler. Alors, dis-moi, de quoi s'agit-il ? » Si vous acceptez d'être la soupape d'une personne qui se sert de vous à volonté pour déverser son trop-plein de stress, sachez que cette pratique va à l'encontre de votre démarche vers votre plein épanouissement sexuel. Ce choix ne peut d'aucune façon protéger votre énergie sexuelle ni lui permettre de s'épanouir.

Les mères sont souvent appelées à jouer un rôle très exigeant au sein d'organismes qui s'occupent des enfants. On leur confie des tâches herculéennes. Si on vous sollicite, refusez. Si vous désirez faire l'amour avec passion pendant les trois prochains mois, refusez de coordonner la vente de biscuits des scouts du quartier. Je vous le promets, les biscuits trouveront preneur sans vous. Il y aura toujours une mère qui cherchera désespérément à se sacrifier et on n'y peut rien. N'acceptez jamais – au grand jamais – de vous sacrifier parce que vous vous désolez pour une autre mère qui dit toujours « oui ». Si vous lui enlevez la responsabilité de l'organisation du carnaval de l'école, soyez assurée qu'elle trouvera autre chose pour s'occuper.

Voici trois façons de dire non sans éprouver la moindre culpabilité. D'abord, dites non à une activité qui vous draine tout en disant oui à une action non exigeante. « Je ne peux coordonner le déjeuner des Petits Débrouillards, mais je peux donner une heure de mon temps ce jour-là. » Ou encore, refusez gentiment mais fermement : « Mon emploi du temps ne me permet pas d'accepter cette responsabilité, pour l'instant. » Vous pouvez également souligner à quel point cette demande ne convient pas à votre réalité quotidienne : « Votre requête peut sembler dérisoire mais comme la cour est vraiment pleine en ce moment, je me suis promis de dire non à toute sollicitation pour l'instant. »

Toute mère perfectionniste voit son énergie sexuelle décupler le jour où elle décide de mettre un terme à ses principaux dragueurs d'énergie et cesse, en plus, d'accomplir une multitude de petits gestes répétitifs – et combien épuisants – motivés par la peur et la culpabilité.

Vaincre l'obsession de la perfection

Certains sont obsédés par l'image de la mère parfaite. Lorsqu'une mère ose prendre du temps pour elle-même, ils croient qu'elle est un être égoïste ou encore qu'elle a la chance d'avoir un mari parfait qui a la gentillesse de lui accorder tout ce temps libre, juste pour elle. Il existe sans doute des femmes qui délèguent ou qui disent non et qui *sont effectivement* égoïstes. Parmi elles certaines *ont* en effet des maris très actifs et engagés. Cependant, il n'en est rien dans la majorité des cas !

Les femmes qui s'accordent du temps ont une autre perception du monde. Elles refusent qu'on leur impose des attentes impossibles. Elles s'évaluent comme mère à partir de normes réalistes. Elles savent bien qu'elles commettront des erreurs et acceptent que cela fasse partie du grand jeu. Si leur conjoint rouspète devant le partage des tâches, elles ne s'en font pas, car elles sont parfaitement conscientes de ce besoin vital : un peu de temps pour soi.

En revanche, certaines visions du monde encouragent la prolifération de la culpabilité et du perfectionnisme. Voici quelques exercices conçus pour vous aider à déceler et à remplacer quelques fausses croyances sur le rôle de la mère, des concepts qui vous empêchent de répondre à vos propres besoins. Cette méthode est basée sur la thérapie cognitive mise au point par Aaron Beck et popularisée par David Burns. Ce modèle, d'abord utilisé auprès de personnes souffrant de dépression, démontre que l'automatisme des pensées négatives et des schémas erronés mène à un manque d'estime de soi et au malheur. Il nous permet de saisir le concept de cette vérité fondamentale selon laquelle tout être humain peut devenir son pire ennemi. Ce modèle est extrêmement populaire en ce moment dans le monde de la psychothérapie ; il sert d'outil d'intervention auprès de toute une clientèle, un couple en péril comme une personne dite obsessive compulsive. Essentiellement, il s'agit de faire appel au gros bon sens pour briser des perceptions de soi défaitistes et des conclusions erronées.

En ce qui concerne le rôle de mère, voici les principales fausses croyances qui mènent à l'épuisement :

1. Je me dois d'être une mère parfaite.
2. Il est égoïste de ma part de faire ce que je veux.
3. Je ne peux me permettre la moindre erreur.
4. En tant que mère, je peux me donner des normes personnelles plus élevées que quiconque.

Votre liste peut ressembler à celle-ci, mais vous pouvez également rédiger une liste de vos propres croyances et de toutes vos attentes personnelles en tant que mère. Pour faire taire la double voix de la culpabilité et du perfectionnisme, vous devrez remplacer ces concepts par d'autres normes, plus réalistes.

Voici maintenant quelques outils qui vous aideront à remplacer vos fausses croyances par des concepts plus réalistes et logiques. Portez une attention particulière aux concepts prônant le « tout-ou-rien » (désastre-ou-victoire) que vous avez inclus dans votre rôle de mère.

« Je me dois d'être une mère parfaite. »

Modèle plus réaliste: « Il est important de donner le meilleur de moi-même comme mère, mais je peux faire davantage. Je suis en mesure d'être une bonne mère et de donner à mes enfants ce dont ils ont besoin pour les aider à devenir des adultes sains, heureux et responsables. La mère parfaite n'existe pas, c'est un mythe et je peux refuser d'y croire. »

« Il est égoïste de ma part de faire ce que je veux. »

Modèle plus réaliste : « J'ai du mal à trouver du temps pour mes besoins personnels et, souvent, les enfants me demandent plus de temps et d'énergie que je ne l'aurais souhaité. Je sais que tous en profitent lorsque je suis enthousiaste et détendue. Je sais que je donne le meilleur de moi-même en tant que mère lorsque je me suis ressourcée. En outre, je sais que toute la maisonnée s'en porte mieux lorsque je me donne le temps de bien vivre ma sexualité. »

« Je ne peux me permettre la moindre erreur. »

Modèle plus réaliste : « Commettre des erreurs n'a rien de catastrophique et ne signifie pas que je ne suis pas une bonne mère. Toutes les mères, aussi compétentes soient-elles, se trompent à l'occasion ; nous apprenons souvent beaucoup de nos erreurs. En observant la manière dont je tire parti de mes erreurs, mes enfants apprennent à faire de même dans leur propre vie. »

« En tant que mère, je peux me donner des normes personnelles plus élevées que quiconque. »

Modèle plus réaliste : « Ce qui me motive, c'est de croire que je dois être à la hauteur de normes personnelles très élevées pour être réellement satisfaite et détendue ; en réalité, je m'épuise à vouloir faire constamment mieux que quiconque. Il est injuste et irréaliste d'être plus exigeante envers moi-même qu'envers les autres. »

Si vous avez du mal à intégrer ces nouveaux concepts, accordez-vous du temps. Voici des techniques qui vous aideront à poursuivre ce processus de modification de vos croyances sur le rôle de mère :

1. Écrivez dans votre journal que ces croyances ne sont pas des faits mais des attitudes (« Je crois devoir être une mère parfaite, mais les autres ne croient pas à la perfection d'une mère. »).
2. Pendant une semaine, prenez le temps d'écrire vos commentaires, chaque fois que vous vous surprenez à penser, à agir ou à parler en termes de mère parfaite.
3. Dressez une liste d'arguments qui soutiennent ou réfutent votre fausse croyance. Efforcez-vous de dresser une liste des raisons qui démontrent à quel point cette croyance est erronée.
4. Créez vos propres affirmations ou ayez recours à un livre d'affirmations. Vous pouvez atteindre les mêmes résultats à l'aide de prières ou de proverbes.
5. Envisagez la possibilité de demander l'aide d'une thérapeute professionnelle afin de renforcer votre estime personnelle en tant que mère, surtout si vous avez été éduquée par une mère dysfonctionnelle. Souvent, les femmes qui ont été des petites filles mal maternées deviennent des mères

particulièrement intransigeantes envers elles-mêmes. Elles se montrent d'une vigilance excessive, de crainte de voir leur histoire familiale se répéter. Recherchez une thérapeute très douée en thérapie cognitive spécifique. Exigez qu'elle soit formée en la matière et qu'elle ait la compétence nécessaire pour vous aider à reconstruire votre estime de soi à l'aide de cette approche thérapeutique.

6. Trouvez-vous une partenaire, une mère perfectionniste qui s'engage à se défaire elle aussi de cette mauvaise habitude. Une fois par semaine, entrez en contact avec elle pour relever une de vos imperfections et vous aider mutuellement à reconnaître les bienfaits de ne pas être parfaites.
7. Amusez-vous à vos dépens. Éclatez-vous. Lisez Anne Lamott, Erma Bombeck et Vicki Iovine, ces reines de l'humour qui ont appris à rire de cette inaccessible étoile : la mère parfaite.

Puisez à la source de l'abondance

Chez la mère, la peur est à la source du perfectionnisme et de son ombre, la culpabilité. On reconnaît facilement une mère motivée par la peur : ou bien elle n'a pas eu un modèle positif (« ne me laisse jamais devenir comme *elle* ») ou elle a été critiquée continuellement ou encore sa vision du monde extérieur est faite d'angoisse et d'anxiété. Agir en fonction de la peur rend nos tâches maternelles exténuantes, mais cela passe souvent inaperçu. L'interprétation des peurs est parfois malsaine : « Quelque chose de terrible arrivera à mes enfants si je ne parviens pas à être une mère parfaite. » Les peurs sont parfois très précises : « Si je m'accorde des moments libres, mes enfants ne sauront peut-être pas combien je les aime. » La peur est engendrée par un sentiment d'insécurité et de pénurie, par la conviction profonde que l'on manquera bientôt de l'essentiel.

Le jour où vous abandonnerez la peur et le manque et où vous les remplacerez par la joie et l'abondance, vous noterez un grand changement dans vos interactions avec vos enfants. Une situation en tous points similaires engendrera un climat émotionnel totalement différent. Imaginons que vous avez décidé de confectionner des biscuits pour une fête : si votre geste est motivé par la peur, vous êtes inquiète, et vous vous interrogez sur ce que penseront les professeurs et les autres mères ; vous espérez que votre fils saura apprécier vos efforts et vous répétez toujours les mêmes erreurs. Toutefois, si votre geste prend sa source dans l'abondance et la certitude que les enfants adorent les biscuits, vous êtes ravie et non aigrie de voir votre fils dessiner trois yeux au bonhomme sept heures avant de faire dégouliner une tasse de crémage sur un tout petit biscuit. La même action est transformée : elle passe de la recherche de la perfection pour éviter les critiques à une expérience ou à une démarche tout à fait agréable et rigolote pour vous et votre fils.

Voyez ce qui vous motive, à quelle source se nourrit votre rôle de mère. Pouvez-vous trouver d'autres situations fondées sur la peur ? Pendant une journée entière, surveillez chacune de vos interventions auprès de votre enfant : voyez quelles sont celles qui se fondent sur la peur et celles qui se fondent sur l'abondance. Lorsque votre fillette choisit ses vêtements et marie allègrement les fleurs, les rayures et les petits pois, quelle est votre première réaction ? Éclatez-vous de rire ou insistez-vous pour qu'elle modifie son accoutrement ? Lorsque votre fils de huit ans joue comme gardien de but dans son équipe de hockey, êtes-vous fière de son courage ou terrifiée à l'idée qu'il puisse faire perdre son équipe ? Lorsque votre adolescente arrive d'une soirée, craignez-vous qu'elle ait fait tapisserie ou songez-vous au plaisir qu'elle a dû avoir avec ses copains ? En prenant la pleine mesure de votre motivation première, la peur et le manque ou plutôt la joie et l'abondance, vous aurez sans doute suffisamment d'information pour vouloir changer de cap.

Mais si ce n'est pas le cas, suivez ces étapes :

1. Chassez le public (il est probablement absent de toute façon).
2. Concentrez-vous sur la démarche, non sur le résultat. (Votre fils grandira avec le souvenir d'un moment agréable passé

en votre compagnie, mais il ne se souviendra sûrement pas de l'allure des biscuits.)

3. Pendant toute une semaine, notez absolument tous les aspects agréables de votre tâche de mère. (Votre assouplisseur dégage-t-il une bonne odeur ? Le soir où votre conjoint est parvenu à rentrer plus tôt à la maison, avez-vous pleinement apprécié cette sieste à ses côtés avant le dîner, et surtout ces quinze minutes additionnelles passées avec lui ? En faisant la lecture à votre enfant, avez-vous remarqué les magnifiques illustrations du livre que vous lisiez ?)
4. Dressez la liste de toutes les richesses émotionnelles que vous possédez et pouvez partager avec votre enfant. (Vous sentez-vous capable d'offrir à votre enfant la richesse de votre créativité ? De votre prévenance ? De votre sécurité ? De votre réconfort ? De votre appui inconditionnel ? De votre humour ? De vos valeurs ? De votre spiritualité ?)
5. Dressez la liste de toutes les personnes qui contribuent à donner à votre enfant une expérience positive du monde. (Souvenez-vous : Il *faut* un village pour élever un enfant. Qui fait partie de votre village ?)

Une mère modérément stressée bénéficiera grandement d'une journée de ressourcement sexuel qui se traduira par une nette amélioration de sa libido. Mais une mère épuisée aura sûrement besoin de plus de temps pour retrouver son énergie. Si c'est votre cas, accordez-vous trois mois du régime « je prends soin de moi » pour percevoir un changement positif sur votre libido et votre énergie en général.

Si vous êtes maintenant convaincue que l'épuisement est à la source de votre problème sexuel, poursuivez cette démarche jusqu'au jour où vous la maîtriserez. Une thérapeute peut vous aider à déceler vos blocages ; de plus, vous pouvez consulter une multitude d'ouvrages traitant du sujet. Peut-être possédez-vous déjà plusieurs de ces livres et, comme les livres de recettes, les laissez-vous refermés sur les étagères ? Si c'est le cas, ouste ! dépoussiérezmoi tout ça ! À tout hasard, voici tout de même quelques titres d'ouvrages particulièrement bien faits :

Basco, Monica Ramirez, *Y a-t-il des perfectionnistes heureux?*, Montréal, Le Jour éditeur, 2000.

Breathnach, Sarah Ban, *L'Abondance dans la simplicité : la gratitude au fil des jours,* Montréal, Éditions du Roseau, 1999.

Domar, Alice et Henry Dreher, *Self-Nurture : Learning to Care for Yourself as Effectively as You Care for Everyone Else,* New York, Penguin, 2001.

Placksin, Sally, *Mothering the New Mother : Women's Feelings and Needs After Childbirth, a Support and Resource Guide,* New York, Newmarket Press, 2000.

Troisième étape

Désarmez votre censeur intérieur

> « À toutes les étapes de leur développement sexuel, les filles et les femmes reçoivent systématiquement des messages parfois confondants, parfois contradictoires, sur leur corps, leur comportement et leur sexualité. »
>
> Sandra Leiblum,
> *Avant-propos, Women's Sexuality Across Lifespan*

- Les femmes qui n'ont pas accès à une information juste et positive ont souvent un censeur intérieur qui juge sévèrement leur sexualité.
- Contrairement au mythe voulant que tout le monde autour de soi jouisse d'une vie sexuelle débridée, l'Américain moyen est un être d'un extrême conformisme dans la chambre à coucher. Toutefois, une sexualité non conventionnelle n'est pas une pratique rare ou bizarre. Vous êtes le meilleur juge – et idéalement le seul – de ce qui est acceptable ou non dans votre chambre à coucher.
- Il existe un moyen presque infaillible de mettre du piquant et de la fraîcheur dans vos relations sexuelles : faites taire votre censeur intérieur.

Chez la femme, le censeur intérieur et le critique négatif sont intrinsèquement liés. Le critique est celui qui cherche et qui trouve à tout coup la moindre erreur. Le censeur tient solidement la bride de vos explorations sexuelles. Tous deux sont les ennemis jurés de votre plein épanouissement sexuel.

Il est rare qu'une femme se permette de discuter de ses pratiques sexuelles avec ses amies, son médecin, sa thérapeute, ses partenaires sexuels ou ses sœurs. Nous sommes donc généralement mal ou non informées et tirons nos propres conclusions, cherchant à déterminer où nous nous situons sur l'échelle de ce qui est dit « normal » et « sexy ». Souvent, nous sommes aux prises avec des caricatures culturelles qui nous laissent perplexes devant des messages contradictoires. Comme nous ignorons les faits, nous sommes vulnérables aux pressions sociales qui nous incitent à nous conformer aux stéréotypes déterminant ce qui est « acceptable » en matière de sexualité féminine.

Ignorant les faits, nous éprouvons souvent un sentiment d'échec, croyant ne pas être à la hauteur ou être la seule à souffrir de ces prétendues failles ou incompétences.

Nous avons déjà bien du mal à décoder les messages confus que nous renvoie la société sur notre sexualité de femme avant de mettre nos enfants au monde. Malheureusement, voici qu'on nous déverse une autre série de messages et de directives affirmant que, maintenant que nous sommes mères, nous devons devenir de « bonnes et gentilles filles ».

On associe difficilement le mot « sexy » à « maman-au-hockey ». Et puis, on ne fait surtout pas l'amour sur la banquette arrière d'une fourgonnette. Au cinéma, dans les romans, à la télévision, on ne montre jamais de mères aimantes, dévouées et responsables qui sont aussi des femmes ayant une sexualité active et bien affirmée. Les images que les médias nous renvoient ont peu évolué. Il y a bien quelques rares exceptions à cette règle des médias voulant qu'on garde le silence sur la vie sexuelle de toute bonne mère de famille, mais elles sont représentées par des mères divorcées : Michelle Pfeiffer dans *Un beau jour*, réalisé par Michael

Hoffman, Selma Ward dans la série télévisée *Deuxième chance.* En donnant un rôle sexy aux seules mères divorcées, on renforce le message voulant que le sexe, la maternité et le mariage soient incompatibles.

En l'absence d'une information juste et positive sur notre sexualité, nous développons une conversation intérieure à sens unique. Habituellement, ces monologues intérieurs jugent durement notre sexualité.

Cette femme entend une voix intérieure qui la critique sévèrement, lui disant que ses fantasmes révèlent sa véritable nature, celle d'une pervertie ; une autre entend son critique intérieur lui dire qu'elle est frigide ou inhibée. Ou encore, cette petite voix la met en garde – attention, qu'est-ce que ton partenaire pensera de toi si tu agis ainsi ? –, l'assurant qu'il la jugera sévèrement.

Souvent, ces critiques intérieurs nous lancent des messages irrationnels du genre : « Tu seras damnée si tu le fais, et tu seras damnée si tu ne le fais pas. » Par exemple : « Ces fantasmes sont réellement pervers *et* tu es une partenaire sexuelle des plus ternes. » Le critique intérieur joue en partie le rôle du censeur, il cherche à vous convaincre que ce qu'on attend de vous, c'est de vous soumettre aux normes sociales qui régissent les mères et leur vie sexuelle. Le censeur vous hurle dans les oreilles de cesser d'entretenir des fantasmes dégoûtants et de rentrer dans le rang.

Le problème est double avec ce critique intérieur tyrannique : d'une part, il vous empêche d'explorer librement une curiosité sexuelle saine et naturelle et, d'autre part, il ne vous donne jamais accès à un autre point de vue que le sien. S'il est très gênant ou très bizarre à vos yeux de discuter sexualité avec vos amies ou votre partenaire, alors la *seule* voix qu'il vous est donné d'entendre est celle de votre critique intérieur. Le mythe selon lequel tout le monde – sauf vous – s'envoie en l'air dans sa chambre à coucher amplifie cette voix intérieure qui vous critique et vous accuse d'être à la fois un cas désespéré et une femme terne et pervertie.

Au cours de cette troisième étape, je vous aiderai à désarmer votre critique intérieur. Nous procéderons en trois points, soit :

savoir et croire que c'est « O.K. » si vous êtes du type traditionnel, savoir et croire que c'est « O.K. » si vous ne l'êtes pas et, finalement, bannir le censeur.

Désarmez le critique intérieur : Savoir et croire que vous êtes « O.K. »

Débutons en réfutant votre critique intérieur qui affirme que tous ceux qui vous entourent ont une vie sexuelle nettement plus intéressante que vous. Savoir ce qui se passe réellement dans la chambre à coucher du voisin s'avère fort utile pour bien des femmes. Si vous ou votre conjoint êtes insatisfait de votre vie sexuelle, vous serez réconfortés d'apprendre qu'il est faux de croire que tout le monde s'envoie en l'air, sauf vous. C'est un mythe qui ne tient pas la route. La majorité des gens ont une vie sexuelle des plus conventionnelles ; en outre, la fréquence de leurs rapports sexuels est nettement inférieure à ce que nous imaginons.

C'est malheureux, mais dans l'étude scientifique la plus sérieuse et la plus complète sur les pratiques sexuelles en Amérique, les chercheurs n'ont pas cru bon de se pencher sur la question qui nous occupe, à savoir les conséquences de la venue des enfants sur la vie sexuelle du couple[9]. Oups ! Ce problème est à ce point ancré dans notre culture que la vie sexuelle de la mère est inexistante même aux yeux de nos critiques sociaux. Quoi qu'il en soit, je citerai leurs statistiques sur le mariage, puisque ce sont les données disponibles qui se rapprochent le plus de la situation des couples mariés *avec* enfants. Dans une autre étude sans lien avec la première, seulement 6 % des couples notent une amélioration de leur vie sexuelle après la naissance de l'enfant ; nous pouvons donc présumer que toutes les statistiques sur les couples mariés illustrent

9. Dans cette étude, on compare les pratiques et les comportements sexuels des couples mariés à ceux des célibataires et des couples en union libre ; toutefois, on ne fait aucune distinction entre les couples mariés avec ou sans enfants vivant sous le même toit.

le « scénario idéal » du couple marié avec enfant. Cela étant dit, voici les statistiques en question qui, vous en conviendrez, démontrent sans l'ombre d'un doute combien *la vie sexuelle des Américains est conventionnelle*[10].

- Dans 95 % des cas, les Américains déclarent que leur dernière relation sexuelle avec partenaire comportait une pénétration vaginale.
- Lorsqu'ils font l'amour, 95 % des Américains pratiquent toujours ou habituellement une pénétration vaginale. Environ une femme sur cinq affirme avoir reçu ou donné des caresses buccogénitales lors de sa dernière relation sexuelle.
- La majorité des adultes ont entre quatre et huit relations sexuelles par mois, peu importe qu'ils soient mariés ou en union libre, qu'ils aient moins de 25 ans ou plus de 50 ans, qu'ils soient d'une allégeance religieuse conservatrice ou sans allégeance, qu'ils soient hautement scolarisés ou décrocheurs du secondaire, qu'ils soient de race blanche ou de couleur, qu'ils soient hommes ou femmes.
- La majorité des couples mariés ont des rapports sexuels quelques fois par mois ou moins ; toutefois, 40 % d'entre eux ont des relations sexuelles deux fois par semaine ou plus.
- Tant chez l'homme que chez la femme, la pénétration vaginale est la pratique sexuelle la plus attrayante entre toutes.
- La majorité des hommes et des femmes âgés entre 18 et 59 ans déclarent que le vibrateur n'est pas un objet sexuel qui les attire.
- Aucune femme ne dit être « très attirée » par une relation sexuelle pendant laquelle on la force ou elle force l'autre à se soumettre à certaines pratiques.

Utilisez ces informations pour rappeler à votre critique intérieur que la majorité des Américains sont des êtres conformistes

10. Robert T. Michael, John H. Gagnon, Edward O. Laumann et Gina Kolata, *Sex in America : A Definitive Survey*, New York, Warner Books, 1995.

qui, malgré le vaste choix des saveurs de crème glacée, aiment – et appuyez bien sur le mot *aiment* – avant tout la crème glacée à la vanille.

Ensuite, rappelez à votre critique intérieur que dans votre voisinage, quelqu'un (d'autre?) agit de façon non conformiste

Il y a définitivement un goût d'excentricité dans l'air, mais nous sommes nombreuses à avoir étouffé notre curiosité naturelle et nos fantasmes sexuels en les désapprouvant ou en les jugeant sévèrement. Par exemple, les femmes n'éprouvent aucun attrait sexuel pour des situations où on les force à agir contre leur volonté, c'est vrai ; pourtant, il est très fréquent et normal que des femmes nourrissent des fantasmes d'abandon ou de soumission sexuelle volontaire qu'elles jugent cependant durement. Je veux maintenant désarmer ce critique intérieur qui vous dit que vous devez vous comporter au lit comme une écolière.

Des statistiques sérieuses démontrent que les *pratiques sexuelles non conformistes sont monnaie courante.*

- Une femme sur cinq a fait l'expérience d'une pénétration anale au cours de sa vie.
- 40 % des femmes affirment s'être masturbées au cours de la dernière année (y compris les femmes ayant des partenaires sexuels disponibles).
- Les deux tiers des femmes ont donné une fellation au cours de leur vie.
- Une femme sur six aime utiliser un vibrateur ou un godemiché.

Utilisez ces informations pour rappeler à votre critique intérieur que dans les pratiques sexuelles prétendument normales on trouve une très vaste panoplie de pratiques aussi diverses que nombreuses.

Finalement, bannissez le censeur intérieur

La vie des mères est régie par une multitude de « tu dois » et de « tu ne dois pas ». Par exemple, les mères ne doivent pas explorer leur propre créativité sexuelle. Mais c'est un fait, qu'ils soient parents ou non, tous les humains sexuellement actifs éprouvent des fantasmes, des désirs et des pulsions sexuelles. Souvent, nous, les femmes, les réprimons automatiquement, pétries par la honte, nous jugeant perverses, convaincues qu'une femme mariée et heureuse de l'être ne devrait pas suivre cette voie. Faites taire votre censeur intérieur afin de donner libre cours à vos fantasmes et à votre créativité sexuelle qui, soit dit en passant, vous seront d'une plus grande utilité que lui.

Rappelez-vous les techniques cognitives employées à la deuxième étape, elles vous aideront à agir et à dépasser vos réticences sexuelles. Ne vous attendez pas à un changement radical de votre personnalité. Il serait étonnant de vous voir soudainement rêver d'une torride aventure comme en connaissent les personnages de *Sex and the City*. Envisagez plutôt une démarche en deux temps. Dans un premier temps, vous devrez mettre de côté votre manque de confiance. Dans un deuxième temps, vous découvrirez que vous êtes heureuse d'avoir agi ainsi.

Les étapes qui suivent consistent à modifier toutes vos paroles et vos gestes portant sur l'art de faire l'amour. Je crois que vous vous êtes permis une certaine audace, juste ce qu'il faut pour demeurer dans votre zone naturelle de confort. Je vous inviterai à faire un pas de plus. Commencez par ce qui vous semble le moins menaçant. À mesure que vous vous aventurerez sur ce nouveau territoire, vous constaterez que les choses sont de plus en plus faciles. Vous découvrirez qu'il est normal d'innover dans votre vie sexuelle et cette expérience vous donnera des munitions pour faire taire un peu votre censeur intérieur. « Moi, jamais » devient « oui, moi » mais uniquement parce que vous avez décidé de vous ouvrir à cette nouvelle possibilité.

Donnez congé à votre censeur intérieur

Gardez-le à l'œil
Surveillez les pensées qui surgissent automatiquement lorsque vous innovez dans votre vie sexuelle. Ces pensées ressembleront sans doute à des expressions comme « Aïe », « Ouache », « Il va me prendre pour une putain », « C'est de la perversion » ou « Une femme qui se respecte ne ferait jamais cela ». Toutes ces croyances font obstacle ; ce sont des autocritiques, des jugements, des pensées qui vous maintiennent dans une zone émotive « raisonnable ». Elles surgissent inopinément, mais elles ne sont pas correctes pour autant. Ne confondez pas croyances et certitudes, surtout lorsqu'il est question de porter un jugement sur votre propre sexualité.

Relevez les idées en noir ou blanc
Parmi les jugements catégoriques où tout est noir ou blanc, on retrouve : « Si ce n'est pas archi-ordinaire, c'est que c'est pervers », « Je suis trop âgée pour ce genre de truc », « Et puis quoi encore ? Un uniforme de bonniche et un fouet en cuir avec ça ? ».

Cessez de prédire l'avenir
Les prédictions comportent habituellement des conclusions dramatiques comme « Ça ne fonctionnera jamais », « Il sera dégoûté », « J'aurai le sentiment d'être une putain », « Je croulerai de rire », « Si j'essayais cela, j'en mourrais, c'est certain », « Je me tournerais en ridicule ».

En lieu et place, pourquoi ne pas reconnaître que l'inconnu nous plonge dans l'incertitude et parfois nous effraie, mais qu'il peut aussi nous réserver de bien belles surprises ?

Sachez nommer les choses avec plus de précision
Faites appel à votre gros bon sens, remplacez vos croyances distordues par des énoncés plus raisonnables. Par exemple : « Je ne suis pas vulgaire, je suis intéressante », « Je me sens ridicule, mais je suis

encore disposée à exposer ma vulnérabilité », « J'ai peur qu'il me juge, mais je sais aussi qu'il m'accepte et qu'il m'aime », « J'ai le sentiment que je pourrais mourir de honte, mais personne n'est mort pour avoir tenté une nouvelle expérience ».

Plongez sans regarder en bas
Cessez de ruminer. Oui, pendant toute votre vie, vous avez été programmée par la société à juger chacun de vos gestes de nature sexuelle. Parmi tous ces messages vous décrivant comme « une bonne ou une mauvaise fille », aucun ne repose sur des faits. Dans votre chambre à coucher, il n'y a personne qui soit là à vous observer et à vous critiquer. À vous de choisir : vous pouvez choisir la vulnérabilité, décider d'avoir confiance en votre décision d'avoir choisi cette personne comme conjoint, choisir de tenter l'expérience avant d'affirmer que ce n'est vraiment pas pour vous. Plongez.

Identifiez les éléments qui sont de l'ordre de la chambre à coucher
Toutes les fois que votre censeur sonne l'alarme, soyez attentive aux valeurs sous-jacentes. Prenez une décision, demandez-vous si votre censeur (sans doute une vieille relique de votre jeunesse) est votre meilleur juge maintenant que vous êtes adulte et que vous vivez en couple.

Le vide est vite comblé par des pensées négatives et le censeur s'activera si vous ne lui substituez pas des valeurs positives. Votre critique intérieur peut vous servir de très bons arguments (par exemple, qu'il est sage de ne pas chercher le ridicule), mais il peut exagérer l'importance du danger et, ce faisant, exclure d'importantes valeurs qui lui sont opposées. Pour arriver à vous convaincre, votre censeur négatif peut avoir misé sur des valeurs positives comme la sécurité, la continuité, la prudence. Malheureusement, votre censeur négatif peut également avoir recours à la peur d'être critiquée, à la rectitude politique, à l'invulnérabilité, à la certitude et à d'autres jugements qui ne nourrissent pas une relation passionnée.

Il existe une façon de bannir le censeur, il s'agit d'inviter un juge différent, un juriste fait de sagesse et de douceur qui est convaincu que les deux personnes en cause sont les mieux placées pour décider de ce qui est acceptable, ou non, dans leur chambre à coucher. Ce juge sait ne pas confondre courage et folie, dans une relation où les deux partenaires sont intimement engagés.

Prenez conscience des valeurs sexuelles que vous désirez défendre, dans votre relation amoureuse. Cette démarche peut être simple et se résumer à mettre immédiatement en pratique la liste de suggestions qui suit. Ou encore, vous pouvez vous concentrer sur une valeur en particulier et y consacrer toute votre énergie pendant un certain temps. L'une de mes clientes a créé un « tableau étoilé » pour aider son fils d'âge préscolaire à mieux écouter en classe. En dessinant une gigantesque oreille sur le tableau, elle faisait une importante affirmation pour son fils : j'accorde de l'importance à l'écoute. Pendant la première semaine, la mère a noté et encouragé d'une petite étoile tous les instants où son fils écoutait attentivement. Voilà ! Après une semaine, l'écoute de l'enfant s'était nettement améliorée parce que la mère en avait fait la priorité de la semaine. Elle sait qu'elle devra reprendre l'exercice sous peu, car il est parfois difficile de maintenir de bonnes habitudes nouvellement acquises.

Faites de même afin de renforcer vos valeurs sexuelles. Par exemple, vous pouvez choisir une valeur sexuelle pour la semaine et l'écrire (mentalement ou réellement) sur votre « tableau étoilé ». Concentrez-vous sur ce mot lorsque vous êtes dans votre chambre ou ailleurs. Vous pouvez choisir parmi la liste suivante, qui fait état des valeurs présentes chez les parents passionnés. Ils ont un « secret » que je vous révèle : leurs valeurs sexuelles sont également leurs valeurs relationnelles.

Valeurs partagées entre parents passionnés

1. Attention
2. Appréciation
3. Sens de l'humour
4. Communication
5. Courage
6. Souplesse
7. Imagination
8. Ouverture
9. Confiance
10. Vulnérabilité

Comment ce système de valeurs peut-il vous aider à vous éloigner d'une sexualité terne et sans intérêt ? D'abord, il vous donne accès à votre imaginaire sexuel. En éliminant la peur et l'autocritique pour leur substituer le courage et le sens de l'humour, vous vous permettez d'explorer ce qui vous habite déjà. Ainsi, lorsque vous verrez une scène qui vous intrigue au cinéma, vous remplacerez un message du censeur par la permission d'accueillir une innovation en matière sexuelle.

En optant pour l'ouverture à l'autre, vous profiterez de la créativité de votre partenaire. Son imaginaire sexuel est aussi digne d'intérêt que le vôtre ; en refusant le malaise et la désapprobation habituelle pour les remplacer par une plus grande réceptivité, vous acceptez de sortir de la routine. N'oubliez pas que même le Dr Seuss est d'avis que vous auriez intérêt à essayer les œufs verts (hé oui !) et le jambon avant de décider que, non vraiment, vous n'aimez pas !

Au cours des prochains chapitres, laissez-vous guider par ces valeurs. Certaines de ces propositions font sans doute réagir le censeur, qui désapprouve. Lorsque vous réagissez vivement par un « il n'en est pas question ! », notez-le. Refusez la censure automatique.

Demandez-vous plutôt si, en explorant cette idée qui vous semble saugrenue, vous demeurez fidèle aux valeurs énoncées dans la liste inscrite plus haut. Lorsqu'une pratique sexuelle vous semble vraiment inacceptable, ne l'adoptez pas. Mais prenez des décisions claires et conscientes à propos de tout ce qui a trait à votre vie sexuelle.

Si vous faites l'effort d'intégrer ces valeurs dans votre chambre à coucher et ailleurs dans votre vie, votre censeur intérieur disparaîtra.

Affirmation

> « Les erreurs font partie du prix à payer
> pour vivre pleinement sa vie. »
>
> Sophia Loren

Deuxième phase
Libérer votre potentiel sexuel

Nous entreprenons maintenant quatre nouvelles étapes (4 à 7) au cours desquelles je vous ferai des suggestions précises afin de vous aider à mettre un peu de zeste et de l'érotisme dans votre vie sexuelle. Mais une chose est sûre : votre plus puissant aphrodisiaque se trouve entre vos deux oreilles ; rien ne surpasse le pouvoir de la pensée. C'est très sexy de désirer l'autre et c'est très sexy d'être désirable. C'est également très sexy de faire l'amour sans autre objet érotique que nos corps et notre courage.

Mais après avoir fait l'amour ensemble pendant des années et parfois des décennies, bien des couples se retrouvent coincés dans une routine sexuelle. C'est malheureux, mais c'est ainsi. Je suis convaincue que certains couples font l'amour toujours de la même façon depuis des années en éprouvant autant de ferveur et de fraîcheur qu'au début ; mais dans la majorité des cas, l'enthousiasme pique du nez devant la monotonie qui s'installe.

Vos rencontres sexuelles sont-elles marquées au fer rouge de la routine ? Faites-vous l'amour un soir sur cinq, entre 22 h 12 et 22 h 17 ? Lorsqu'il éteint le téléviseur après les nouvelles du soir et qu'il vous suit dans la chambre à coucher, savez-vous pertinemment qu'il s'apprête à vous faire des avances ? Est-ce que sa routine a pour recette 3,5 minutes à vous embrasser, 4,5 minutes à vous caresser les seins et 6 minutes de pénétration ? Est-ce que vous atteignez l'orgasme dans exactement 57 % des cas ? Pas étonnant que le sexe ait perdu de son charme !

Bien des mères se rendent compte qu'elles s'ennuient terriblement au lit; elles songent vaguement à faire quelque chose pour améliorer éventuellement la situation. Mais il leur est si facile d'oublier ou de mettre ce projet de côté! On trouve à la source de cette hésitation un conflit d'identité, une croyance voulant qu'il y ait incompatibilité entre deux réalités: être à la fois mère et sexuellement vivante et vibrante. D'autres hésitent par fatalisme, présumant que de faire l'amour toujours avec la même personne est un passeport tous azimuts vers l'ennui et la monotonie. Mais en réalité, la principale cause de cette réticence est notre peur de prendre des risques, notre crainte de l'inconnu.

Pourquoi n'auriez-vous pas le droit d'être audacieuse et maladroite? Dans votre entourage, y a-t-il une personne qui vous a encouragée à explorer et à développer votre sensualité avec amour, en vous approuvant et sans jamais vous juger? Qui, dans votre vie, vous a fourni une information un tant soit peu pratique sur le plaisir sexuel? En d'autres temps, dans d'autres cultures, la communauté des femmes vous aurait sans doute enseigné les voies du plaisir, au même titre qu'elle vous aurait appris l'art d'éduquer un enfant, de consoler un bébé, de cuisiner ou de cultiver des herbes. Dans notre société post-victorienne, le silence de notre communauté des femmes n'a rien de « naturel ».

Ce qui est « naturel » par contre, c'est la capacité de toute mère à vivre son plaisir sexuel. Vous avez le pouvoir de mettre fin à l'absence de communication, à votre gêne, à l'engourdissement de vos sens, à vos relations sexuelles sans âme, à votre manque d'information juste et pertinente sur la sexualité. Je vous indiquerai comment y parvenir.

Ce nouveau chapitre débute par la quatrième étape, consacrée à la communication. Certaines personnes sont extrêmement habiles à communiquer au sein du noyau familial, mais elles figent littéralement dès qu'elles franchissent le seuil de la chambre à coucher. Je vous apprendrai l'art d'exprimer vos désirs à votre partenaire en communiquant avec le corps comme avec les mots. À la cinquième étape, je vous inviterai à vous ressourcer dans le but avoué d'éveiller votre libido naturelle et de vous débarrasser des blocages occasionnés par des expériences sexuelles éprouvantes. La sixième étape vous transportera dans le monde d'une sexualité pleine et entière, ralliant corps-cœur-esprit, et transformant un acte sexuel plus ou moins automatique en un plaisir véritable que vous savourerez pleinement avec tous vos sens. Enfin, au cours de la septième étape, je vous aiderai à explorer votre érotisme personnel. Vous pouvez atteindre votre plein épanouissement sexuel en découvrant simplement les multiples facettes du monde des sens dans le corps humain.

Tout au cours de cette démarche, rappelez-vous que vous avez le potentiel nécessaire pour vivre la passion sexuelle et que ce potentiel est illimité. Le simple fait de croire que vous avez ou que vous pouvez avoir accès à tous les trésors que la sexualité nous réserve, à nous les humains, suffira à vous propulser dans un monde de solutions parfaitement adaptées à votre personnalité. Ayant en main les connaissances nécessaires et l'intention de réussir, vous pourrez agir – et choisir – dorénavant de vivre pleinement votre sexualité.

Quatrième étape

Découvrez votre propre expression sexuelle

« Il faut du courage pour se lever et prendre la parole ; il faut également du courage pour s'asseoir et écouter. »

Winston Churchill

- Certains couples éprouvent des difficultés à parler de sexualité avec profondeur et authenticité. Il ne faut pas confondre dispute et communication lorsqu'il est question de sexe.
- Avoir du mal à parler de sexualité est chose normale. Si vous ne courez pas ce risque, vous n'aurez aucune chance d'avancer. Par contre, si vous plongez et échouez, vous serez sans doute toujours au même point. Vous n'aurez rien perdu et au moins vous aurez essayé.
- Si vous désirez apprendre à vous exprimer, il est plus facile de commencer cette démarche en établissant une communication sexuelle par des modes d'expression non verbale.
- Votre manière de transmettre un message influence grandement la manière dont il sera reçu ou décodé.

Bien des couples ressemblent à Robert et Amélie : ils ont de la difficulté à communiquer dès qu'ils se retrouvent dans la chambre à coucher.

Le conjoint d'Amélie voudrait faire l'amour tous les deux jours. Amélie est beaucoup moins gourmande et se contenterait d'une relation sexuelle toutes les deux semaines environ. Elle a noté qu'après une semaine sans relations sexuelles, Robert exprime sa frustration en lui jouant le jeu du « gars silencieux » qui se dérobe ou qui fait la sourde oreille dès qu'elle l'invite à converser ou à partager des activités. Amélie veut la paix, elle accepte donc les avances de Robert une ou deux fois par semaine. En réalité, Amélie se « soumet » aux besoins de Robert et de sa plus grande libido en faisant l'amour plus souvent qu'elle ne le souhaite. En contrepartie, Robert s'adapte au « manque » de libido d'Amélie en évitant de la harceler sexuellement.

Robert et Amélie discutent rarement de leur vie sexuelle ; lorsqu'ils le font, Robert dit : « Qu'est-ce qui ne va pas chez toi ? Tu aimais le sexe auparavant. Tu n'es jamais trop fatiguée pour aller faire du lèche-vitrines avec tes amies, pour bavarder avec ta mère au téléphone ou pour t'appliquer du vernis à ongles. Le seul moment où tu es trop fatiguée, c'est lorsque tu es avec moi. » Amélie réplique, sur la défensive : « Tu crois sans doute que le sexe fonctionne comme une machine, qu'il suffit de tourner le bouton pour le mettre en “marche” ? C'est peut-être ainsi pour toi, mais ce n'est pas mon cas. Je ne suis pas une machine. Pourquoi n'essaies-tu pas de passer une journée entière avec les enfants ? Voyons si tu auras envie de t'envoyer en l'air à la fin de la journée. »

En discutant avec Amélie et Robert de leur vie sexuelle, j'ai immédiatement compris que l'un et l'autre voulaient que je leur dise : « C'est toi qui as raison. » Amélie voulait connaître les statistiques sur la fréquence des relations sexuelles chez les couples de leur âge, convaincue qu'elle se situait dans la norme. D'ailleurs, les allusions de ses amies sur leur propre vie sexuelle en témoignaient ! Robert, quant à lui, voulait des statistiques qui confirmeraient qu'il était parfaitement normal qu'il se sente en manque de sexe et qui, bien sûr, confirmeraient son droit à en vouloir davantage.

Amélie et Robert étaient figés dans cette proposition : « J'ai raison et tu as tort. » Il faut dire que même chez les couples où le modèle offensif défensif est absent, il est souvent difficile d'établir un vrai dialogue sur la sexualité. Certains couples comme Robert et Amélie semblent discuter de leur vie sexuelle ; mais en réalité, ils ne font que se quereller sans jamais établir une véritable communication.

Bien des couples choisissent tout simplement d'éviter de parler de sexe. Ils ne se querellent jamais, car l'entente implicite est : « Ne demande rien et je ne dirai rien. » Vanessa et Jacques sont maintenant experts en matière d'évitement : lorsque Jacques a envie de faire l'amour, il masse la nuque de Vanessa. Si elle est intéressée, elle se frotte le nez contre le sien. Si elle n'est pas intéressée ou pas disponible, elle se lève brusquement et se lance dans quelque tâche ménagère. Contrairement à Amélie, Vanessa ne réagit pas agressivement à une avance sexuelle non désirée. Mais à l'instar d'Amélie et de Robert, le couple Vanessa et Jacques évite de discuter franchement de ces moments où l'appétit sexuel de chacun ne converge pas.

Dites-moi, qu'avez-vous à gagner en évitant de parler de sexe ? Chaque fois que vous optez pour le silence et refusez le dialogue, vous cédez à la peur. Vous valorisez le secret et la honte. Et si vous croyez en tirer certains avantages, il n'en est rien : peu importe votre nature et votre comportement sexuel, vous pouvez choisir de discuter de votre vie sexuelle.

Souvent, le silence est source de malentendus. Jacques peut interpréter le manque d'intérêt de Vanessa comme un rejet personnel, il peut être blessé ou confus en recevant ce « non » clair et brutal. Mais en réalité, Vanessa est peut-être préoccupée par une situation conflictuelle au travail. Ou c'est tout le contraire : peut-être Jacques interprète-t-il mal le message de Vanessa qui, en réalité, est en colère contre lui. Est-il incapable d'établir un lien entre sa froideur sexuelle et sa frustration (non dite) de le voir rentrer tard et sans donner d'explications depuis un certain temps ? Un fait demeure. Les conjoints qui ne communiquent pas de façon claire doivent se contenter de lire dans les pensées de l'autre, une méthode qui a fait ses preuves… d'inefficacité.

Les obstacles à la communication sexuelle

Il existe une multitude de facteurs qui accentuent notre difficulté à parler de sexualité avec notre partenaire le plus intime. Comme nous nous marions habituellement au plus fort de notre passion amoureuse, nous risquons de nous fabriquer des œillères en cours de route. Tomber en amour est en soi un aphrodisiaque d'une telle puissance que la communication sexuelle ne présente aucune difficulté au début. Lorsque vous êtes follement amoureuse, vos premiers ébats sexuels sont fantastiques en raison même de leur nouveauté. Mais le jour où vous aurez à ouvrir franchement le dialogue sur votre vie sexuelle, il y a fort à parier que vous devrez mettre à l'épreuve vos talents de négociatrice afin de faire valoir vos différences fondamentales. Vous aurez pris l'habitude de réfléchir en termes de « couple fusionnel » (« *nous* aimons la pizza aux anchois, *nous* sommes environnementalistes, *nous* faisons l'amour le samedi soir ») et jamais encore vous n'aurez eu de conflits majeurs exigeant de part et d'autre efforts et ouverture d'esprit. Or, si le conflit le plus important à régler touche un sujet particulièrement difficile à aborder entre vous – la sexualité –, il serait d'autant plus risqué de vouloir le régler en prenant le taureau par les cornes.

Le jour de votre mariage, vous saviez pertinemment que certaines décisions pourraient éventuellement engendrer des conflits : où habiterons-nous ? comment partagerons-nous notre temps à Noël, entre la famille et la belle-famille ? En cours de route, vous aurez eu à régler toute une série de conflits de diverses natures. Mais au début de la relation amoureuse, l'érosion de la passion ne fait pas partie de nos prédictions ; ce n'est même pas une éventualité qui nous effleure l'esprit. Pourtant, au fil du temps et de la naissance des enfants, la vie se complique considérablement et nos différences sexuelles font leur apparition. Le couple qui est parfaitement au même diapason sexuel pendant toutes les années où les enfants sont à la maison est une denrée rare. À un moment, on voit surgir des différences quant à la fréquence des relations sexuelles, aux préférences, au désir d'innover en amour ; parfois, ces divergences font surface au moment où le couple croit avoir résolu ses principaux conflits. Lorsque les différences sexuelles apparaissent clairement entre les conjoints, il est grand temps de revoir et de rafraîchir leur ancienne méthode de résolution de conflits et leurs intentions premières ; si elles leur ont permis de réussir leurs négociations jusque-là, un renouvellement s'impose.

Lorsque nous avons tant de difficulté à parler de notre vie sexuelle, c'est également en raison de la grande fragilité de notre estime personnelle en matière de sexualité. C'est connu, il s'agit d'un territoire où nous faisons montre d'une grande vulnérabilité. Dans la majorité des cas, nous voulons ardemment être désirables, nous cherchons à être sexuellement agréables, nous nous inquiétons de pouvoir rivaliser avec l'ancienne flamme de notre partenaire et nous craignons le rejet sexuel. Nous nous demandons si nos fantasmes ne sont pas un peu trop bizarres ou nous craignons d'être frigides. Et bien sûr, avec toutes nos inquiétudes, nous avons peur d'ébranler l'estime que notre partenaire sexuel nous porte.

En outre, bien des couples adoptent inconsciemment cette vision romantique voulant que des conjoints profondément engagés connaissent intuitivement les désirs de l'autre. L'un des mythes entourant la vie de couple est de croire que l'autre lira dans nos pensées et devinera nos souhaits sans que nous ayons à les formuler ; par conséquent, devoir demander quelque chose lui fait perdre de sa valeur. Par exemple, vous souhaitez recevoir le parfait cadeau d'anniversaire sans devoir fournir le moindre indice à votre conjoint ; vous espérez qu'il devinera que vous désirez réellement passer le temps des Fêtes de Noël chez votre mère cette année ; vous nourrissez la pensée magique qu'il arrivera avec un souper tout préparé précisément ce soir-là, en cette fin de journée particulièrement exténuante avec les petits.

Décidément, la communication extrasensorielle entre époux n'est pas le meilleur moyen de communication, en particulier dans la chambre à coucher. C'est un mythe, au même titre que cette croyance voulant que tout le monde jouisse d'une vie sexuelle enivrante. Et si vous aimez rêver, ne vous jetez pas la pierre pour autant, mais veillez à ne pas rester prisonnière de vos illusions.

Améliorez votre communication sexuelle

Tout d'abord, parlons brièvement de la communication en général. Au début de leur formation, les psychothérapeutes apprennent les rudiments de la communication verbale qui se compose de deux éléments majeurs : la forme et le contenu. La forme est la manière de transmettre le message ; elle comprend le choix du moment, du lieu et des circonstances. Le contenu est la nature même du message ; il peut inclure la critique, le compliment, la crainte ou l'opinion personnelle. Certains éléments de la forme peuvent embrouiller le message : par exemple, lorsque l'un des conjoints ouvre la discussion sur un sujet particulièrement épineux à l'heure précise où les invités commencent à arriver. Par ailleurs, certains aspects du contenu peuvent provoquer une distorsion de la forme : par exemple, lorsqu'un sujet est si difficile à aborder que vous passez des heures à tourner autour du pot avant de lâcher enfin le morceau !

On peut également aborder les problèmes de communication en étudiant la dichotomie verbale/non verbale. Cette méthode est particulièrement efficace pour observer notre communication sexuelle car, dans ce cas précis, nous pouvons améliorer ou détruire bien des choses par notre seul langage corporel. En observant tout à la fois le contenu, la forme et le langage non verbal de vos messages, vous obtiendrez une image claire et précise des actions à entreprendre pour améliorer votre communication sexuelle.

Loin de moi l'idée de vous encourager à ignorer le « cœur du problème » ou l'aspect le plus douloureux de votre difficulté sexuelle, mais je suis parfaitement en faveur d'une approche en douceur si tel est votre choix, d'un premier pas qui se fait sur un terrain connu et rassurant (ou le moins inquiétant possible). Vous pouvez améliorer votre communication sexuelle en vous penchant d'abord sur des questions de forme ou, si vous le préférez, sur des questions de contenu. Ou encore, vous pouvez décider d'utiliser uniquement l'expression verbale ou non verbale. D'autres voudront se lancer à la conquête des étoiles et travailler simultanément sur tous les fronts.

La communication sexuelle non verbale

Pour bien des femmes, il est plus facile d'amorcer la démarche par une communication non verbale. C'est votre cas si vous avez vivement réagi par un « il n'en est pas question » lorsque j'ai suggéré de discuter franchement de sexualité avec votre conjoint. Lorsqu'une de mes clientes me dit : « Je ne pourrai jamais lui parler de notre vie sexuelle en le regardant droit dans les yeux », je sais qu'elle est profondément mal à l'aise, mais je refuse de la voir abandonner si facilement. Même si vous avez la ferme conviction de ne pouvoir discuter ouvertement de sexualité avec votre partenaire, résistez à l'envie de prédire l'avenir. Donnez-vous la chance de découvrir qu'une communication non verbale réussie peut parfois ouvrir des portes qui, pour l'instant, vous semblent verrouillées à double tour.

La communication sexuelle non verbale est un outil précieux pour indiquer vos préférences à votre partenaire. Sans réactions précises de votre part, il lui est impossible de savoir si ses caresses vous plaisent ou non. Souvent, les femmes hésitent à lancer des messages sexuels non verbaux parce qu'elles sous-estiment l'importance que les hommes accordent au plaisir qu'ils peuvent donner à leur partenaire sexuelle. Il n'est pas exclusif aux femmes de s'intéresser à l'autre ; votre conjoint veut en savoir plus – non pas moins – sur vos sentiments et réactions, je vous le garantis.

Les gens qui s'aiment prennent leur plaisir dans le plaisir de l'autre.

La communication non verbale s'établit d'abord par le toucher. Vous pouvez procéder de deux façons :

Posez sa main sur la (les) zone(s) érogène(s) de votre choix. Prenez le bout de son doigt et placez-le directement là où c'est vraiment agréable, souvent le clitoris chez la femme. Je présume que vous connaissez cette partie du corps qui est votre endroit de prédilection (soit parce que vous avez atteint l'orgasme en vous caressant vous-même ou encore que votre partenaire a touché cette zone[11]), mais je ne prétends nullement que le clitoris est votre unique zone érogène. Au cours de différentes rencontres sexuelles, montrez-lui toutes les parties de votre corps qui aiment être caressées. N'allez pas croire qu'il traduira votre geste comme une critique négative à son égard. Souvenez-vous à quel point notre corps est différent de celui des hommes ; le plus minuscule des pénis est facilement repérable, mais qu'en est-il du clitoris ? Si les rôles étaient inversés, ne seriez-vous pas heureuse de savoir où se trouvent les zones érogènes de votre partenaire ?

Non seulement vous pouvez lui montrer où vous caresser, mais vous pouvez également lui *montrer de quelle manière vous aimez être touchée.* Les gens sont portés à généraliser en fonction de leur propre expérience ; cependant, si nous voulons identifier nos préférences lorsqu'il est question de caresses, de force de pression et de toucher sexuel, cette approche est inefficace tant les préférences diffèrent entre les deux sexes. Notre minuscule clitoris compte autant de terminaisons nerveuses que toute la surface du pénis ; c'est dire que, millimètre pour millimètre, le clitoris est d'une

11. Si ce n'est pas le cas, je vous suggère d'explorer votre corps en faisant les exercices proposés par Lonnie Garfield Barbach dans son ouvrage intitulé *For Yourself: The Fulfillment of Female Sexuality*, éd. révisée, New York, Signet, 2000, ou par Julia R. Heiman et Joseph Lopiccolo dans *Becoming Orgasmic: A Sexual and Personal Growth Program for Women*, éd. révisée, New York, Fireside, 1988.

extrême sensibilité, comparativement au pénis dont la surface est beaucoup plus grande. Souvent, l'homme préfère une forte pression là où la femme préfère habituellement une caresse toute légère. Mais tout cela varie énormément en fonction de chaque personne.

Lorsqu'un homme se fie à ses préférences personnelles pour toucher le corps d'une femme, il peut pousser ou frotter exagérément ; une femme, quant à elle, ne mettra pas assez de pression. C'est là un des écueils de la communication non verbale. Si votre partenaire met trop de pression, vous serez peut-être tentée de le caresser avec plus de légèreté dans l'espoir qu'il comprendra *votre* message, à savoir que vous préférez un toucher plus léger. Et si vous le caressez trop légèrement, il sera à son tour tenté de vous toucher avec plus de vigueur dans l'espoir que vous comprendrez *son* message, à savoir qu'il aimerait des caresses plus vigoureuses. La clarté du message est essentielle dans la communication non verbale comme dans la communication verbale. Plutôt que de lui démontrer sur *son* corps le type de caresses que vous désirez, montrez-lui à faire ce geste sur *votre* corps. Lorsqu'il est trop vigoureux, prenez sa main et montrez-lui le geste et la pression qui vous plaisent. Lorsqu'il est trop léger, pressez doucement sur le bout de ses doigts.

Maintenant que vous avez eu le courage de faire ces premiers pas, montrez-lui avec précision le type de caresses et de pression que vous aimez pour chacune de vos zones érogènes qui, en principe, répondent différemment au toucher. Essayez d'observer et de partager avec lui les diverses sensations que vous éprouvez avant d'atteindre l'orgasme. En général, les hommes préfèrent un toucher plus vigoureux juste avant de jouir. Les femmes aimeront un toucher qui se fait de plus en plus doux mais, au moment de l'orgasme, certaines voudront plus de fermeté et de vigueur ; puis, elles seront extrêmement sensibles rendant parfois douloureuse toute forme de toucher après l'orgasme.

Certains hommes ignorent qu'une bonne lubrification augmente le plaisir clitoridien et facilite la pénétration. Si vous désirez une plus grande lubrification pendant qu'il vous caresse et que vous avez des sécrétions pendant les préliminaires, entrez son doigt dans votre vagin, puis ramenez-le sur votre clitoris. Ou ayez à portée de la main quelque lubrifiant que l'on vend dans le commercial (gel, Vaseline, etc.) et versez-en quelques gouttes sur son doigt au moment propice.

Les *sons* offrent une autre forme de *communication non verbale* très efficace. Certaines femmes aiment soupirer ou gémir en faisant l'amour ; d'autres rougissent juste à y penser. Avez-vous déjà vu le film intitulé *Quand Harry rencontre Sally*? Si oui, comment avez-vous réagi lorsque Meg Ryan s'est mise à simuler bruyamment un puissant orgasme pendant un dîner au restaurant ? Avez-vous ri ? rougi ? grimacé ? Bien sûr, même si vous aimez pousser des gémissements en faisant l'amour, il est normal que vous vous sentiez inhibée par la présence des enfants dans la chambre d'à côté. Mais sachez que l'expression sonore est un puissant moteur qui aide la femme timide à donner du renforcement positif à son partenaire sexuel ; c'est un éloge, nul n'est menacé dans son ego d'aucune façon, et les deux partenaires y gagnent assurément. Vous apprendrez un peu plus loin comment gémir pour le seul bénéfice de votre partenaire.

Dépassez vos inhibitions

Certaines femmes pensent : « Jamais je ne pourrai gémir en faisant l'amour. » J'ai hésité à employer le mot « gémir » parce que pour certaines femmes, il peut avoir une connotation extrêmement négative s'il est associé à des images de grande vulgarité ou de « femme animale ».

Dans une certaine mesure, cette idée voulant que les sons de l'amour soient de nature animale nous vient tout droit d'Hollywood, qui pousse la réalité aux limites de la fiction. Au cinéma, au moment précis où tout ce beau monde atteint l'orgasme simultané, les « vraies femmes » annoncent leur jouissance à tout le voisinage. Alors, oubliez le gémissement et songez plutôt à un murmure ou à un soupir très expressif.

Dès maintenant, faites un doux son de gorge. Commencez par un son que vous produisez souvent (ailleurs que dans le lit) et qui signifie « Je ne suis pas d'accord » ou « C'est ce que nous verrons » : hum. C'est un son qui vient de la gorge, la bouche est fermée, alors que vous poussez rapidement l'air. Maintenant, refaites le même procédé (bouche fermée, poussez l'air à travers les cordes vocales), mais cette fois en produisant un doux murmure, « mmm », comme si vous goûtiez à votre toute première gorgée de café, au petit matin. Voilà, vous y êtes.

C'est le son que nous recherchons. Faites entendre ce « mmm » lorsque vous aimez la caresse de votre partenaire et ce sera gagné : il s'empressera de reproduire ce geste pour vous. Nous aimons les compliments. Exprimer notre plaisir et notre appréciation en lançant quelques doux murmures est une merveilleuse façon de le complimenter et de recevoir en abondance les caresses que nous aimons.

« Et si les enfants nous entendaient ? » direz-vous. Pensez-y bien, vous êtes serrés l'un contre l'autre, pour l'amour du ciel ! Vous pouvez certainement produire un son extrêmement discret, mais très efficace, qui ne traversera pas les cloisons de la chambre ! Vous pouvez le faire. S'il le faut, faites appel à tous vos arguments de maman surprotectrice et trouvez les mots pour vous en convaincre. Exercez-vous à reproduire ce son à voix haute ; vous serez plus détendue et vous saurez l'utiliser dès que l'occasion se présentera. Si vous êtes figée à l'idée que les enfants vous entendent, placez un fond sonore entre eux et votre lit. Par exemple, placez une radio près de la porte à l'intérieur de votre chambre. Ou encore un ventilateur, un fond sonore ou musical, un purificateur d'air, un humidificateur. Cherchez, vous trouverez.

Et maintenant, admettons que les enfants vous entendent. S'ils sont suffisamment âgés pour savoir interpréter correctement ces sons, ils ne vous poseront pas de question. S'ils sont trop jeunes pour comprendre, ils seront peut-être effrayés. Il vous suffira de les rassurer en leur expliquant que ce qu'ils ont entendu, ce sont des sons que les adultes produisent lorsqu'ils se touchent d'une manière particulière réservée aux adultes. Soyez sans crainte, le clan survivra.

Plus vous exprimerez votre plaisir de façon non verbale, plus vous vous sentirez à l'aise. Si votre partenaire décide d'emboîter le pas et de vous imiter, vous verrez à quel point il est agréable de recevoir une réponse positive. Lorsque l'occasion se présentera (ex.: les enfants sont absents), essayez d'innover, permettez-vous consciemment d'émettre des sons et des murmures un peu plus bruyants pendant l'amour.

La communication sexuelle verbale

Pour commencer, souciez-vous de la forme du message. En d'autres mots, concentrez-vous davantage sur votre manière de transmettre le message que sur son contenu. Si vous apprenez à créer une ambiance agréable et à établir des frontières respectueuses pour discuter de votre vie sexuelle, vous vous sentirez tous deux plus à l'aise et il vous sera plus facile de communiquer. Voici quelques suggestions pour vous aider à découvrir votre contexte idéal.

Les gestes à éviter

Ne vous disputez pas au sujet du sexe en faisant l'amour. Cela vous semble sans doute évident; pourtant, cette situation peut facilement se produire si vous ne voyez pas que le ton monte entre vous. Évitez d'aborder des sujets brûlants ou délicats pendant que vous faites l'amour, comme la fréquence de vos relations sexuelles, la performance ou le marchandage (« je serais plus intéressée à faire l'amour si tu... »). Choisissez le moment opportun, en d'autres mots, jamais au beau milieu de vos ébats amoureux.

Évitez les accusations. Nous, les humains, sommes programmés pour être sur la défensive dès que nous entendons des expressions comme « tu ne... jamais », « tu... toujours », « tu dois... », « tu ne devrais pas... », « si seulement tu... ». Vous avez saisi.

Malheureusement, cette tendance naturelle à parler en utilisant le « tu » est directement liée à notre réticence, toute féminine, à parler en utilisant le « je ». Les femmes ont souvent du mal à compléter des phrases commençant par « j'aimerais vraiment… » et « je veux… ». On nous a enseigné à plaire et à nous adapter. Certaines femmes sont si mal à l'aise dans l'expression de leurs besoins qu'elles semblent formuler leurs demandes comme s'il s'agissait d'ordres, d'exigences ou d'accusations envers leurs partenaires prétendument responsables de leur sentiment de manque. L'idéal serait d'admettre qu'elles ont des désirs qu'aucune personne significative n'a encore comblés ; mais voilà, elles ont plutôt tendance à faire passer ce *désir* pour un *besoin* que l'autre a ignoré.

À l'instar de bien des lectrices, Amélie aimerait que les caresses et les baisers ne mènent pas toujours à une relation sexuelle avec pénétration. Comme elle veut plaire à son conjoint, elle s'est adaptée en mettant un frein à toute marque d'affection physique, sauf lorsqu'elle est disposée à faire l'amour. Depuis un certain temps, elle se rend compte que cet arrangement ne lui convient plus et qu'elle aimerait avoir la possibilité d'échanger des touchers non sexuels sans pénétration lorsqu'elle en a envie. Notez la différence entre ces énoncés : « Tu ne veux jamais te contenter de simples caresses » ou « Tu sais que j'ai besoin de plus d'affection que toi » et celui-ci : « J'aimerais qu'on puisse se caresser plus souvent sans devoir nécessairement faire l'amour. » Il n'y a aucune accusation dans ce dernier énoncé, mais il exige qu'Amélie reconnaisse ses désirs et ses préférences.

Évitez de jeter de l'huile sur le feu. Voici divers exemples illustrant de quelle manière on alimente les conflits :

Donner des étiquettes à votre partenaire : « Tu es un maniaque sexuel… »

Dire plutôt « Nous divergeons vraiment d'opinion quant à la fréquence des relations sexuelles… »

Amplifier le problème : « tu ne… jamais », « tu… toujours ».

Dire plutôt « En ce moment, je me sens… (restez dans le cadre du sujet de l'heure).

Exagérer : « Pour la centième fois, je demande… », « Pourquoi ne ferait-on pas les choses à ma façon, pour une fois ? »

Dire plutôt « Je suis convaincue que j'aurais plus souvent envie de faire l'amour si nous n'étions pas si épuisés, à la fin de la journée. »

Contre-attaquer rapidement : « J'ai fait tout mon possible pour… »

Dire plutôt « Nous sommes dans l'impasse devant cette question. »

Critiquer : « Et si on pensait à moi, pour une fois ? »

Dire plutôt « Voici ce que je ressens, pour ma part. »

Se montrer sarcastique : « C'est ce que tu appelles être sexy ? ! ? »

Dire plutôt « Ce qui m'allume vraiment, c'est… »

Faire une lecture psychique : « C'est ce que tu dis, mais le fond de ta pensée, c'est… »

Dire plutôt « Soyons clairs. Tu dis que tu te sens… c'est bien cela ? »

Avoir un langage corporel négatif : regard fuyant, expression de doute sur le visage, hochement de tête pendant que votre conjoint parle.

Adoptez plutôt un langage corporel traduisant votre « réceptivité » : posture détendue, bras et jambes non croisés, épaules dégagées, expression faciale neutre.

Évitez de marchander vos moments d'intimité sexuelle. C'est le sexe offert en guise de récompense pour un comportement positif, c'est le sexe offert en échange d'autre chose dans le cadre de la relation, c'est l'absence de sexe pour punir l'autre. Le marchandage est une pratique courante, mais difficile à admettre. Soyez honnête. Vous arrive-t-il à l'occasion de souhaiter que votre partenaire fasse le lien, qu'il comprenne enfin ce qui vous incite parfois à dire « oui » et parfois « non » ? Si c'est le cas, vous cherchez peut-être à communiquer en ayant recours au marchandage sexuel. Aimeriez-vous choisir une autre forme de communication, plus efficace ?

Les « échanges » ludiques diffèrent du marchandage. Je ne fais pas référence ici au badinage, comme « Continue à me dire que je suis adorable et je te promets de t'amener au septième ciel ce soir ». Le marchandage repose sur la colère et la frustration. L'invitation ludique « aide-moi à te désirer » est au contraire une bonne stratégie pour traiter une libido défaillante.

Les gestes à accomplir

Choisissez le moment et le lieu idéaux. Plutôt que de vous disputer au lit, au moment où vous êtes au cœur de votre vulnérabilité sexuelle, choisissez de le faire dans un moment et un lieu où vous serez davantage en contrôle. Il est plus facile de se montrer généreux et empathique lorsqu'on se sent en confiance ; les conjoints sont plus enclins à être ouverts et aimables s'ils entament cette discussion dans une ambiance favorable.

Voici quelques suggestions qui aideront les couples à discuter de sexualité :

- Avant d'amorcer une discussion sur la sexualité, assurez-vous que vous ne serez pas interrompus, surtout par les enfants. Si le téléphone sonne, ne répondez pas.
- Envisagez la possibilité d'en discuter au téléphone ou dans la voiture, alors que vous regardez tous les deux droit devant. L'absence de contact visuel direct contribue parfois à réduire l'agressivité et le narcissisme.
- Fixez une limite de temps. Après cinq à dix minutes de discussion, la négativité peut monter en flèche. Il est

préférable de mettre un terme à la conversation trop tôt, plutôt que trop tard. Fixez-vous un autre rendez-vous afin de poursuivre ce dialogue inachevé.

- Accordez-vous le droit mutuel de vous retirer. Dès le début, exprimez clairement cette directive comme suit : « Nous n'avons pas l'habitude de discuter de notre vie sexuelle, c'est nouveau pour nous. Nous sommes un peu craintifs, mais ce que nous faisons maintenant est très important. Nous serons plus efficaces si nous consentons à nous donner le droit mutuel de nous retirer, si l'un de nous en sent le besoin. Commençons cet échange en décidant que l'un ou l'autre peut demander à tout moment qu'on cesse cette discussion au besoin et ce, sans qu'on lui pose de questions. Nous conviendrons alors d'un autre moment pour reprendre la discussion, alors que nous serons plus calmes ou moins sur la défensive. Est-ce que cela te convient ? »

Se créer une frontière pour se donner un sentiment de sécurité est un geste essentiel. Mais évitons d'ériger un mur de briques. On peut mettre un terme à une discussion à un moment *précis,* par exemple lorsque le malaise s'installe ou que des débordements émotifs s'annoncent, mais cela ne doit pas mettre un terme final à l'ensemble de cette conversation. Fixez-vous un autre rendez-vous afin de poursuivre cette discussion ; soyez prudents, mais faites-le.

Adressez-vous à votre conjoint comme à un invité. Soyez polie, généreuse, ouverte et gentille. C'est malheureux, mais il arrive trop souvent que notre conjoint soit la seule personne au monde envers qui nous manquons de la plus élémentaire courtoisie. Demandez-lui des éclaircissements, restez calme et ouverte, essayez de percevoir comment il interprète votre message.

Vous craignez de basculer dans la colère et le blâme ? Faites un exercice de transfert. Imaginez à cet instant précis que cette discussion sur le sexe est en réalité une discussion avec le voisin : ce dernier désire vous emprunter votre tondeuse à gazon. Poursuivons notre jeu : imaginons que les choses se gâtent avec votre conjoint, voici que vous argumentez avec véhémence, vous exagérez et critiquez : « Je suis trop fatiguée pour faire l'amour parce que tu es vraiment trop imbécile et que tu ne me donnes jamais un coup de main », ce qui équivaudrait à hurler ce qui suit à votre voisin : « Je ne vous prêterai pas ma tondeuse à gazon parce que vous êtes vraiment trop imbécile et que vous ne remettez jamais les choses que vous avez empruntées ». Dans les faits, il est probable que vous répondrez simplement et calmement à votre voisin : « Non, je ne vous prêterai pas ma tondeuse à gazon. » Ou encore, vous baisserez le ton en expliquant le problème : « J'en aurai besoin la semaine prochaine ; or, je sais que vous avez parfois du mal à trouver le temps de rendre les choses que vous empruntez. Pouvons-nous chercher ensemble une solution ? » Vous ne déverseriez pas sur votre voisin toutes les frustrations accumulées au fil des ans, lui rappelant que deux ans plus tôt, il avait laissé son chien s'échapper et que ce dernier avait fait peur aux enfants, etc. Vous feriez montre de politesse. Ne croyez-vous pas que votre conjoint mérite tout autant d'égards de votre part ?

Abordez le sujet avec tact. Selon les statistiques, les sujets particulièrement délicats sont plus souvent abordés par les femmes que par les hommes. John Gottman note également que, trop souvent, nous abordons le sujet de façon brutale, tant et si bien que « la discussion se termine malheureusement comme elle a commencé, brutalement[12] ». Notre approche est parfois brusque et maladroite lorsque nous sommes angoissées à l'idée de parler de notre vie sexuelle.

12. John M. Gottman et Nan Silver, *The Seven Principles for Making Marriage Work,* New York, Three Rivers Press, 2000, p. 161.

Si vous êtes à l'aise au moment d'entamer une discussion en tête-à-tête au sujet de votre vie sexuelle et que vous n'avez besoin que d'un petit coup de pouce dans la bonne direction, c'est parfait. Mais dans le cas contraire, voici quelques stratégies qui pourraient vous être utiles :

- Comme première approche, donnez à votre conjoint une information écrite. Consultez d'abord l'annexe A intitulée « Un conseil à l'intention des pères ». Ou encore choisissez un article dans une revue ou un passage du présent ouvrage et faites-en une copie. Le but de cette étape est de vous réconforter en prenant conscience que vous n'êtes pas le seul couple à éprouver des difficultés sexuelles. S'il vous semble impossible d'aborder le sujet directement avec votre partenaire, vous pouvez laisser une note sur le réfrigérateur disant : « S'il te plaît, lis cet article et nous en discuterons ce soir. » Ou, s'il s'agit d'une nouvelle pratique sexuelle ou d'une innovation que vous aimeriez explorer, laissez-lui l'article en question accompagné d'une invitation : « Je parie que l'auteur pourrait élaborer encore davantage sur le sujet si elle avait la chance de t'avoir, *toi,* comme grand explorateur. »
- Envoyez-lui un courriel. Bien des couples utilisent ce moyen, fort efficace, pour désamorcer les sujets brûlants. Vous pourriez y joindre l'adresse d'un site Internet ou la copie d'un article pertinent pour amorcer la discussion[13]. Choisissez un article qui vous indique à tous les deux que vous n'êtes pas seuls à vivre cette situation. Invitez-le à s'accorder le temps de réfléchir avant de vous répondre et faites-en autant lorsqu'il vous répondra. Assurez-vous de ne pas prendre le mors

13. Visitez les sites suivants : www.redbook.women.com/rb/marriage ou www.oxygen.com/topics/sex/index.html ou www.ivillage.com/relationships/

aux dents pour ne pas vous retrouver dans une ronde de courriels fulminants.

- Écrivez-lui une lettre à l'ancienne, rédigée à la main sur du papier à lettre. C'est un excellent moyen de lui communiquer votre inquiétude personnelle tout en réduisant l'anxiété ou l'hostilité involontaire qui font souvent obstacle lorsque le moment est venu d'aborder un sujet délicat avec doigté. Vous pouvez réécrire votre lettre jusqu'à ce que vous soyez satisfaite du contenu et de la forme.

Relevez les aspects positifs. C'est avec du miel qu'on attire les abeilles. Faites l'éloge des efforts consentis, des résultats obtenus par votre conjoint. Il est possible que votre colère soit telle que vous n'ayez nullement envie d'applaudir le jour où votre désir toujours déçu sera enfin comblé. Faites tout de même un effort, laissez-vous perdre la bataille pour mieux gagner la guerre. Une attitude juste est la meilleure arme pour vous mener vers la victoire. Soyez authentique et précise, mais sans flatterie ; vous pourrez alors goûter aux fruits de vos efforts sans avoir le sentiment qu'il vous a bien eue. Si vous lui dites : « Hier soir, je me suis endormie comme un bébé, ce massage du dos m'a fait beaucoup de bien », votre message sera beaucoup plus efficace qu'un « Merci de ne pas m'avoir demandé de faire l'amour hier soir... pour une fois » ou un sarcastique « Quelle trouvaille ! nous pouvons nous serrer l'un contre l'autre sans devoir déballer le grand jeu à tout prix ».

Allez, courage !

Il est parfois gênant de faire des suggestions très précises en s'exprimant verbalement. Mais nul ne peut y échapper ; tôt ou tard, vous devrez sortir le chat du sac. Vous n'avez rien à perdre et tout à gagner. Il vous sera plus facile de trouver le courage de parler si vous avez pris soin de planifier votre façon de le dire, surtout s'il s'agit d'une routine ou d'une situation qui se répète.

Le problème est que...	**Essayez...**
Tout va trop vite.	« Prenons tout notre temps pour faire l'amour, ce soir. »
Vous aimeriez qu'il s'attarde sur un point précis ou d'une certaine manière.	« Jure-moi que tu ne cesseras jamais de me faire cela » au moment précis où il le fait.
Il se retire parfois juste avant que vous n'atteigniez l'orgasme.	« Attends, je viens. »
La routine vous tue.	« Que dirais-tu de tenter une nouvelle expérience, ce soir ? »
Vous voulez arrêter avant la pénétration.	« Pourrions-nous reprendre ce jeu exactement au même point, une autre fois ? » (voir la sixième étape pour plus d'information sur la pénétration et le toucher érotique).
Il passe à côté de votre zone érogène.	« Je serais au septième ciel si tu remontais d'un petit centimètre. » Ou guidez sa main jusqu'au bon endroit.
Vous êtes épuisée.	« Je sais que faire l'amour te donne de l'énergie, mais je suis si fatiguée que je n'arriverais pas à me concentrer. »
Vous avez envie d'un cunnilingus	« Je suis toute chose à la seule pensée de ta bouche qui me caresse partout, partout. »

Soyez généreuse

Être généreuse, c'est faire les premiers pas pour demander ce que vous désirez obtenir. Cessez de vous priver et faites ces premiers pas. La générosité se présente aussi sous une autre forme : une bonne écoute. La meilleure façon de communiquer est d'amorcer la conversation en donnant l'exemple d'une bonne écoute. Faites ce que vous aimeriez qu'il fasse pour vous. Demandez-lui : « Qu'est-ce que tu préfères ? Ceci ou cela ? », « Existe-t-il une autre façon de te caresser qui te plairait encore davantage ? » ou « Quand je fais quelque chose qui te plaît vraiment beaucoup, tu veux bien me le dire ? ». Vous pouvez également lui demander de vous indiquer ce qu'il n'aime pas : « Est-ce qu'il y a quelque chose que je fais souvent et dont tu te passerais bien ? » Si vous croyez pouvoir lire son langage corporel ou ses messages non verbaux, vérifiez : « J'ai l'impression que tu aimes beaucoup cela, suis-je dans le vrai ? » Faire les premiers pas est une invitation qui l'incitera fortement à répondre de la même manière. Comme l'affirmait Yogi Berra : « Vous pouvez observer bien des choses juste en observant. » Vous pouvez aider votre partenaire à se sentir à l'aise en lui permettant de vous observer dans votre vulnérabilité et votre communication sexuelle.

Souvent, même les questions que vous vous poserez mutuellement vous sembleront suggestives. Vous vivez ensemble depuis quinze ans ? Peu importe, car en vous ouvrant ainsi, vous entretiendrez le genre de conversations qu'ont les jeunes amoureux. Excitant, non ?

Tolérez les premiers moments

Vous aurez sans doute le sentiment d'être extrêmement maladroite lors de vos premiers essais pour établir une communication sexuelle plus satisfaisante. Soyez prête à y faire face. C'est déplaisant de se sentir gauche, mais on n'en meurt pas. Ni la gêne ni l'embarras n'auront votre peau. Vous pouvez tolérer ces moments désagréables. Jusqu'à maintenant, votre long silence rempli d'espoirs est une stratégie qui n'a pas fonctionné et s'il existait une autre solution moins directe, vous l'auriez déjà trouvée. Si vous acceptez de traverser ces zones d'inconfort, vous aurez droit à une riche moisson. Croyez-moi, le jeu en vaut la chandelle. Votre vie sexuelle s'améliorera et, qui plus est, vous découvrirez peut-être que votre courage vous ouvre les portes d'une intimité émotionnelle toute nouvelle et d'une profondeur jamais égalée.

Affirmation

« Décidez d'avoir la force nécessaire de prendre ce risque. »

PHILLIP C. MCGRAW
Sauvez votre couple : une stratégie en 7 étapes

CINQUIÈME ÉTAPE

Éveillez votre érotisme

> **Q. :** Comment inciter une femme à cesser de vous faire l'amour ?
> **R. :** Épousez-la.
>
> ANONYME

- Les luttes de pouvoir, la culpabilité et la comparaison risquent de faire chuter votre énergie sexuelle.
- Le romantisme, la réceptivité et une intention claire contribuent à augmenter votre libido.
- Les « vraies mères » peuvent accroître leur libido en se montrant plus ludiques et plus stratégiques avec leur partenaire sexuel.

Il y a fort à parier que vous connaissiez déjà cette « blague » sur les femmes qui cessent de faire l'amour le jour où on leur passe la bague au doigt. Pour ma part, je l'ai lue ou entendue mille et une fois : sur Internet, dans des revues, à la radio et dans ma vie de tous les jours. Peut-être réagissez-vous comme moi en vous demandant : « En quoi est-ce drôle ? » Pour ma part et selon mon humeur, je réagis à cette blague de deux façons : je grimace ou je contre-attaque avec irritation : « Ah oui et, dites-moi, comment amener un homme à cesser de vous séduire ? Épousez-le. » Parfois, j'aimerais répondre : « Eh bien, messieurs, faites passer un objet de trois kilos à travers vos organes génitaux ; voyons ensuite où en est votre bel enthousiasme de jouisseur sexuel ? » C'est simple, je grimpe dans les rideaux.

Mais les blagues qui blessent ont parfois une part de vérité. Ainsi, cette blague fait référence à une situation fort répandue dans les chambres à coucher de plusieurs couples. Elle traduit une vérité : il est difficile de parler directement de nos incompatibilités sexuelles. À l'instar des blagues « ethniques », elle masque le malaise de celui qui la raconte. Quant à ma réaction (« ce n'est pas nous, c'est vous les gars »), elle laisse entrevoir tout le potentiel d'une lutte de pouvoir bien rangée pour déterminer à qui la faute et où se trouve le coupable.

Cette blague est une invitation à trouver un coupable pour ce manque de libido si courant de la mère. Forcément, il faut un fautif et une victime. Ni la blague ni l'attitude défensive qui consiste à contre-attaquer ne nous seront de quelque utilité. Plutôt que d'apposer l'étiquette « problème » sur la mère et son manque de libido, il serait plus utile de reconnaître qu'il s'agit d'une situation de couple et qu'elle s'inscrit dans le contexte social de la vie familiale. Tout au long de ce chapitre, choisissez de rejeter consciemment le blâme, qu'il soit orienté vers vous ou votre partenaire.

Chercher un coupable est une manière fort répandue de mettre les freins à votre libido. Il en existe trois autres, tout aussi communes et interreliées : ce sont les luttes de pouvoir sur la fréquence des relations sexuelles, la culpabilité et les comparaisons en matière sexuelle. Si vous avez utilisé ces trois stratégies dans le but d'améliorer votre libido au sein de votre couple aux prises avec une incompatibilité sexuelle, je suis prête à parier que vous avez échoué. Ces trois stratégies sont inefficaces.

Les luttes de pouvoir

Les luttes de pouvoir sont monnaie courante lorsque la femme se montre moins attirée par le sexe que son partenaire[14]. Comme dans toute guerre, les conjoints se battent, chacun dans le but de crier victoire. Par conséquent, l'objectif visé n'est pas la résolution du conflit. Lorsque les conjoints sont en pleine lutte de pouvoir au sujet de leurs relations sexuelles, ils ne sont pas en train de négocier sur la fréquence de leurs rencontres sexuelles. Chacun cherche à « gagner ». Les étiquettes sexuelles (frigide, éternel adolescent) fusent, si bien que tous deux quittent la bataille, rongés par la colère et le sentiment de ne pas avoir été compris. Dans ce contexte, le moindre compromis a le goût amer d'une démission.

Lorsque le pouvoir n'est pas équitablement réparti au sein du couple, il peut en résulter une baisse de libido chez la femme qui a le sentiment de n'avoir prise sur rien, sauf sur le sexe. Si son conjoint est très autoritaire, il est possible que le lit devienne le seul territoire où elle puisse encore s'affirmer. Parfois, le mariage est une union égalitaire en tous points, sauf en matière de sexualité; la femme a donc le sentiment de ne pouvoir refuser les avances sexuelles de son conjoint. Curieusement, c'est le partenaire qui a le plus de libido qui semble détenir le moins de pouvoir puisqu'il tente par tous les moyens – tout y passe – de convaincre sa partenaire sexuelle de se montrer plus réceptive.

Comme la lutte de pouvoir est le premier obstacle à franchir pour régler le problème d'incompatibilité sexuelle du couple, il est important de vérifier si cette dynamique s'applique uniquement à sa vie sexuelle ou si elle est le symptôme d'une problématique plus grave. Lorsque le contrôle et l'autoritarisme enveniment une relation de couple, les disputes portent sur: comment dépenser l'argent, quelles activités choisir pour les enfants, quel groupe religieux fréquenter, qui choisira la destination des vacances familiales.

14. Si vous vivez une situation contraire, adaptez mes suggestions et commentaires en conséquence.

Tous les sujets sont bons pour déclarer la guerre. Lorsqu'un couple croule sous le poids des luttes de pouvoir, le sexe fait systématiquement partie du butin convoité dans ce combat à deux. Si vous entretenez une lutte de pouvoir au sujet de la fréquence de vos relations sexuelles et que, de surcroît, vous vous disputez le contrôle sur tout et sur rien, du petit-déjeuner des enfants au nombre de visites de belle-maman, vous ne pourrez résoudre votre lutte de pouvoir au lit avant d'avoir abordé le problème général qui secoue votre couple[15]. Si vous tentez d'isoler votre problème sexuel, alors que prévaut une situation générale de contrôle et d'inégalité, votre démarche est vouée à l'échec. Vous parviendrez au mieux à bien circonscrire le champ de bataille.

Il est plus facile de régler une lutte de pouvoir lorsqu'elle est isolée et confinée à une question d'incompatibilité sexuelle. Dans une telle union, les décisions sont habituellement prises dans le calme et les conjoints résolvent leurs conflits ailleurs que dans la chambre à coucher, dans un contexte d'équité où chacun se sent entendu et respecté. La lutte de pouvoir se produit habituellement au cours de cette danse entre les avances sexuelles et le refus, qui se transforme en un concours pour déterminer qui aura le pouvoir de décider si oui ou non il y aura relation sexuelle. Ces luttes de pouvoir peuvent être générées par un seul problème, celui d'accorder une trop grande importance au partenaire ayant le moins de libido. Par exemple, Lisa et Carlos ont tous deux remarqué qu'ils font plus souvent l'amour lorsque Carlos a participé aux travaux ménagers. Aux yeux de Lisa, il est normal qu'elle se sente plus aimante envers Carlos les jours où il se comporte en partenaire charmant ; mais Carlos a le sentiment de devoir effectuer

15. Mettez en pratique les suggestions présentées à la quatrième étape afin d'améliorer votre communication lorsqu'il s'agit de questions qui ne sont pas d'ordre sexuel. Ou consultez l'ouvrage de Michael P. Nichols intitulé *The Lost Art of Listening: How Learning to Listen Can Improve Relationships,* New York, Guilford Press, 1995.

certains gestes pour avoir droit au sexe. Il est possible qu'inconsciemment Lisa refuse de participer à leur vie sexuelle lorsque Carlos refuse de participer aux travaux ménagers.

La culpabilité

Pour certaines femmes, le problème n'est pas une lutte de pouvoir, mais de la culpabilité pure et simple. Peut-être vous reconnaîtrez-vous dans le cas de Pascale, trente-six ans, mère de deux enfants :

> « Je crois que mon mari subirait une crise cardiaque si je faisais les premiers pas pour faire l'amour. Je suis à l'aise une fois que les préliminaires sont en route, j'entre facilement dans le jeu et je peux atteindre un orgasme presque chaque fois ; mais, je vous le jure, jamais je ne pense au sexe lorsque je me couche le soir. Et même si j'ai réellement aimé faire l'amour avec lui la dernière fois, ma réaction ne changera pas la prochaine fois qu'il me fera des avances : "Comment, encore ? Est-ce bien nécessaire ?" Puis la culpabilité me frappera en plein front et j'aurai le sentiment d'être une bien mauvaise épouse si je refuse ses avances. »

La culpabilité de Pascale nous indique qu'elle interprète son manque de libido comme une faiblesse personnelle, comme quelque chose qu'elle refuse égoïstement à son mari. Elle s'étiquette en se déclarant fautive et a le sentiment d'avoir laissé tomber son conjoint. Souvent, les femmes comme Pascale remarquent qu'elles ont honte à l'idée que leur mari puisse les associer à une « femme facile ».

La culpabilité n'est pas réservée aux femmes ayant peu de libido. Le mari de Pascale peut également se sentir coupable de « harcèlement » envers sa femme et peut se demander si sa propre libido, ou même sa technique, fait défaut. Jamais il n'insisterait pour l'inciter à aller voir un film contre sa volonté, mais voilà qu'il se surprend à la cajoler pour avoir du sexe et il en éprouve de la culpabilité.

Les comparaisons

Les comparaisons avec les autres sont souvent au rendez-vous lorsqu'il y a lutte de pouvoir et culpabilité. Ces comparaisons ressemblent à des énoncés tels que: « Ce n'est pas juste, nous ne faisons jamais l'amour; ce n'est pas normal d'avoir des relations sexuelles quelques fois par mois; je sais que j'ai parfaitement raison d'en demander davantage. » Ou encore: « Toutes mes amies en parlent, elles sont si épuisées le soir que tout ce qu'elles désirent, c'est tomber dans les bras de Morphée et non de leur mari dès qu'elles posent la tête sur l'oreiller; alors, je sais que je suis comme tout le monde. »

Les comparaisons en matière de sexe nous conduisent dans un véritable cul-de-sac. Il n'existe aucune norme établissant ce qui est « normal ». La fréquence normative des rapports sexuels – combien de fois les autres couples font l'amour – ne constitue pas la « normalité ». Par exemple, chez les Américains, les cheveux bruns sont une donnée normative. Les cheveux roux sont plus rares, mais ils n'en sont pas moins normaux. De la même manière, il importe peu que vos voisins fassent plus ou moins souvent l'amour que vous deux; cela ne change rien au fait que l'un et l'autre de ces couples puissent vivre pleinement leur sexualité, comme bon leur semble.

User de comparaisons ne donne jamais de bons résultats: les statistiques n'aideront pas votre partenaire à améliorer sa libido et à désirer faire l'amour plus souvent, elles ne parviendront pas non plus à diminuer le désir sexuel de votre vis-à-vis. Ces données ne sont pas pertinentes, elles ne concernent pas votre vie sexuelle. En fait, la majorité des personnes qui consultent un ou une sexologue le font pour régler un problème de baisse de libido.

Comme vous pouvez le constater, vous n'êtes pas la seule.

Se comprendre mutuellement

Pour dénouer une lutte de pouvoir, il existe un moyen très efficace. Il s'agit de mieux comprendre les sentiments de l'un et de l'autre en ce qui a trait aux avances sexuelles et au refus de faire l'amour. Bannissez le blâme et la culpabilité du tableau, efforcez-vous d'écouter l'autre et l'expression de ses sentiments devant cette incompatibilité sexuelle. Effacez toute étiquette blessante ou tout qualificatif pouvant ressembler à : égoïste, froid, trop entreprenant, passif agressif, retenue, frigide, contrôlant.

En lieu et place, réévaluez ensemble la question des avances et des refus en utilisant les qualificatifs « constructif » et « inefficace ». Vous pouvez choisir d'échanger vos commentaires par écrit ou, si vous vous sentez suffisamment en sécurité et audacieux, vous pouvez expérimenter les jeux de rôle. Soyez tous deux prêts à rire de vous-mêmes, mais faites en sorte que votre qualificatif « inefficace » ne soit jamais utilisé à des fins de moquerie. Le conjoint qui manque de libido devrait dresser une liste des avances sexuelles inefficaces (ou les présenter en jeux de rôle tel que suggéré plus haut). Par exemple, « Allez ma chérie, ça fait déjà deux semaines, il est temps de prendre soin de ton homme » est une avance inefficace ; mais, si vous illustrez les avances de votre conjoint de cette manière, il pourrait y voir du sarcasme. Il serait préférable de faire une description générale d'une avance sexuelle inefficace, par exemple en faisant référence « à la durée qui s'est écoulée depuis la dernière fois » ou « à une obligation ». Le conjoint utilise souvent une même stratégie pourtant inefficace en disant vouloir faire l'amour pour *satisfaire son propre besoin sexuel,* alors que sa partenaire aimerait savoir qu'*il la désire.*

Dans un même temps, votre rôle se résume à lui faire quelques suggestions constructives, selon vos besoins. Il ne peut lire dans vos pensées. Vous pouvez lui proposer de vous dire des choses comme : « Tu es si charmante que j'aimerais promener mes mains batifoleuses sur tout, tout, tout ton corps » ou « Je ne peux m'empêcher de penser à la douceur de ta peau contre la mienne ». Mais vous pouvez aussi lui donner des indications plus générales comme : « J'aimerais que tu me le dises lorsque tu me trouves attirante » ou « Montre-moi combien je suis précieuse à tes yeux ».

En outre, vous devez comprendre ses sentiments lorsque vous refusez ses avances. Soyez disposée à entendre ce qui suit : ce qui vous semble un « non » neutre et non menaçant peut être vécu par votre partenaire comme une expérience très blessante. Ainsi, un « Non, pas ce soir » peut le blesser tout autant qu'un « Non, mais, tu es vraiment obsédé par le sexe, ma parole ! » Bien souvent, le refus de la femme est présenté de façon inefficace, puisqu'il est perçu comme un rejet sexuel global, alors que l'homme aimerait savoir que *vous le trouvez séduisant et sexuellement attrayant*, mais que *vous ne voulez pas faire l'amour* à ce moment précis. Demandez-lui de vous présenter une liste de diverses manières plus constructives de dire « non ». Si c'est trop difficile, jouez avec la liste des énoncés qui suivent, dans l'encadré.

Savoir dire « non » à ses avances avec amour et d'une façon positive

Dites à votre partenaire que vous l'aimez et que vous le désirez la plupart du temps, mais qu'en ce moment précis, vous n'êtes pas d'humeur à faire l'amour. Par exemple :

- « Hummmm, je suis fatiguée ce soir, mais tu crois que tu pourrais me le demander de nouveau demain ? »
- « Wow, quelle belle invitation ! Dommage, je dois aller chercher mes billets pour le concert. »
- « Hummm que c'est agréable. Puis-je en redemander à un autre moment ? »
- « La dernière fois que nous avons fait l'amour, c'était tout simplement exquis. Je comprends ton désir de recommencer ce soir, mais j'avais planifié autre chose après que les enfants seront au lit. Peut-on attendre un peu, lorsque je pourrai y mettre toute mon attention ? »
- « Chéri, je ne suis pas en forme pour faire l'amour en ce moment, et cela signifie que l'homme le plus sexy du monde n'a pas de chance ce soir. »

Certains couples aiment dresser cette liste ensemble, surtout s'ils peuvent y mettre un zeste d'humour. Un thérapeute ou sexologue peut inviter un couple à faire cet exercice au cours d'une séance afin d'offrir un environnement rassurant pour aborder ce sujet parfois très délicat. Si vous croyez pouvoir y arriver à deux, allez-y, mais ne forcez rien. Si votre partenaire refuse de participer, ne lui en tenez pas rigueur, car très peu d'hommes seront attirés par cet exercice. Mais si vous croyez qu'il aura l'audace de plonger, dites-lui : « Chéri, j'ai lu un article sur des couples qui font ensemble un jeu de rôle. Tu vois, les deux partenaires jouent à tour de rôle celui ou celle qui fait des avances sexuelles à son conjoint, et qui essuie un refus. Le but de ce jeu est de mieux comprendre la réalité de l'un et de l'autre lorsque cette situation se présente. Tu crois que ça nous serait utile, à ton avis ? » Si sa réponse se limite à un timide « peut-être », laissez tomber.

Si vous êtes tous deux tentés par cet exercice, ne perdez pas de vue votre objectif mutuel : prendre conscience de la façon dont le partenaire interprète les réponses verbales et non verbales lors d'une invitation à faire l'amour. Vous devez tous deux présumer que la façon dont l'autre reçoit le message est « vraie » en ce sens que c'est sa vérité, son attitude. Ne vous laissez pas déconcentrer en discutant de l'intention de celui qui prend l'initiative et de l'autre qui refuse ses avances. Si votre partenaire se sent sexuellement rejeté, ne cherchez pas à le persuader du contraire en expliquant votre refus dans le détail. Mais la prochaine fois qu'il vous fera des avances, essayez de formuler votre refus différemment. De la même manière, ne le laissez pas discuter de vos sentiments devant ses avances. Dites-lui très précisément ce que vous aimeriez qu'il fasse la prochaine fois qu'il vous invitera à faire l'amour et restez sur vos positions.

Cet échange d'informations poursuit un autre objectif, celui d'assainir la situation. Tous les couples traversent des périodes pendant lesquelles l'un ou l'autre ne désire pas faire l'amour. Lorsque cela se produit, les conjoints oublient ou n'ont pas conscience que la négociation sexuelle peut se faire sans heurts. Si vous apprenez à lancer des messages qui ne blessent pas lorsqu'il est question d'autre chose que de sexe, il vous sera plus facile de demeurer en contact avec vos émotions lorsque vous traverserez une période d'incompatibilité sexuelle.

Vaincre la culpabilité

Se sentir coupable de refuser une relation sexuelle, c'est comme se sentir coupable de refuser quelque chose dont on ne veut pas ; ce sentiment dénote un manque de respect de soi. Votre conjoint ne veut sûrement pas d'une partenaire sexuelle qui agit à contrecœur ; dire « oui » lorsque vous voulez dire « non », c'est vous piéger à tout coup. Plus vous ferez l'amour sous la contrainte, moins vous en aurez envie. Vous devez absolument cesser de faire l'amour par culpabilité et avoir confiance en votre capacité de trouver les moyens d'accroître votre libido. Votre culpabilité est en partie générée par votre façon de dire « non » ; en suivant les étapes décrites plus haut, vous ferez diminuer ce sentiment qui vous ronge. Si vous apprenez à dire « non » dans une relation, votre culpabilité diminuera peu à peu, car votre authenticité dans vos relations sexuelles aura pour effet de préserver votre intimité, non de la heurter.

Si le fait de refuser les avances de notre partenaire éveille en nous un sentiment de culpabilité, c'est souvent en raison d'une fausse croyance sur la sexualité masculine. Dès leur jeune âge, bien des femmes ont été mises en garde par les adultes contre ce besoin menaçant qu'auraient les hommes de devoir assouvir leurs désirs sexuels à tout prix. On nous recommandait de ne pas « agacer » ou de ne pas amener les hommes (ou les garçons à l'époque) dans un état de frustration sexuelle si insoutenable qu'ils pourraient perdre le contrôle. Ces messages ont laissé des traces si bien qu'aujourd'hui encore, nous croyons qu'il est cruel de dire « non » à un homme ; nous croyons également que notre conjoint ira invariablement voir « ailleurs » s'il ne trouve pas satisfaction dans le lit conjugal.

Vous avez une obligation, celle de négocier la fréquence de vos relations sexuelles avec amour et sensibilité. Vous avez également l'obligation de prendre soin de votre relation de couple, y compris de votre vie sexuelle.

Vous n'avez aucunement l'obligation de faire l'amour sous la contrainte.

Votre conjoint a toujours une autre porte de sortie qui lui permet d'assouvir ses besoins sexuels et il l'utilise sans doute déjà : la masturbation. La plupart des hommes se masturbent, même ceux qui sont mariés et parfaitement satisfaits de leur vie sexuelle (les femmes aussi, bien sûr). Évidemment, se masturber ce n'est pas comme faire l'amour, c'est une expérience sexuelle bien différente, mais elle permet de soulager la tension sexuelle. Vous serez peut-être mal à l'aise en songeant que votre conjoint se masturbe, mais tant et aussi longtemps que vous vous sentirez coupable, votre libido restera endormie. Lorsqu'on accepte la masturbation comme solution de rechange, on cesse de faire des comparaisons qui agissent comme un véritable poison.

Comment accroître votre libido

En plus d'apprendre à se détendre comme nous l'avons vu au cours de la deuxième étape, toute mère peut accroître sa libido en ajoutant trois autres ingrédients à son quotidien : le romantisme, la réceptivité et l'intention claire.

Je sais bien que je prêche pour ma paroisse lorsque j'affirme que les femmes aimeraient plus de romantisme. Comment ajouter un peu de romantisme dans votre relation conjugale ? Toute la question est là. Si, malgré tous vos efforts, votre relation en est dépourvue, c'est que votre stratégie a échoué. Vous devez en changer. On dit que bien des gens vont en thérapie dans l'espoir d'avoir la permission de continuer à faire exactement ce qu'ils font depuis des lunes. Peut-être en est-il ainsi pour les lecteurs et les lectrices d'ouvrages de croissance personnelle. Ce qui est vraiment difficile dans le changement, c'est que « votre façon de procéder vous semble si sensée, si judicieuse. C'est de toute évidence la réaction de l'autre qui semble poser problème. » Vous ne pouvez changer l'autre, mais la bonne nouvelle, c'est que vous pouvez vous changer vous-même de manière à modifier votre approche, votre façon d'*inviter* l'autre à apporter des changements à son tour.

Combien de femmes ont tout essayé, demandé, exigé, supplié, pour avoir un peu plus de romantisme dans leur vie. Peut-être en avez-vous rêvé sans jamais en parler ouvertement. Peut-être avez-vous fait des pieds et des mains pour que votre conjoint accepte de lire sur le principe de Mars et de Vénus. Voici quelques stratégies qui pourraient donner des résultats.

Prenez l'initiative

Montrez-vous plus romantique. Souvenez-vous, à vos débuts, de tout ce que vous mettiez en œuvre pour dire à votre conjoint combien il était spécial à vos yeux. Le romantisme se nourrit de détails et de petites attentions. Par exemple, lui faire parvenir un courriel qu'il trouvera en arrivant au bureau, lui faire de petits cadeaux surprises, lui apporter une rose, lui dire qu'il sent bon, poser la main sur lui tout en discutant. Évitez de confondre romantisme et maternage : n'allez pas croire qu'en réorganisant le tiroir de ses chaussettes ou en cuisinant son plat favori, vous lui offrez l'exemple à suivre en matière de romantisme. (S'il répond en accrochant enfin cette photo sur le mur du salon comme vous le demandiez, votre libido ne grimpera pas d'une coche pour autant.)

Contez-lui fleurette et, en même temps, apprenez à vous percevoir comme une femme romantique. Placez des chandelles dans la chambre à coucher, offrez-vous une lingerie affriolante et reprenez vos habitudes de jeunesse. Que faisiez-vous au début de votre relation ? Vous ne portiez sûrement pas de vêtements de jogging pour le séduire et vous ne vous passiez pas la soie dentaire en sa présence. Cette familiarité entre conjoints fait partie des merveilles de la vie commune ; mais la façon dont une femme met en branle le rituel amoureux avec l'intention claire de séduire son conjoint est également un merveilleux aspect de la sexualité. Sachez trouver l'équilibre entre le vêtement de jogging et le parfum qui enivre.

Favorisez le toucher non sexuel

En général, lorsqu'une femme a une libido moins forte que celle de son conjoint, elle cesse de l'embrasser, de lui prendre les mains ou de le serrer dans ses bras. Elle craint qu'il ne se méprenne sur son intention, qu'il s'excite et insiste pour faire l'amour. Il n'y a qu'une seule façon de clarifier la situation: parlez-en. Dites-lui que vous avez l'intention de lui montrer davantage votre affection par des gestes physiques, que vous croyez que vous augmenterez ainsi à long terme votre propre libido et que vous craignez qu'avec cette approche, sa frustration sexuelle n'augmente. Demandez-lui son consentement et dites-lui que vous avez besoin qu'il vous rassure avant de faire cet essai avec lui.

Vous craignez peut-être que votre conjoint ne réagisse mal à tant de nouveautés et de communication. Vous pensez qu'il cherchera peut-être à se fermer sur lui-même ou qu'il détestera toutes ces discussions. Si votre conjoint est du genre à préférer passer sous le bistouri sans anesthésie plutôt que de parler de sa relation de couple, sachez vous montrer prudente dans le choix de vos combats. Faites votre bout de chemin en évitant de discuter systématiquement de tous les sujets qui se présentent, mais n'acceptez pas que la norme entre vous soit l'absence de toute communication. Dites-lui que vous reconnaissez son aversion pour ces « discussions de filles » et rappelez-lui que le but visé dans cette communication est une vie sexuelle plus vivante et plus vibrante qui correspond à votre souhait à tous deux.

Soulignez les éléments positifs

Faites un véritable effort pour noter et apprécier le moindre signe de romantisme chez votre partenaire. Avec le temps, on finit parfois par ne plus se voir l'un l'autre. Prenez conscience des gestes que vous considérez comme acquis. Dites-le-lui lorsqu'il agit d'une manière qui vous plaît et utilisez le mot « romantique » comme suit: « C'est si romantique d'avoir un époux qui.... ». Un seul compliment aura plus de pouvoir et de renforcement que 99 plaintes soulignant votre frustration de ne pas obtenir ce que vous désirez.

Si vous avez le sentiment d'être négligée ou si vous êtes en manque de romantisme, cette démarche vous semblera sans doute déplaisante. Entreprenez-la quand même. Au besoin, établissez un temps limite (« Je ferai l'expérience pendant deux mois, puis j'y mettrai un terme si rien ne change »), mais donnez-vous complètement à cette expérience. S'il vous est impossible de trouver un seul geste un tant soit peu romantique venant de votre partenaire, cherchez-en chez le voisin. Mais attention, c'est plutôt délicat. Une remarque qui ressemble à « Vois comme cet homme est gentil avec elle » peut être perçue comme « contrairement à toi, qui n'es jamais romantique ». Votre façon de transmettre le message influencera grandement l'interprétation que votre conjoint en fera ; et tout est dans l'interprétation. Essayez plutôt ceci : « Je sais bien que ce n'est que du cinéma, mais c'était tellement romantique lorsqu'il... »

Demandez et vous recevrez

Sans tomber dans les stéréotypes sexuels, il faut bien admettre que les hommes et les femmes communiquent souvent différemment. Si l'une de vos amies vous dit : « J'ai besoin de ton aide pendant que je divorce », elle n'a pas à vous dresser une liste : a) permets-moi de respirer un peu b) invite-moi à dîner chez toi les jours de fêtes c) rassure-moi en me disant que les hommes me trouveront encore attrayante. Vous savez en tout point comment l'aider dès que vous y mettez votre cœur.

Mais lorsque vous demandez à votre partenaire « d'être plus romantique », il est possible qu'il n'ait pas la moindre idée de ce que cela signifie. Faites votre demande de façon claire et précise, assurez-vous d'éliminer toute forme de ressentiment ou de pression dans cette discussion. Dites-vous que si votre partenaire manque de romantisme depuis un certain temps, ce n'est pas parce qu'il est un homme froid et insensible, mais parce qu'il manque d'information utile.

Lorsqu'un anniversaire ou une fête approche et que vous prévoyez un échange de cadeaux, dites-lui que vous seriez enchantée de recevoir un bracelet ou une lingerie sexy, plutôt que de lui lancer : « J'aimerais bien un cadeau romantique, cette fois. » Demandez-lui de s'arrêter en route pour acheter des fleurs coupées et lorsqu'il franchira le seuil de la porte, dites-lui comme il est charmant avec ce bouquet dans les mains et ce, même si c'est vous qui en avez fait la demande. Proposez-lui de réserver une table dans un restaurant romantique tout en lui remettant le journal du quartier ouvert à la page *Guide des restos pour le jour de la Saint-Valentin.*

Aidez-le à réussir.

Soyez réceptive

Vous pouvez accroître sensiblement votre libido en effectuant un changement simple mais profond : soyez plus réceptive. Être réceptive, c'est dire « peut-être » avant de répondre « non ». C'est demeurer ouverte à l'éventualité d'éprouver un plus grand désir sexuel même si le sexe est à mille lieues de vous intéresser pour l'instant. Deux éléments sont essentiels pour qu'il y ait réceptivité : pouvoir dire « non » à tout moment en toute liberté et favoriser plus que jamais le toucher non sexuel.

Bien souvent, les femmes qui partagent leur vie depuis longtemps avec un même partenaire n'éprouvent pas le besoin spontané d'une décharge sexuelle. Chez l'homme, l'énergie sexuelle s'exprime sans contexte bien défini en raison de la testostérone. La libido de la femme dépend en général d'un besoin d'intimité émotionnelle, elle est très sensible au contexte ambiant. Pour compliquer un peu les choses, les éléments qui provoquent l'excitation sexuelle diffèrent chez l'homme et la femme, et le plaisir se vit à un rythme tout aussi différent. Les éléments visuels exciteront la majorité des hommes. Si votre conjoint a tendance à vous enlacer lorsque vous sortez de la douche, vous savez maintenant pourquoi. Chez la femme, le toucher est le déclencheur le plus commun ; en d'autres termes, nous savons que nous sommes d'humeur à faire l'amour seulement après avoir entamé les préliminaires.

Comme l'excitation sexuelle est plus lente chez la femme, cela signifie d'une part que nous avons besoin d'un peu plus de temps pour nous décider et, d'autre part, que nous pouvons vouloir interrompre nos jeux amoureux au moment où notre partenaire n'est plus du tout de cet avis.

Le toucher joue un rôle déterminant dans l'excitation sexuelle de la femme ; c'est pourquoi une attitude réceptive et le toucher non sexuel occupent une place de choix lorsqu'une femme désire accroître sa libido. Tout simplement, le couple doit accepter qu'on puisse s'embrasser passionnément, se masser mutuellement le dos et se permettre ensuite de dire « non » à l'occasion. Se donner la possibilité de recevoir un baiser passionné sans devoir « s'engager » à faire l'amour permet à la femme d'explorer le fonctionnement de son excitation sexuelle. Pour qu'un changement aussi important se produise dans la valse sexuelle du couple, les partenaires doivent développer une grande capacité à communiquer sur le plan sexuel. Voir à la page 146 diverses propositions sur l'art de dire « non ».

L'inclination de la femme à dire « oui » est analogue à l'inclination de l'homme qui entend un « non ». Chez bien des couples, la vie sexuelle s'améliore lorsque la femme n'est pas trop pressée de dire « non » et lorsque l'homme accepte plus rapidement ce refus. Nombre de femmes affirment que lorsque leur partenaire accepte facilement un refus, elles se sentent sexuellement plus confiantes parce qu'elles ont le sentiment d'être désirées pour ce qu'elles sont. Lorsqu'un homme exerce des pressions sur sa partenaire, celle-ci a le sentiment qu'il ne veut que du sexe et non une relation sexuelle avec elle. Une femme exprimait la chose ainsi : « Finalement, j'avais l'impression que tout ce qui l'intéressait était cette seule partie de mon corps. Maintenant, j'ai plutôt le sentiment qu'il s'intéresse réellement à moi, à mes désirs personnels. Je ne suis pas un objet qu'on branche sur une prise électrique. »

Bien des mythes entourent la sexualité masculine. Par exemple, on croit que chez l'homme, les relations sexuelles sont du tout-ou-rien ; de plus, on croit que provoquer une frustration sexuelle chez l'homme qu'on aime serait impardonnable. C'est ainsi que de nombreux couples se sont retrouvés piégés dans une dynamique où la femme est fermée à toute approche à moins d'être certaine de vouloir faire l'amour. Est-ce votre cas, en êtes-vous venue à tirer cette conclusion ? Si oui, demandez à votre conjoint s'il consentirait à courir le risque de plus de « peut-être » de votre part, pendant que vous chercheriez à devenir plus réceptive. Il refusera peut-être de l'avouer, mais il y a fort à parier qu'il a déjà eu une ou deux érections sans résultat au cours de la journée. Vous désirez lui épargner des excitations sexuelles, mais... êtes-vous bien certaine que c'est son vœu le plus cher ?

Une intention claire : pensez sexy

Rappelez-vous. Chez l'homme comme chez la femme, le cerveau est le principal organe sexuel. Mais en réalité nous, les femmes, sommes si préoccupées par les enfants que nous reléguons aux oubliettes l'idée même de la sexualité. Nos corps sont souvent des objets utilitaires : nos seins nourrissent, nos hanches portent les petits, nos genoux les accueillent. Notre esprit, quant à lui, dresse des listes : matériel scolaire, horaire de cours, échéanciers, épicerie. Sans aucun doute, il nous faut éveiller à la fois notre corps et notre esprit à tout un monde de sensualité.

Auparavant, les pensées sexuelles surgissaient tout naturellement. Mais ce n'est plus le cas désormais, aussi devez-vous activer ce processus en toute conscience. Bien souvent, l'excitation sexuelle est plus présente chez l'homme tout simplement parce qu'il laisse émerger les pensées sexuelles qui surgissent spontanément (en raison peut-être de sa testostérone). Et puis, les hommes sont moins portés à se juger et à se croire déloyaux lorsqu'ils portent le regard sur une jolie passante, ou encore à s'inquiéter d'un fantasme loufoque et parfaitement irréalisable.

Voyez les choses sous cet angle : dites-vous que votre imaginaire sexuel est une partie de votre identité qui a été en veilleuse. Pour ma part, j'aime utiliser une analogie ayant trait à la gastronomie. J'avais l'habitude de cuisiner des petits plats, de magasiner longuement pour dénicher les ingrédients les plus frais et les plus alléchants. Je me rendais régulièrement chez un épicier extraordinaire et me délectais à l'idée de confectionner des plats exquis pour ensuite prendre plaisir à les déguster lentement en bonne compagnie. Depuis que je suis mère, je fais les provisions pour des repas vite faits et le temps est devenu un luxe, une denrée rare. Maintenant, je cherche à faire une cuisine simple, rapide et qui saura plaire à tout le monde. Je passe sans broncher devant les comptoirs regorgeant de poissons frais, de fines herbes et de savoureux pains maison pour me diriger droit jusqu'aux étagères remplies de pâtes alimentaires bien ordinaires. Lorsque je fais mes provisions avec l'intention de cuisiner un bon petit plat, je me rends chez le même épicier que je fréquentais jadis ; mais dans un tout autre état d'esprit que lorsque je fais les courses habituelles. Dans un premier temps, avant de me présenter à l'épicerie, j'ai déjà pris quelques jours pour faire appel à ma créativité afin de composer un menu spécial, sachant que l'inspiration n'est pas toujours au rendez-vous au moment de faire mes achats. Je me suis donc transformée au cours des années : je ne suis plus la cuisinière d'antan qui élaborait son menu avec fougue et spontanéité, je procède méthodiquement après m'être fixé un but.

Nous devons nous fixer un but si nous voulons dépoussiérer notre imaginaire sexuel. Nous ne pouvons demander à notre sexualité de s'épanouir tout en la laissant dormir dans un coin noir, au fond d'un placard au sous-sol. Un imaginaire asexué nous entraîne dans une spirale descendante : plus nous refusons d'honorer et d'intégrer la part de nous qui est la femme et non la mère plus nous nous identifions exclusivement à la mère que nous sommes.

Dans les prochains chapitres, nous explorerons des moyens très concrets et très efficaces d'éveiller votre imaginaire sexuel. Il est possible que vous n'ayez pas besoin d'un ouvrage pour vous guider dans ce parcours et que le seul geste à accomplir soit celui d'ouvrir la porte de votre imaginaire sexuel demeurée trop longtemps verrouillée. Si vous pouvez vous souvenir de ce qui vous allumait dans le passé, bravo ! D'autres aimeront sans doute avoir quelques suggestions. En voici quelques-unes.

Prenez l'initiative de vous mettre dans l'ambiance

1. En vous levant le matin, prenez la décision de penser au sexe au cours de la journée. (Suivez l'exemple de *la Journée de lutte contre le tabac*: choisissez une date précise et passez à l'action.) Vous pouvez vous aider en plaçant une note dans votre agenda électronique ou en faisant sonner votre *bip* toutes les heures. Au timbre sonore, pensez au sexe.
2. Songez à quelque chose de précis (une caresse, etc.), quelque chose d'agréable que vous aimeriez demander à votre conjoint d'expérimenter.
3. Rappelez-vous des moments de grande passion amoureuse que vous avez vécus ensemble.
4. Transmettez à votre conjoint un courriel très suggestif.
5. Donnez à votre partenaire un vrai baiser, un de ces baisers dont vos enfants n'ont encore jamais été témoins. Que ce baiser se prolonge pendant une bonne minute. (Je vous le promets, vos enfants ne seront pas marqués à vie et ce, même s'ils sont d'âge à être dégoûtés par ce geste. Ignorez leurs remarques du genre « ouache, c'est dégeu ! ».)
6. Pendant le repas, jouez à vous caresser les pieds sous la table.
7. Pendant le repas du soir, touchez votre conjoint à cinq reprises.
8. Glissez-lui à l'oreille que, ce soir, vous désirez faire l'amour doucement et longuement.
9. Pendant que les enfants regardent leur propre vidéo, faites-vous le plaisir de regarder une vidéo romantique.
10. Lisez un ouvrage érotique (voir la huitième étape).

L'idéal serait de choisir les suggestions qui vous conviennent le mieux et de les incorporer dans vos activités d'une journée entièrement consacrée à raviver votre libido, comme nous l'avons vu à la deuxième étape. Ne vous contentez pas de sortir votre imaginaire sexuel du placard, laissez-le prendre toute la place. Comment maîtriser un nouveau talent qui fait surface ou une habileté longtemps négligée? En s'immergeant dans cet univers pendant un certain temps.

Invitez-le à vivre son imaginaire sexuel

Certaines femmes ont découvert qu'un peu de «piquant» peut changer bien des choses. On sait ce qui différencie le copain du mari: le premier séduit alors que le second espère. Cela étant dit, voici ce que je vous propose.

Confiez à votre mari une tâche bien précise: celle de vous donner envie de faire l'amour avant demain soir (si vous avez vraiment le goût de jouer d'audace, demandez-lui de vous allumer au point de vouloir le supplier de vous faire l'amour). Dites-lui que vous êtes ouverte et disposée à vous laisser convaincre. Ce faisant, vous l'invitez avec humour à vous conter fleurette et à se pénétrer de *son* rôle de séducteur. Le rôle de séducteur est bien différent de celui qui prend l'initiative. Les hommes en ont marre de toujours faire les premiers pas, de risquer le rejet à répétition ou même de supplier leur conjointe. Si vous n'êtes pas encore disposée à faire les premiers pas, demandez-lui de vous séduire. C'est un jeu où tout le monde gagne. Il se libère de son rôle d'homme qui doit supplier pour avoir du sexe; vous obtenez l'attention désirée et retrouvez un peu cet ancien amoureux qu'il fut jadis. En procédant ainsi, vous avez plus de chance de gagner sa confiance et de le voir prendre plaisir à vous séduire; ce ne serait pas le cas si vous vous étiez contentée de lui demander d'être plus romantique.

Prenez la situation en main

Les femmes en panne de libido sont souvent convaincues que quelque chose d'extérieur doit se produire pour qu'elles retrouvent enfin leur appétit sexuel. Il est possible que cette baisse d'énergie sexuelle soit attribuable à quelque déséquilibre chimique ou hormonal (incluant l'usage d'antidépresseurs, la baisse de testostérone en période de préménopause ou de ménopause ; voir la dixième étape). Mais dans la majorité des cas, cette baisse de libido s'est installée petit à petit, en réponse à une vie sexuelle devenue terne et dépourvue de toute émotivité, dans des moments où tout se bouscule, où vous avez le sentiment d'être obligée de faire l'amour et où vous vous sentez épuisée. En d'autres termes, votre manque de libido est en réalité une mauvaise habitude. Pour sortir de ce piège, de ce mauvais pli qui consiste à mettre votre sexualité en veilleuse, vous devez prendre la responsabilité d'agir pour éveiller votre énergie sexuelle ; vous devez prendre les mesures nécessaires pour que votre vie sexuelle avec votre conjoint soit plus intéressante, plus invitante, plus innovatrice et plus engagée. Cessez d'attendre que le désir revienne. Choisissez d'éveiller votre libido comme si l'érotisme était un cadeau que vous aimeriez vous offrir à tout prix, pour votre propre plaisir.

Affirmation

« La flamme de tous les possibles est allumée
par l'imaginaire. »

EMILY DICKINSON

Sixième étape

Cultivez votre imaginaire érotique

« Il est remarquable de voir à quel point il nous est facile de tomber sur une route particulière pour nous retrouver sur le même chemin battu, sans nous en apercevoir. »

Henry David Thoreau

- Tous les couples peuvent améliorer leur vie sexuelle en y consacrant plus d'attention et d'engagement.
- Lorsque nous faisons l'amour en toute conscience, notre sexualité se transforme ; elle ne consiste plus à atteindre une destination, mais à vivre un état érotique.
- Soyez réceptive à l'érotisme au moment où il se présente ; voilà le secret d'une vie sexuelle plus vivante et plus vibrante.

Bousculés, épuisés, croulant sous le poids de la pression, nombre d'Américains se sont tournés vers la spiritualité ou les philosophies orientales afin de trouver un sens à leur vie. Notre héritage culturel valorise le but à atteindre, non le cheminement. Et nous en sommes frustrés. Nous portons toute notre attention sur l'obtention de résultats précis, tant et si bien que nous sommes en perpétuel mouvement, sans jamais nous retrouver là où nous le désirons vraiment.

Savourez le moment présent. Ralentissez. Apprenez à être, tout simplement. Cessez de courir ici et là. Ce message est précieux pour toutes les mères et pour leur choix de vie, cette vie qui se passe dans la chambre à coucher comme partout ailleurs. Savoir goûter le moment présent pendant l'amour, c'est se donner entièrement à sa vie sexuelle. On peut comparer notre manière de vivre notre sexualité à la façon dont nous faisons une promenade : nous pouvons en faire une expérience spirituelle extraordinaire ou un acte terne et monotone. Ce n'est pas le but visé qui en fait une expérience de qualité. C'est notre approche, notre manière de procéder, notre façon de marcher plutôt que notre destination.

Chez le couple marié, le mot sexe rime avec vitesse

- Comparativement aux couples mariés, les nouveaux couples non mariés ont quatre fois plus de chance de consacrer au moins une heure à leurs ébats amoureux.
- Comparativement aux nouveaux couples non mariés, les couples mariés ont plus souvent tendance à consacrer quinze minutes ou moins à leurs ébats amoureux.

Le cerveau humain ne peut traiter qu'une seule pensée consciente à la fois. Or, notre esprit est un véritable champ de bataille ; sautant sans cesse d'une pensée à une autre, nous avons l'impression de réfléchir simultanément à plusieurs choses. En fait, la société exige que nous accomplissions plusieurs tâches en même temps : une mère fait rarement une seule chose à la fois. Nous n'apprenons pas à nous détendre et à rester en place un certain temps. Bien au contraire, nous devenons de plus en plus expertes dans l'art de jongler.

La passion et les tâches multiples ne font pas bon ménage, ce sont des ennemis naturels. La passion est par définition exclusive et exigeante. Pour réapprendre à faire l'amour avec passion, vous devez apprendre à porter toute votre attention sur l'acte sexuel lui-même. Plus vous et votre partenaire saurez vous concentrer sur votre relation sexuelle, plus votre plaisir grandira. Comme le disait la philosophe française Simone Weil, « l'extase suprême, c'est l'attention à son paroxysme ».

Faire l'amour en toute conscience, c'est porter attention, s'engager, se donner et garder l'esprit ouvert. C'est abandonner toute idée de performance, toute anxiété, toute distraction, c'est oublier le passé et le mépris de son propre corps. Si vous êtes persuadée qu'il vous est facile de faire l'amour en toute conscience, continuez à essayer et vous réaliserez combien c'est difficile ! Mais s'il vous est très difficile de faire l'amour en toute conscience, sachez que vous êtes sur la bonne voie.

Le concept est relativement simple. Apprendre à faire l'amour en toute conscience poursuit un objectif précis, celui de passer de l'étape du faire (ou de la performance) à l'étape d'être (ou de l'expérience). Le véritable défi est dans la mise en application. Je vous fais quelques suggestions à expérimenter à petites doses. Optez pour une ou deux idées et mettez-les en pratique pendant quelque temps. Ne cherchez pas à rassembler ces suggestions et à en faire une liste « de choses à faire » ou d'aptitudes à maîtriser car, ce faisant, vous iriez à l'encontre même de votre démarche.

Je vous invite à changer votre perception de l'acte sexuel et à demander à votre partenaire d'en faire autant. Faire l'amour en toute conscience signifie que vous ne cherchez pas à atteindre un résultat précis, que vous ne recevrez aucune décoration pour avoir obtenu le résultat escompté. Faire l'amour en demeurant présent, éveillé et vivant, c'est comme le rire et la gentillesse dans le mariage : il y a toujours de la place pour un peu plus de ce bonheur-là.

Prenez un engagement : laisser tomber l'anxiété

Identifiez vos sources d'anxiété lorsque vous faites l'amour. Le mépris de son propre corps occupe le haut du palmarès chez la femme. Certaines sont angoissées à l'idée de devoir réaliser une performance : c'est la crainte de décevoir leur partenaire, l'incapacité de correspondre à des normes irréalistes et la peur de ne pas atteindre l'orgasme. Le dysfonctionnement sexuel de l'homme est une autre source d'anxiété : la femme craint qu'il ne puisse atteindre l'orgasme, qu'il y arrive trop tôt ou qu'il n'ait pas d'érection.

Lorsqu'on s'engage à laisser tomber l'angoisse, on décide de donner moins de prise à la peur. Vous ne cesserez pas d'angoisser simplement en vous en donnant l'ordre, tout comme vous ne pouvez cesser de songer à un éléphant dès que je dis le mot « éléphant ». Par contre, vous pouvez vous engager à lâcher prise dès que l'anxiété refait surface.

Il semble que certaines femmes voient leur angoisse s'estomper simplement en élevant leur niveau de conscience. Lorsque vous prenez conscience d'une pensée ou d'une angoisse qui monte, donnez-lui un nom. Par exemple, faites-vous la réflexion suivante : « Tiens, voici ma peur de ne pas avoir d'orgasme. » En nommant votre anxiété, vous lui enlevez un peu de son pouvoir parce que vous reconnaissez qu'il s'agit d'une peur et non d'un fait. Ne vous jugez pas et ne vous critiquez pas lorsque monte cette angoisse. Rappelez-vous alors que vous avez pris l'engagement de lâcher prise : « J'ai décidé d'abandonner cette peur de ne pas jouir et c'est ce que je vais faire à l'instant même. » Reprenez conscience de votre corps physique. Si vous parvenez à vous concentrer entièrement sur l'acte sexuel, l'angoisse s'évanouira automatiquement.

D'autres ont recours à l'imagerie mentale pour se débarrasser de l'angoisse sexuelle. Dès que le malaise survient, nommez-le et imaginez que ce nom ou ces mots sont inscrits sur une bannière flottant derrière un petit avion. Imaginez que cette bannière danse au gré d'une douce brise. Voyez l'avion entrer dans votre champ de vision (disons à votre droite) pour le traverser et disparaître de l'autre côté (à gauche). Ou encore, apprenez à visualiser un mot clé comme « attention » pour vous ramener dans le moment présent. Vous aurez sans doute à répéter cet exercice pendant un certain temps avant de le maîtriser.

Le mépris de son propre corps est un dur à cuire qui ne se laissera pas déloger facilement. Essayez d'en extirper le venin en reconnaissant que la source du problème, c'est *votre* perception et non celle de votre conjoint. Comprenez bien ceci : vous craignez que votre corps, votre apparence physique ne le démotive. Mais cette peur n'est rien de plus qu'une croyance, ce n'est pas un fait. S'il passe des remarques désobligeantes sur votre corps pendant que vous faites l'amour, c'est signe que votre union est en péril, car ce comportement est très rare chez un conjoint. Votre apparence est le dernier de ses soucis. Il ne pense nullement à vos cuisses, à votre petite poitrine ou à vos cernes sous les yeux. Notre obsession du corps est envahissante et irrite les hommes au plus haut point. Cessez de lui demander de vous rassurer. Croyez-le, il désire réellement votre corps tel qu'il est, avec toutes ses imperfections.

> «... en toutes circonstances ou presque, nous avons le choix
> de nous montrer telles que nous sommes, sans égard à notre poids.»
>
> Dr Deb Burgard, *www.bodypositive.com*

Visitez ce site. Il est remarquable et il offre une mine de ressources précieuses sur l'acceptation de son poids corporel.

Créez un lieu sacré pour vos ébats amoureux

Les églises, les synagogues, les mosquées et les temples sont des endroits merveilleux. Avons-nous besoin d'un lieu d'une grande beauté pour avoir accès à notre énergie divine ? Bien sûr que non, mais cela ne nuit pas. Toutes les religions nous invitent à séparer la vie spirituelle de la vie mondaine, à nous créer un espace particulier pour entrer en relation avec la profondeur de notre être. Nous avons recours à des rituels pour nous rappeler que nous entreprenons une action toute spéciale, par exemple réciter une prière avant le repas du soir, porter un vêtement de choix pour l'office du dimanche, s'asseoir sur un coussin finement brodé pour méditer. Faire l'amour en toute conscience est un acte tout aussi précieux ; c'est pour cette raison que votre environnement devrait refléter le merveilleux de l'amour, de ce que vous vous apprêtez à vivre.

La chambre à coucher des parents ressemble à tout, sauf à un lieu sacré. On y trouve parfois des moutons de poussière sous le lit, des taches de lait sur les taies d'oreiller, des petits soldats de plomb sous les couvertures quand ce ne sont pas des enfants qui dorment. N'allez pas croire que votre « lieu sacré pour vous aimer » ressemblera à cet endroit où vous faisiez l'amour lorsque vous avez rencontré votre conjoint. Il vous suffisait alors de jeter au fond du placard tout ce qui traînait et de tirer les couvertures sur le lit quelques minutes avant que votre amoureux ne frappe à votre porte. Aujourd'hui, créer votre lieu sacré conçu pour l'amour signifie créer un rituel qui sera à la fois pratique et délibéré, un rituel qui sera une invitation à vivre une expérience extraordinaire.

La frontière sexuelle (voir la première étape) est un élément important de ce lieu sacré conçu pour l'amour. Vos rituels peuvent prendre différentes formes ; par exemple, vous pouvez métamorphoser votre lit ou « l'endimancher » en le couvrant d'une belle jetée qui sera exclusivement réservée à vos moments d'intimité amoureuse ; vous pouvez faire brûler de l'encens ou une chandelle parfumée, changer les draps, utiliser un parfum conçu pour la literie ; ou encore, vous pouvez couvrir le plancher de la salle de bains (si c'est l'unique pièce de la maison avec verrou) d'une couverture bien propre ; vous pouvez mettre en marche un appareil qui produira un bruit de fond pour insonoriser votre chambre à coucher.

Donnez plus que ce que vous désirez recevoir

Essayez cette approche que nous proposent certaines spiritualités non occidentales : si vous désirez quelque chose ou que vous craignez d'en manquer, offrez-le généreusement. Cessez de fuir le feu de l'angoisse et de la perte : faites-lui face. Vous verrez les choses différemment. Dans la chambre à coucher, cette approche vous plonge dans le paradoxe : vous vous immergez dans ce qui vous effraie le plus.

- Si vous êtes obsédée par le mépris de votre propre corps, observez encore et encore toutes les parties du corps de votre conjoint qui vous attirent. Portez une attention particulière aux aspects qui vous charment le plus. Dites-le-lui. Regardez-le nu en plein jour ou en pleine lumière.
- Si vous craignez qu'il n'atteigne l'orgasme trop vite, prenez plus de temps pour faire l'amour.
- Si vous avez peur de ne pas atteindre l'orgasme, faites le choix de lui faire l'amour à sens unique, gardez vos vêtements et ne l'autorisez pas à vous toucher.
- Si vous croyez être incompétente au lit, ne faites plus un geste. Insistez pour qu'il vous fasse l'amour, unilatéralement.

Utilisez ces exercices pour ce qu'ils sont : des expériences d'apprentissage. Soyez disposée à découvrir que vous ne pouviez en connaître les résultats à l'avance, soyez prête à apprendre à mieux vous connaître. Vos découvertes vous surprendront peut-être. Ainsi, il n'est pas impossible que le fait de remarquer la beauté de la mâchoire ou de l'arche du pied de votre conjoint vous amène à découvrir la beauté de votre propre corps.

Vivez dans le moment présent

Bien des mères ont du mal à trouver un moment pour ralentir la cadence et, dans ces conditions, faire l'amour est l'occasion de faire une pause. Mais les pensées se bousculent dans leur esprit. Vous l'avez sûrement remarqué lorsque vous allez chez le coiffeur, que vous essayez de vous détendre dans un bain chaud ou que vous attendez au feu rouge en voiture. Des pensées surgissent et flottent dans votre esprit : « J'ai oublié de signer la note d'autorisation du petit, je n'aurai pas le temps de passer à la banque, je dois téléphoner à Untel à tout prix. »

S'il est vrai qu'on ne peut se défaire de ses angoisses à volonté, il en va de même des pensées qui se bousculent dans notre esprit ; mais il ne sert à rien de tenter de les ignorer. Si ces pensées surgissent pendant que vous faites l'amour, que vous embrassez ou caressez votre partenaire, prenez simplement conscience de ces pensées qui montent. Soyez plus – et non moins – attentive à toute la place qu'elles occupent dans votre esprit, pendant que vous faites l'amour.

Puis, lorsque ces pensées non sexuelles surgissent, ramenez votre attention sur vos sensations physiques et sur vos émotions. Ramenez consciemment votre attention sur votre corps et concentrez-vous sur les mains de votre conjoint, sur ses caresses et sur sa façon de vous toucher. Arrêtez-vous au moindre détail. Remplacez votre dialogue intérieur par une observation descriptive de vos sensations physiques. Concentrez-vous également sur vos propres gestes. Voyez dans quelle direction vos mains vont instinctivement, observez la texture de la peau de votre partenaire, son apparence physique, son odeur, la saveur de sa peau.

Pour demeurer dans le moment présent, il est essentiel de laisser tomber toute attente et de ne pas chercher à prévoir ce qui vient. Apprenez à être le témoin de toutes ces pensées qui vous envahissent à tout moment. Peu importe que ces pensées se présentent sous forme d'angoisses (« si je ne dors pas tout de suite, je serai épuisée demain ») ou de plaisir (« je suis sur le point d'avoir un merveilleux orgasme »), prenez conscience de cet obstacle et revenez dans le moment présent.

Supprimez le but à atteindre

C'est au cours de cette étape que nous nous rapprochons le plus de notre décision de vivre dans le moment présent : cessez de penser à l'orgasme, point à la ligne. Je vous entends déjà protester, vous et votre conjoint ! Je ne suis pas en train de prêcher pour l'amour sans orgasme ou pour le club tantrique Un-orgasme-par-année-suffit. J'affirme qu'il faut cesser de penser à l'orgasme et goûter simplement et pleinement au plaisir sexuel que nous éprouvons en faisant l'amour. L'orgasme est un phénomène naturel, une réponse à la stimulation et au plaisir sexuel. Craindre de ne pas atteindre l'orgasme, c'est saboter son plaisir. De plus, il est possible d'amplifier l'intensité de l'orgasme en le reportant de quelques jours. Votre corps a une mémoire, il se souviendra à quel point il désirait se libérer de cette charge sexuelle.

Voyez les choses sous un autre angle : l'absence d'orgasme n'est pas un échec, c'est une énergie mise en réserve pour une prochaine expérience sexuelle plus intense.

Voici une suggestion pour une action radicale : portez votre attention sur tout le corps de votre partenaire, sauf sur ses parties génitales. Cultivez le plaisir érotique mais non orgasmique. Cessez de croire que l'acte sexuel a un début, un milieu et une fin. Essayez de comprendre que faire l'amour, c'est vivre une panoplie de plaisirs physiques et que l'orgasme en fait partie à l'occasion, mais pas toujours.

Faire l'amour avec conscience, c'est ne pas se précipiter pour atteindre la ligne d'arrivée. La prochaine fois que vous aurez dix minutes pour une pause sexuelle, faites le choix de vous caresser et de vous procurer des plaisirs érotiques sans atteindre l'orgasme. Offrez-vous dix minutes de caresses ou prenez une douche chaudement érotique ensemble. Rappelez-vous que la tension sexuelle a du bon à l'occasion. Il est parfois très excitant de vivre une frustration et d'attendre impatiemment une prochaine rencontre amoureuse.

Le plaisir anticipé est un aphrodisiaque.

En général, on pense que faire l'amour est un événement prévisible qui se produit en un temps et en un lieu précis. Essayez de voir les choses autrement, de vivre votre sexualité comme une séquence de plaisirs physiques interreliés.

Faites une expérience. Faites le choix de vous caresser mutuellement avec l'intention qu'il n'y ait pas de pénétration, et ce, aussi longtemps qu'il vous sera possible de résister (des jours ou des semaines). Si votre conjoint résiste à cette idée, expliquez-lui que cette approche est bien différente, en fait elle n'a rien à voir avec les jours et les semaines passés sans faire l'amour. Au cours de cette expérience, il n'y aura pas de pénétration, mais vous vivrez une intimité et un engagement sexuels d'une profondeur inégalée.

Commencez par des baisers plus intenses. Vous souvenez-vous de la dernière fois où votre baiser s'est prolongé pendant plus de quinze minutes, sans interruption ? Le soir suivant, prenez dix minutes pour explorer les mains de l'autre. Donnez-vous un rendez-vous quotidien pour expérimenter le toucher sensuel. Vous ne disposez que de cinq minutes, soit ! Quelques minutes à déguster, c'est bien. Un peu plus de temps, c'est encore mieux ! Explorez toutes les facettes de votre sensualité, soyez de plus en plus intense. Caressez-vous mutuellement les mains et les pieds, puis dirigez-vous lentement jusqu'à l'intérieur des cuisses. Attendez le plus possible avant de toucher aux parties génitales. Maintenant, essayez d'éviter que votre partenaire n'atteigne l'orgasme pendant quelques jours (mais à cette étape, vous serez vous-même au paroxysme du désir et de l'éclatement).

Si la tension devient telle que vous ne pouvez résister une seconde de plus, allez-y et faites l'amour. Ce sera meilleur que jamais, je vous le garantis. Comment puis-je en être si sûre ? D'abord parce que l'anticipation est un aphrodisiaque puissant et unique à la race humaine. C'est le plaisir de sentir la bonne odeur du pain frais, d'attendre que votre chanteur préféré fasse son entrée en scène, c'est savoir que ce sera Noël demain.

Mais cette approche ne vous permet pas seulement d'expérimenter le désir anticipé. Elle vous fait vivre votre corps. Toutes les parties de votre corps peuvent vous procurer des plaisirs érotiques. Chaque parcelle de votre peau est couverte de nerfs qui peuvent provoquer une excitation sexuelle. Certaines parties du corps comptent un nombre infini de terminaisons nerveuses et c'est pour cette raison que nous nous y arrêtons plus longuement, surtout lorsque le temps nous presse : ce sont les seins, le clitoris, le pénis. Mais en pratiquant le toucher sensuel et conscient, on reprogramme et on éveille les zones négligées et oubliées du corps. Si vous portez une attention toute particulière à différentes parties de votre corps tout en ignorant temporairement vos zones érogènes habituelles, vous découvrirez tout un univers érotique aux possibilités infinies. Essayez de vous toucher et de vous caresser l'un l'autre sans jamais toucher vos parties génitales et ce, pendant des jours ou des semaines, jusqu'à ce que vous éclatiez de désir. Et même à cet instant, essayez de résister encore un peu et de retarder la pénétration et l'orgasme, si possible.

Pourquoi amorcer cette démarche en évitant la pénétration? Si vous avez envie de faire l'amour, pourquoi vous retenir? N'est-ce pas le but de cet ouvrage, faire l'amour? Parce que chez les débutants (de notre approche), si l'orgasme n'est pas éliminé du parcours, l'habitude prendra le dessus et aura le dernier mot. Depuis toujours, vous avez l'habitude de faire l'amour dans un but bien précis. Ensuite, cette approche vous permet de découvrir tout votre potentiel érotique; tant et aussi longtemps que vous ne mettrez pas « en veilleuse » – temporairement – ces zones érogènes que vous connaissez si bien, vous ne chercherez pas à expérimenter les autres parties de votre corps et toutes les sensations érotiques qu'il peut vous offrir.

En outre, cette approche est une forme d'apprentissage extraordinaire. Elle vous permet de découvrir que la sexualité est en réalité une chaîne d'amour faites de maillons ou, si l'on veut, d'une série d'expériences sexuelles qui s'échelonnent dans le temps. Bien des parents ont mis leur sexualité en boîte, ils l'ont extirpée de leur corps et de leur esprit pour ne la ramener à la surface qu'au moment de passer à l'acte sexuel et à la pénétration. Nous, les femmes, parlons souvent de ce phénomène en d'autres termes, par exemple lorsque nous disons manquer d'« affection ». En tant que couples, nous en parlons lorsque nous nous plaignons d'une sexualité terne et monotone. En favorisant le toucher érotique avec l'intention claire de reporter à plus tard la pénétration, nous nous immergeons dans un monde hautement érotique, nous transformons notre conception de la sexualité pour qu'elle ne soit plus une source d'épuisement, mais une source de vie et d'énergie. (Pour plus de détails, voir la septième étape.)

Explorez vos cinq sens

Lorsque nous prenons conscience de toutes nos sensations, nous bâtissons un pont entre le corps et l'esprit pendant l'amour. Souvent, le sens du toucher attirera toute notre attention, si bien que nos autres expériences sensorielles passeront inaperçues. De même que leur saveur. Il nous arrive même d'ignorer nos sensations tactiles et d'être touché sans y prêter attention. Innovez, cherchez l'extraordinaire dans l'ordinaire.

Dans un premier temps, cherchez à distinguer les différents types de toucher, concentrez-vous sur la texture de la peau de votre partenaire sur le bout de vos doigts, sur la texture de sa main sur votre peau. Prenez conscience des nuances dans le toucher : la sensation de ses lèvres sur votre cou, la différence entre une douce caresse et une autre, plus ferme. Observez de quelle manière les sensations changent sur la carte géographique de votre corps : que ressentez-vous lorsqu'il caresse vos grandes lèvres ? Et lorsqu'il se dirige vers votre clitoris ? Explorez de nouvelles sensations tactiles : les battements de son cœur, la texture de son slip couvrant son pénis.

Prenez également l'habitude de prendre conscience de vos autres sens : la vue, l'ouïe, le goût et l'odorat. Concentrez-vous sur l'un de ces sens et faites l'expérience de tous ces merveilleux détails que vous ignorez la plupart du temps. Par exemple, écoutez attentivement les sons que vous produisez tous les deux. Lorsque des pensées surgissent, ramenez votre attention à votre respiration, écoutez-la, entendez les murmures, prenez conscience des sons qui émanent de votre respiration à cet instant précis. Nous aborderons ce sujet en détail dans le prochain chapitre.

Soyez généreuse

Exercez-vous activement à « regarder » votre partenaire avec amour et gentillesse. Prenez conscience de vos préjugés sexuels négatifs et remplacez-les par une attitude plus généreuse. Donnez à votre conjoint le bénéfice du doute. Voici quelques suggestions en ce sens.

S'il veut faire l'amour après une dispute :
Plutôt que d'en déduire qu'il « est l'homme typique qui veut encore et toujours du sexe, peu importe la situation », demandez-vous s'il est possible qu'il veuille faire l'amour pour renouer le lien affectif.

S'il exerce des pressions pour faire l'amour :
Plutôt que d'en déduire qu'il est « égoïste », demandez-vous s'il est possible qu'il vous désire réellement et passionnément à cet instant.

S'il fait toujours l'amour de la même manière :
Plutôt que d'en déduire qu'il est un amant sans envergure, demandez-vous s'il est possible qu'il ait le sentiment d'avoir trouvé la meilleure façon de vous faire jouir.

S'il insiste pour expérimenter quelque chose qui vous semble audacieux :
Plutôt que d'en déduire qu'il vous trouve monotone au lit, demandez-vous s'il est possible qu'il se sente suffisamment en confiance dans votre relation conjugale pour désirer explorer de nouveaux horizons.

Employez-vous à être généreuse et consciente ailleurs que dans la chambre à coucher. C'est très sensuel de voir votre partenaire se pencher sur votre épaule pour remplir votre verre pendant le repas. Vous serez captivée lorsque vous serez l'objet de son attention. C'est très séduisant d'être remarquée par son partenaire. Entrez dans son monde, remarquez son corps lorsque vous êtes ailleurs que dans votre chambre. Emparez-vous de sa serviette de bain et asséchez son corps. Lorsque vous enduisez vos mains de crème, mettez-en un peu sur les siennes. Au restaurant, prenez un morceau de choix dans votre assiette et glissez votre fourchette dans sa bouche.

Soyez reconnaissante

Prenez l'habitude d'exprimer vos goûts et vos préférences à votre conjoint. Lorsque vous aimez quelque chose, dites-le au moment précis où cela se produit et répétez-le plus tard. Si vous avez apprécié un geste pendant que vous faisiez l'amour et que vous le lui dites au lit, puis de nouveau au cours de la journée, il vous trouvera non seulement très sexy, mais il sera doublement intéressé à reproduire ce geste qui vous a plu à ce point.

La gratitude se développe de la même façon, que ce soit dans notre vie sexuelle ou spirituelle : en essayant encore et encore. Si vous tenez votre « journal de reconnaissance », vous savez que le seul fait de porter une attention particulière à tout ce qui vous apporte de la joie est suffisant pour transformer votre vie. Au début, c'est un exercice qui peut sembler un peu bizarre, surtout si vous êtes blessée, effrayée ou en colère.

Dans un premier temps, exercez-vous à être reconnaissante pour votre vie sexuelle comme si vous faisiez l'amour pour la toute première fois. Rappelez-vous vos dix-sept ans et vos expériences sexuelles sur la banquette arrière de la voiture de votre petit copain ; vous ne songiez pas à contempler la beauté incommensurable du corps humain. Aujourd'hui, le moment est venu de découvrir ce miracle. Voyez toute la grandeur et le merveilleux qui se cache derrière un geste aussi banal que celui de se prendre doucement les mains. Celles-ci nous sont utiles pour tant et tant de choses... Franchement, n'est-ce pas merveilleux de penser que deux êtres peuvent se communiquer leur confiance, leur amour, leur lien affectif dans ce geste simple de leurs mains entrelacées ? Que dire du baiser ? Qu'y a-t-il de plus extraordinaire que des lèvres ?

Exercez-vous !

Certaines des suggestions faites dans ce chapitre vous sembleront sans doute étriquées ou guindées au début. Nous présumons bien souvent que la sexualité est innée, mais, en fait, la seule chose qui soit vraiment « naturelle » est l'acte de procréer, non l'art de s'aimer. Vous êtes mère : vous vous êtes déjà reproduite. Le moment est venu d'explorer l'art de faire l'amour. Dans d'autres cultures, on considère que faire l'amour est un art qu'on doit apprendre, étudier, mettre en pratique et éventuellement maîtriser de mieux en mieux. Faire l'amour en toute conscience est une habitude que nous devons mettre en pratique pour en faire notre seconde nature.

Vous ne serez jamais à l'aise avec cette approche si vous ne la pratiquez pas sur une base régulière. Si vous évitez l'orgasme, même pour une courte période, et cessez votre démarche avant d'avoir expérimenté les plaisirs du toucher érotique, cette pratique vous semblera ridicule. Lorsque vous décidez de changer votre conception des rapports sexuels, vous ressemblez à une débutante qui prend sa toute première leçon de tennis. Vous avez l'air ridicule dans vos espadrilles d'une blancheur immaculée, votre revers est pathétique et vous voulez tout laisser tomber. Mais, à l'instar du tennis, à l'instant où le déclic se fait, que votre corps comprend la fluidité du mouvement de ce sport, vous êtes accro. Vous n'avez plus à répéter ces premiers pas maladroits. À un moment donné, tout coule de source.

Si vous avez l'impression que pour apprendre à faire l'amour avec conscience, il vous faut suivre un « entraînement », rejetez cette fausse croyance. Parfois, il suffit de faire l'amour une seule fois en s'abstenant de toute pénétration et en oubliant l'orgasme pour tirer tous les bénéfices de cet exercice et pour choisir, dorénavant et pour toujours, de se concentrer sur l'acte sexuel et de vivre enfin le moment présent. Certaines choisiront d'utiliser cette approche au besoin : en période d'incompatibilité sexuelle, par exemple à la naissance d'un enfant, lorsqu'un membre de la famille est malade, lorsque le couple traverse une crise. Soyez vigilante. Si vous remarquez que votre attention ne porte plus sur le moment présent pendant l'amour, reprenez l'exercice à partir du début. Revenez à une approche disciplinée jusqu'à ce que vous soyez détendue et de nouveau plongée dans le moment présent.

Affirmation

> « Lorsqu'on fait l'amour, il n'y a rien d'autre à faire que d'être ici, maintenant. Il suffit de se concentrer sur cet instant vécu avec l'autre, sans égoïsme et libre de toutes pensées. »
>
> PHILIP TOSHIO SUDO
> *Zen Sexe*

Septième étape

Explorez votre univers érotique

> « Même nos sens ont soif de nouveauté. Au moindre changement, ils entrent en état d'alerte et lancent un signal au cerveau. S'il n'y a ni changement ni nouveauté, ils sommeillent et n'enregistrent plus rien ou si peu. »
>
> Diane Ackerman
> *Le livre des sens*[16]

- L'éveil de toutes vos sensations physiques vous mènera vers une intimité sexuelle beaucoup plus intense.
- Il est facile d'étudier et d'expérimenter votre cartographie érotique. Votre corps et celui de votre conjoint sont une source infinie de plaisir.
- Les couples engagés ont une arme secrète : valoriser le pouvoir de la confiance mutuelle dans leur vie sexuelle.

Faire l'amour avec un nouveau partenaire, c'est aller à la rencontre de nouvelles sensations. Mais faire l'amour avec le père de vos enfants, c'est vivre une expérience beaucoup plus vaste, plus riche. C'est vivre votre sexualité avec un compagnon qui se soucie réellement de votre plaisir, qui a appris à connaître vos défis

16. Diane Ackerman, *Le livre des sens*, Paris, Le Livre de poche, 1993.

sexuels, vos zones érogènes, vos préférences et vos aversions. Cette complicité peut se traduire par un plaisir sexuel décuplé. Ainsi, les études démontrent que les femmes mariées ont plus de chance d'atteindre l'orgasme que les femmes célibataires. La complicité peut jouer en faveur de votre sexualité.

Malheureusement, cette familiarité peut aussi engendrer la monotonie. Toutefois, un couple épanoui en fait ses choux gras en mariant expérience et exploration sexuelle. Notre sexualité est vivante et vibrante lorsque nous nous appuyons sur nos acquis pour mieux accueillir la nouveauté. Il faut un certain savoir pour s'ouvrir à la nouveauté ; encore faut-il s'engager à chercher de nouvelles avenues afin d'augmenter son propre plaisir et celui de son partenaire.

Voici une vieille blague : Combien faut-il de psychiatres pour changer une ampoule électrique ? Un seul, mais l'ampoule doit réellement désirer ce changement. Il en va de même de votre démarche. Ce changement, vous devez réellement le vouloir. Votre désir de renouveler votre vie sexuelle doit être plus fort que votre désir de demeurer dans votre zone de confort. C'est tout ce dont vous avez besoin : prendre la décision d'endurer l'inconfort de votre maladresse pendant quelque temps. Traversez ce moment d'inconfort et vous serez heureuse des résultats. Si vous êtes figée et incapable d'avancer en ce moment, je vous suggère de revenir sur vos pas et de reprendre l'étape qui consiste à faire taire votre censeur intérieur.

Explorez vos sens

Vous désirez apporter un peu de nouveauté dans vos rapports amoureux ? Commencez à partir d'un espace où vous vous sentez en sécurité. Il vous sera plus facile de faire quelques changements, même modestes, en vous aventurant doucement hors des sentiers battus. L'art de faire l'amour c'est, en grande partie, une affaire d'intention et de conscience, c'est la volonté de découvrir l'extraordinaire qui se cache dans l'ordinaire. Au cours de la sixième étape, je vous ai invitée à prendre conscience de vos expériences sensorielles pendant l'amour. Je vous invite maintenant à mettre un peu de zeste dans votre vie amoureuse en misant sur la nouveauté et le plaisir des cinq sens, pendant l'amour.

Je vous ferai des suggestions précises pour approfondir votre expérience des cinq sens (vue, ouïe, odorat, goût et toucher). Choisissez un de vos cinq sens et voyez quels sont les exercices qui vous conviennent le mieux ou qui vous attirent. Ne vous emballez pas, ne cherchez pas à tout expérimenter en même temps !

La vue

Jetez une écharpe rouge sur l'abat-jour de votre lampe de chevet.

Faites l'amour en plein jour.

Ouvrez les yeux pendant l'acte sexuel. Observez le visage de votre partenaire.

Repoussez les couvertures pour qu'il puisse vous regarder pendant que vous le caressez.

Offrez-vous une magnifique lingerie fine.

Offrez-lui un sous-vêtement suggestif, juste pour lui.

Gardez un seul vêtement : une camisole, un large t-shirt, son t-shirt préféré. Demandez-lui d'en faire autant.

Faites l'amour avec, pour seul vêtement, vos talons aiguilles.

Choisissez l'un des tatous temporaires de votre enfant (une fleur, etc.) et apposez-le à l'intérieur de votre cuisse ou sous votre nombril.

L'ouïe

Écoutez sa respiration. Synchronisez votre souffle au sien.

Écoutez les sons de sa jouissance.

Prenez conscience des sons que vous produisez.

Ajoutez un fond sonore, une musique brésilienne.

Enregistrez, sur cassette, les bruits et les sons que vous faites pendant l'amour. Vous aurez peut-être envie de détruire cette cassette immédiatement après l'avoir enregistrée pour éliminer votre malaise (un coup de ciseau, c'est tout ce qu'il vous faut pour couper le ruban et mettre le tout à l'abri des enfants). Mais il est possible que cet enregistrement vous excite si vous l'utilisez comme fond sonore la prochaine fois que vous ferez l'amour.

Appuyez votre oreille contre sa poitrine et écoutez battre son cœur. Notez les changements de rythme, les signes de son excitation.

L'odorat

Remarquez l'odeur de sa chemise, de son savon, de sa lotion après-rasage, de sa transpiration.

Vaporisez un arôme non floral, ou faites brûler de l'encens au bois de santal ou une chandelle au patchouli.

Utilisez une huile à massage aromatique comme une huile d'amande ou de citron.

Demandez-lui de vous enduire le corps d'une lotion à la lavande et respirez cet arôme.

Une heure ou deux avant votre rencontre sexuelle, déposez un de ces objets sous les oreillers ou entre les draps : une rose fraîche, quelques brins de romarin, des feuilles de menthe.

Le goût

Trouvez ses zones naturellement salines.

Versez un peu de jus d'orange ou de champagne sur sa poitrine, puis dégustez.

Presque nus dans le lit, nourrissez-vous mutuellement de mets chinois en utilisant des baguettes.

Le toucher

Demandez-lui de vous laver les cheveux ou de les brosser avant de faire l'amour.

Faites appel à des tissus sensuels : pyjama de soie, draps de satin.

Enduisez vos corps de poudre.

Si votre petite culotte (qui n'est pas en coton) traîne au sol, penchez-vous pour aller la chercher et glissez-la lentement entre chacun de ses orteils (ou utilisez son slip en soie).

Enduisez-vous mutuellement de savon (assurez-vous de ne pas laisser le savon entrer dans votre vagin, il pourrait causer une irritation ; limitez-vous à la zone externe de la peau).

Mettez-lui un plumeau entre les mains (ou une de ces grandes plumes de paon vendues dans certains magasins : elles sont particulièrement douces au toucher).

De tous les sens, le toucher est sans doute le plus érotique[17]. Mais n'est-ce pas ironique de constater que nos zones érogènes, malgré tout leur pouvoir de jouissance, peuvent nous entraîner dans les coins sombres de la monotonie au lit ? Après avoir fait l'amour ensemble pendant des années, bien des couples savent exactement comment toucher l'autre pour l'amener au septième ciel. Mais voilà. Tout comme vous oubliez après un certain temps la sensation de votre montre contre votre poignet, stimuler constamment la même zone érogène peut finir par la désensibiliser. Le toucher agit comme un important système d'alarme dans tout le corps. Lorsqu'on reproduit fréquemment un toucher et que le cerveau le perçoit comme non dangereux, le corps baisse la garde lorsque ce toucher familier se reproduit. Mais tout le corps se met en alerte lorsqu'il perçoit un nouveau toucher.

En supposant que vous aimeriez un peu plus de diversité, il y a fort à parier qu'on ne vous a jamais enseigné où et comment toucher. Et que dire du toucher érotique ! Dans un film réalisé par une femme et diffusé en 1999 sous le titre de *Kama-sutra*, on voit une courtisane enseigner à ses étudiantes l'art du toucher érotique. On

17. Pour simplifier, les hommes sont souvent plus sensibles aux stimuli visuels, alors que les femmes seront plus sensibles aux stimuli tactiles et sonores.

ne verrait jamais une telle pratique s'enseigner dans notre culture nord-américaine. Partager nos connaissances sur l'érotisme avec des « jeunes filles bien » est parfaitement tabou dans notre société. Si vous regardez cette scène du film, vous vous sentirez sans doute mal à l'aise et peut-être même un peu ignorante au début. Mais vous pigerez. Gardez le sens de l'humour dans les choses de l'amour et ne prenez pas tout trop au sérieux.

Vos zones « interdit de toucher »

Il n'existe pas une seule parcelle de peau qui ne soit érotique. Toutefois, certaines personnes n'éprouvent pas d'attrait pour certaines parties du corps. Si vous ou votre partenaire êtes réellement mal à l'aise (on ne parle pas ici d'une simple timidité), évitez cette zone. Nous faisons l'amour pour le plaisir, non pour souffrir.

La région anale est la zone érogène la plus citée lorsque les gens identifient les parties du corps les moins attrayantes. Pourtant, certains couples croient que cette zone est la plus sensible et la plus excitante entre toutes parce que les terminaisons nerveuses y foisonnent ou parce que le tabou qui l'entoure est, en soi, excitant. Nul n'a tort, nul n'a raison ici. Pour d'autres, ce sont les pieds qui sont repoussants, ou le poil sous les aisselles, ou la zone vaginale surtout s'il est question de sexe oral. Il est important de noter combien les femmes sous-estiment le plaisir que les hommes éprouvent à pratiquer le cunnilingus et à goûter les sécrétions vaginales de la femme (encore une fois, nos préjugés sur notre propre corps ne viennent pas d'eux, mais bien de nous).

Enfin, un dernier tabou demeure. Faire l'amour pendant nos menstruations. Certaines femmes sont mal à l'aise, d'autres profitent de l'occasion pour dire non. Il est vrai que pendant les deux premiers jours, nous avons souvent des crampes et que nous ne sommes pas au meilleur de notre forme. Mais les jours suivants, il n'y a aucun motif biologique de nous abstenir de faire l'amour pendant nos menstruations. Il est possible que vous et votre conjoint soyez parfaitement à l'aise même si vous êtes « dans de beaux draps » ; mais peut-être que cette idée vous répugne. Certains couples peuvent aisément se toucher et faire l'amour avec pénétration pendant les menstruations, mais ils évitent toute forme de sexe oral. Pour d'autres, les menstruations ne changent strictement rien à leurs habitudes et les laissent indifférents. Encore une fois, il n'y a pas de bonne ni de mauvaise réponse. Toutefois, il est si difficile pour les parents de trouver un peu de temps pour faire l'amour qu'il serait dommage de se priver aussi souvent, soit une semaine par mois. Alors, au besoin, utilisez le produit commercial *Instead*[18]. Il s'agit d'une coupole en plastique qui retient le sang menstruel en dehors du vagin. Lorsque vous posez cette coupole, vous ne voyez aucun sang menstruel. Mais il ne s'agit *pas* d'une méthode contraceptive[19]. Si vous utilisez un diaphragme, vous pouvez les employer conjointement, pour assurer la contraception et le retrait du flux menstruel. Mais si vous prenez un bain, faites-le avant d'insérer votre diaphragme et votre crème contraceptive ; ou si vous préférez, insérez-les, puis passez un gant de toilette sur vos organes génitaux pour nettoyer le sang qui s'y trouve en prenant soin de ne pas enlever votre crème contraceptive.

Votre cartographie érotique

Savoir, c'est pouvoir. Le pouvoir sexuel, c'est la clé du plaisir. Apprenez à lire la cartographie érotique de votre amoureux et vous y gagnerez sur tous les tableaux. Vous serez plus confiante et vous connaîtrez une hausse de libido appréciable. Votre partenaire s'en réjouira et voudra à son tour se pencher sur vos zones de plaisir. Si vous ouvrez cette porte, nul doute qu'il voudra la franchir à son tour.

---

18. Vendu dans les pharmacies.
19. N'hésitez pas à étendre une serviette de couleur foncée sur vos draps pour les protéger de toute trace de sang pouvant s'échapper après l'amour. Si cela devait se produire, il ne s'agirait que d'infimes traces. Si vous êtes gênée par cette possibilité, prenez une douche ou un bain après avoir inséré la coupe afin de faire disparaître toute trace de sang.

En général, les parties du corps les plus importantes et les plus sensibles sont celles qui comptent le plus de terminaisons nerveuses. Le corps ne fait aucune distinction entre les nerfs qui lancent des signaux d'alarme – devant la douleur ou un écart important de température, par exemple – et les nerfs qui véhiculent le plaisir. Les parties du corps comptant le plus grand nombre de nerfs sont l'aine, les oreilles, les paupières, le cou, les mains et les pieds.

Mis à part l'évidence même, il n'existe pas de différences marquées entre les hommes et les femmes lorsqu'on répertorie les zones les plus érogènes du corps (ainsi, les mamelons sont tout aussi sensibles chez l'homme que chez la femme). Mais chaque individu est différent et les goûts varient énormément de l'un à l'autre. Votre partenaire est peut-être transporté au septième ciel lorsque vous lui caressez le lobe de l'oreille, alors que votre zone érogène de prédilection est peut-être la plante du pied. Ayez le courage de lui demander ses préférences et de lui montrer les vôtres.

Voici, en principe, quelques zones hautement érogènes :

Les lèvres

C'est malheureux, mais la majorité des couples mariés négligent le baiser. Embrassez-vous souvent, plus longuement, plus passionnément. Posez vos lèvres sur les siennes, sucez, mordillez doucement, passez votre langue tout autour de ses lèvres. Partez d'un coin de sa lèvre inférieure, allez rejoindre le coin opposé, remontez vers la lèvre supérieure. Couvrez au plus un centimètre à la fois. Avancez très lentement (vous devez prendre deux minutes pour compléter un seul tour de piste !), alimentez l'anticipation, faites en sorte d'augmenter le plaisir de la caresse à mesure que le cerveau attend la prochaine sensation.

Un bon baiser sera habituellement humide, jamais mouillé et dégoulinant. Si votre partenaire salive, retirez-vous et embrassez-le avec vos lèvres sèches pour un moment. Avalez. Inconsciemment, il vous imitera sans doute. S'il ne le fait pas, dites-lui que vous aimeriez un baiser moins mouillé. S'il a mauvaise haleine, allez vous brosser les dents en le tirant par la main en riant, et invitez-le à en faire autant.

Sachez que toutes les parties intérieures de la bouche sont sensibles au toucher. Explorez ses dents, l'intérieur de ses lèvres, son palais, la crevasse juste à la racine des gencives inférieures et supérieures. Sucez juste le bout de sa langue, puis frottez vos langues ensemble. Pendant le baiser, touchez-le. Faites courir vos mains le long de ses bras, placez vos mains sur sa nuque ou caressez doucement sa joue tout en l'embrassant. Ouvrez vos yeux de temps en temps. Après quelques minutes de ce baiser, éloignez-vous doucement de lui et regardez-le dans les yeux. Puis, dirigez vos lèvres doucement sur sa bouche à nouveau, en gardant les yeux ouverts.

Lorsque vous vous dirigerez vers d'autres zones érogènes, n'oubliez pas de revenir au baiser. Souvent, on pratique le baiser uniquement comme un jeu préliminaire avant de passer à l'étape suivante. Essayez d'intégrer un baiser de quelques minutes à plusieurs reprises dans le cours de vos ébats amoureux, du début à la fin et même après avoir atteint l'orgasme. Bien des hommes adorent qu'on les embrasse après leur avoir fait une fellation. C'est très érotique à leurs yeux. Certaines femmes en pensent tout autant, alors que d'autres trouvent répugnant que l'homme veuille les embrasser après un cunnilingus.

Les yeux

Les yeux sont merveilleusement sensibles chez la plupart des gens. Votre amoureux fermera probablement les yeux dès que vous vous en approcherez. Je vous suggère d'utiliser votre langue plutôt que le bout de vos doigts pour vous assurer de ne pas exercer trop de pression. Glissez votre langue en faisant un cercle le long de la paupière inférieure en remontant jusqu'au sourcil. Continuez à décrire un cercle en redescendant vers la paupière inférieure. Glissez votre langue le long des cils. Mordillez doucement le long du sourcil.

Les oreilles

Un massage ou une stimulation de l'oreille peut provoquer une grande excitation sexuelle. Déposez quelques gouttes d'huile dans la paume de votre main pour la réchauffer, puis frottez entre le pouce et l'index la paroi extérieure de l'oreille. Faites un mouvement circulaire tout au long de la paroi, tirez doucement le lobe à la toute fin du mouvement. Prenez doucement la partie supérieure de l'oreille en plaçant le pouce dans la partie intérieure et deux ou trois doigts sous la paroi. Tirez doucement le haut de l'oreille. Il s'agit d'un geste de digipuncture qui permet de libérer les relaxants naturels. La peau juste derrière le lobe (à la base du cuir chevelu) est très sensible ; un léger massage le long du creux entre l'arrière de l'oreille et la peau peut être très érotique.

Un baiser dans l'oreille est tout simplement divin pour la majorité des gens bien que certains trouvent déplaisante cette sensation de la langue qui se promène directement dans le canal de l'oreille. Personne n'aime les baisers mouillés dans l'oreille. De plus, souffler dans l'oreille est beaucoup moins populaire qu'on le croit et peut parfois être vraiment déplaisant. Il est préférable de glisser la langue sur les régions citées plus haut. Le lobe de l'oreille est à la fois sensible et solide ; aussi vous pouvez le mordiller très doucement, ce qui est parfois électrisant.

Le cou

Vous connaissez sans aucun doute la grande sensibilité du cou. Tout y est merveilleux : le baiser, l'étreinte, le massage léger. N'oubliez pas la nuque et en particulier cette chaîne de muscles qui vont de l'épaule à la base cervicale. Cette zone stratégique est particulièrement riche en terminaisons nerveuses. Dans la partie avant du cou, ne touchez pas la ligne centrale, incluant la pomme d'Adam et le gosier. À cet endroit, les nerfs sont extrêmement sensibles à toute pression, aussi une stimulation même légère peut entraîner une toux ou une sensation d'étouffement.

Les mains

Sucer le doigt du partenaire est souvent très érotique parce que cette image suggère la pénétration. La courbe entre les doigts est extrêmement sensible à la stimulation buccale, tout comme la paume de la main.

Pour un massage mémorable, prenez la main de votre partenaire, paume vers le haut. Placez votre pouce au centre de la paume et vos quatre doigts sous la main. Versez un peu de lotion ou d'huile dans le creux de sa main, étendez avec le pouce en un geste ferme et circulaire. Au besoin, ajoutez un peu de lotion ou d'huile et commencez à étirer doucement et lentement chaque doigt, à partir du petit doigt jusqu'au pouce. Lorsque vous étirez le doigt, couvrez-le avec toute votre main et prenez le temps de compter lentement jusqu'à cinq. À la fin, prenez sa main dans la vôtre, doigts entrelacés. Faites une douce pression rythmée à la base des doigts. Prenez une cadence qui rappelle le va-et-vient de la pénétration. Terminez par un doux mouvement circulaire sur les petits coussinets situés à la base des doigts.

Les mamelons

La plupart des hommes ont les mamelons extrêmement sensibles, mais certains n'osent pas demander qu'on les caresse davantage dans cette région dite « non masculine ». Or, les mamelons des hommes répondent au toucher exactement comme ceux des femmes ; vous pouvez donc déceler le degré de plaisir de votre partenaire en observant le durcissement des mamelons. S'ils se redressent, c'est qu'il aime. Si vous n'avez jamais tenté de l'exciter en embrassant ses mamelons avec passion, vous devez l'essayer. Sachez qu'il en éprouvera autant de plaisir que vous en éprouvez lorsqu'il vous embrasse les seins.

Souvent, les hommes (et les femmes) aiment une pression ou un étirement du mamelon, car la suggestion d'un stimulus douloureux éveille l'excitation. Votre partenaire est le mieux placé pour vous donner ses impressions sur ce qui lui convient ou non ; mais pour avoir une idée de l'intensité de votre geste lorsque vous tirez ou pincez le mamelon, vous pouvez le vérifier sur votre propre corps en pinçant la peau qui se trouve sur le dessus de votre main, entre le pouce et l'index. L'intensité du pincement qui est absolument sans douleur correspond à l'intensité que vous utiliserez sur ses mamelons. Ne vous limitez pas à embrasser ou à lécher son mamelon, pincez vos lèvres pour sucer doucement la peau et étirer le mamelon avec précaution.

Toute la région qui entoure la poitrine ne doit pas être négligée, ni par vous ni par votre conjoint. Misez sur le plaisir anticipé, commencez vos caresses à trois ou cinq pouces du mamelon et frayez-vous un chemin vers le centre en traçant un cercle qui remonte lentement en spirale, jusqu'au mamelon. Commencez par une légère pression du bout des doigts et, lorsque vous atteignez le mamelon, contentez-vous d'un simple effleurement (ou encore, penchez-vous et embrassez son mamelon). Chez certaines personnes, la ligne médiane qui traverse la poitrine est d'une grande sensibilité ; il est donc possible que le centre de la poitrine soit une zone érogène chez votre partenaire. Vérifiez en griffant très légèrement ou en caressant cette région.

En règle générale, le pénis est la zone érogène par excellence chez l'homme, comme le clitoris chez la femme. Avant de caresser directement le pénis, prenez le temps de vous en approcher lentement en caressant d'abord toute la région adjacente. En l'initiant ainsi à ses zones érogènes, il y a fort à parier que votre partenaire voudra vous imiter et, à son tour, explorer toutes les parties intimes de votre corps. À vous de le convaincre que le jeu en vaut la chandelle !

Les pieds

Nul besoin de vous convaincre de la sensibilité des pieds si vous avez déjà reçu un massage des pieds ou une pédicure. Malheureusement, bien des gens sont inhibés par une peur vague de découvrir qu'ils sont peut-être atteints de fétichisme du pied, ce qui, dans une certaine mesure, correspond parfois à une anomalie sexuelle. Il n'y a vraiment rien de dangereux à jouir de tout le plaisir sensuel lié au massage du pied.

Certaines parties du pied sont particulièrement sensibles aux caresses, comme les courbes à la racine des orteils, les coussinets et la plante du pied. Vous éviterez de chatouiller votre partenaire en utilisant une lotion ou une huile et en massant le pied avec un peu de fermeté et de profondeur. Si vous êtes entièrement à l'aise – peut-être après une douche commune – vous pouvez lécher ou sucer les orteils et la peau entre les orteils.

L'intérieur des cuisses

Placez votre main derrière son genou. Puis caressez le genou en faisant un mouvement circulaire et en remontant lentement le bout des doigts ou des ongles vers le haut, à l'intérieur de la cuisse. Restez un long moment à caresser le creux qui sépare la cuisse de l'aine ; certains préfèrent une pression plus forte à cet endroit. Vous le saurez a) si vous le lui demandez ou 2) s'il pose les doigts sur votre main en mettant de la pression. Avant de toucher aux organes génitaux, attardez-vous longuement sur le périnée, l'une des zones érogènes les plus négligées qui soient et que vous découvrirez avec ravissement, l'un comme l'autre.

Le périnée

Le périnée est cette petite partie du plancher pelvien qui sépare l'anus du pénis ou du vagin. On l'appelle parfois le « point G » de l'homme parce qu'il peut engendrer autant de jouissance sexuelle que le « point G » de la femme, situé le long de la paroi vaginale. (J'attire votre attention sur le fait que nous, les femmes, avons les deux parts du gâteau – le périnée et le point G. Nulle raison de nous plaindre !)

Son périnée s'étend du scrotum à l'anus. Toute cette zone est couverte de terminaisons nerveuses, elle est donc hautement érogène ; de plus, certains hommes ont sur le périnée une petite « fossette » bien distincte, d'environ 2 centimètres, qui correspond au « point G de l'homme ». Lorsque votre partenaire est en érection, vous pouvez parfois sentir la racine du pénis adjacente au scrotum. Prenez garde de ne pas exercer une trop forte pression à cet endroit, surtout en approchant de l'anus et du scrotum qui sont d'une extrême sensibilité. Allégez votre toucher s'il ne peut se détendre de crainte que vous ne pinciez ou n'égratigniez son scrotum. Un doux massage dans cette région peut être très jouissif ; certains hommes préfèrent qu'on exerce une pression sur le périnée, surtout à la racine du pénis en érection. Si l'idée de toucher son anus ou d'être caressée à l'anus vous désenchante, détendez-vous. Vous avez tout votre temps pour explorer ce corps avant d'en arriver à l'anus qui est, de toute façon, caché par les fessiers. Vous devez vraiment le chercher pour le trouver. Restez dans la région du scrotum et tout ira bien. Il en va de même si, à son tour, votre conjoint s'en tient aux parties environnant votre vulve.

Le pénis

Vous le savez déjà, le pénis est sa zone érogène par excellence. Et vous savez peut-être que la plupart des hommes désirent habituellement plus de fellations. Si l'idée même du sexe oral vous met très mal à l'aise, il serait étonnant que je puisse dire quoi que ce soit qui puisse changer cela. Mais si cette pratique sexuelle éveille votre curiosité et que vous ne l'avez encore jamais essayée, je vous encourage à le faire ; peut-être serez-vous étonnée de votre propre plaisir. Les femmes qui aiment donner une fellation disent être très excitées par le pouvoir qu'elles ont de donner tant de plaisir à leur partenaire, sans parler du plaisir qu'elles éprouvent à voir et à sentir cette jouissance dans le pénis en érection.

Si vous êtes à l'aise de faire une fellation de temps à autre ou si vous avez certaines réticences ou des sentiments contradictoires à cet égard, voici quelques suggestions qui vous permettront de jouir davantage de cette pratique sexuelle :

1. Une hygiène sans faille. Faites-lui une fellation pendant une douche commune ou juste après et dites-lui : « Comme tu goûtes bon et propre, j'adore cela. »
2. Soyez brève. Rien ne vous oblige à y passer la nuit. Et puis, il y a fort à parier qu'il préférera recevoir plus souvent une brève fellation qu'une longue fellation à de rares occasions. Intégrez la fellation à votre exploration de ses zones érogènes et mettez-y un terme au moment où cela *vous* convient.
3. Cessez avant qu'il n'éjacule. Bien des femmes éprouvent une vive aversion de l'éjaculation pendant une fellation.

> N'allez pas croire que la fellation est affaire de tout-ou-rien. Si vous prenez plaisir au sexe oral, mais que vous avez horreur qu'il éjacule dans votre bouche, il est parfaitement correct de vous arrêter et de lui demander de se retirer avant d'éjaculer. Il sera sûrement heureux de faire ce compromis. Ne dites pas: « Oh, non vraiment, cela me dégoûte. » Dites plutôt: « J'aime te faire des fellations et je suis disposée à t'en faire plus souvent si tu es d'accord pour que je m'arrête avant que tu n'éjacules. »

Que vous pratiquiez la fellation ou que vous caressiez son pénis avec vos mains, votre plaisir mutuel sera plus grand si vous vous attardez aux différences subtiles de vos deux corps. Vous pouvez rehausser la qualité de votre toucher en utilisant des lotions hypoallergènes, des huiles de massage ou des poudres; ainsi, vous modifiez grandement la sensation du toucher érotique et ajoutez de la variété. Enfin, rappelez-vous qu'en général les hommes préfèrent un toucher léger pendant les préliminaires qui va en s'affermissant de plus en plus au fur et à mesure que vos ébats amoureux progressent.

Plusieurs hommes sont circoncis. Si votre conjoint ne l'est pas, vous aurez accès à toutes les zones citées ici en repoussant le prépuce vers la base du pénis. Le frein est la partie la plus sensible du pénis; il s'agit d'une fine membrane en forme de Y située au bout du gland et qui mesure entre 0,5 et 1 centimètre. Cette membrane n'est plus apparente chez certains hommes circoncis, mais il arrive souvent qu'on puisse en déceler la présence entre le prépuce et le pénis. Touchez cette partie avec grande douceur en vous rappelant qu'elle est aussi sensible que votre région clitoridienne.

Le gland, qui est la tête du pénis, arrive au deuxième rang en termes de sensibilité. Une autre zone hautement érotique est la couronne qui se trouve à la base du gland. (Le frenulum, ou la membrane en forme de Y, se trouve au milieu de la couronne lorsque vous faites face au pénis en érection.). Vous pouvez caresser cette couronne en glissant votre langue tout autour, en dessinant le contour avec le bout de vos doigts, en encerclant le membre entre le pouce et l'index pour faire un mouvement de va-et-vient de haut en bas, entre la racine et la couronne du pénis. Comme la couronne et la partie du pénis qui se trouve sous l'enveloppe sont des zones très sensibles (en particulier la ligne centrale appelée « raphé »), bien des hommes préfèrent que leur partenaire place ses mains dans l'autre sens, autour de leur pénis, le pouce tourné vers le bas. En d'autres mots, votre pouce fait face à son nombril alors que vos jointures vous font face ; la stimulation se fait davantage par une pression venant de l'intérieur des jointures, dans un mouvement de va-et-vient le long du pénis.

Le scrotum

Le scrotum est l'enveloppe contenant les testicules. Soyez douce mais n'évitez pas cette zone très érogène. Passez vos ongles très légèrement sur la peau du scrotum. Roulez tout doucement chaque testicule entre vos doigts, avec légèreté, comme si vous teniez un œuf cru. Pendant la pénétration, vous pouvez vous pencher et prendre doucement un testicule ou le scrotum dans la paume de votre main. Si vous êtes à l'aise, vous pouvez prendre un de ses testicules dans votre bouche.

La cartographie érotique de la femme

Toutes les régions non génitales citées plus haut sont des zones érogènes, tant chez la femme que chez l'homme. En explorant de nouveaux touchers et de nouvelles zones érotiques sur le corps de votre partenaire, vous l'invitez indirectement à jouer à son tour au grand explorateur sur votre cartographie érotique. S'il ne capte pas votre message, rien ne vous empêche de le relancer : « Chéri, tu sembles vraiment aimer que je te touche ainsi. J'aimerais bien voir ce que je ressens lorsque tu m'en fais autant. »

Si vous n'avez jamais atteint l'orgasme

Si vous n'avez jamais atteint l'orgasme, ce livre n'a pas pour objectif de vous indiquer comment y parvenir. Il existe une panoplie d'ouvrages qui traitent précisément de ce sujet et je vous encourage à avoir comme priorité de vivre cette expérience de l'orgasme. Si vous n'êtes pas certaine d'avoir atteint l'orgasme, c'est que vous ne l'avez jamais atteint. Mais laissez-moi vous dire une chose. L'orgasme se résume à ceci : exercer le bon toucher au bon endroit.

Tous les ouvrages visant à vous aider à connaître l'orgasme vous diront invariablement la même chose, et c'est probablement ce que vous ne désirez surtout pas entendre : pour l'atteindre, vous devrez sans aucun doute explorer vous-même vos propres zones érogènes par la masturbation. Vous devez d'abord trouver votre zone érogène de prédilection pour aider votre partenaire à la découvrir.

L'autre moyen presque infaillible de parvenir à l'orgasme est d'utiliser un vibrateur. Si vous consentez à faire cette expérience, vous êtes pratiquement certaine de réussir (pour plus de détails sur les « jouets » érotiques, lisez la neuvième étape). En outre, il existe un tout nouveau traitement médical qui augmente vos chances d'atteindre l'orgasme, il s'agit de la « thérapie érotique » (décrite à la dixième étape).

La zone érogène par excellence : le clitoris

Dans l'encadré qui suit, les statistiques nous apportent une information essentielle : le clitoris est *la zone* par excellence pour atteindre l'orgasme. Le clitoris est le seul organe du corps humain qui existe dans le seul et unique but de nous donner du plaisir sexuel. Il compte autant de terminaisons nerveuses que le pénis, mais toutes sont concentrées dans ce minuscule point. Malheureusement, la pénétration est une voie bien détournée pour parvenir au clitoris. J'aimerais vous aider à bien comprendre que, sur le plan de l'anatomie féminine ou de votre cartographie sexuelle, la pénétration vaginale n'est pas la route qui mène au plus grand plaisir sexuel pour la majorité des femmes.

- Moins d'une femme sur trois atteint toujours l'orgasme avec un partenaire sexuel.
- Seulement 20 à 30 % des femmes peuvent atteindre l'orgasme lorsqu'il y a seulement pénétration (en général, les femmes qui atteignent régulièrement l'orgasme le font grâce à une stimulation buccale ou manuelle).
- Entre 8 et 10 % des femmes n'atteignent jamais ou presque jamais l'orgasme. Chez les femmes mariées, une sur quatre dit atteindre « parfois » l'orgasme ou encore jamais.
- De nombreuses femmes obtiennent des orgasmes de situations, c'est-à-dire pendant certains actes sexuels comme en recevant un cunnilingus (sexe oral) ou en se masturbant, mais jamais pendant d'autres pratiques sexuelles, dont la pénétration vaginale.
- Vous avez plus de chances d'atteindre toujours l'orgasme si vous êtes afro-américaine ou espagnole, d'une allégeance religieuse conservatrice ou si vous n'avez pas de diplôme universitaire. Mais tous ces facteurs sont bien secondaires lorsqu'on prend en considération que le facteur qui prédomine et qui vous assure d'atteindre régulièrement l'orgasme, c'est d'être un homme.

Voilà pourquoi la notion de « jeux préliminaires » est si insultante à l'égard du corps des femmes : préliminaires pour qui ? Cette vision des choses laisse entendre que les actes sexuels qui de toute évidence mèneront la femme à l'orgasme ne sont pas aussi importants que « le véritable acte sexuel » ou, si l'on veut, la pénétration. Bien des femmes croient que le sexe est monotone simplement parce qu'elles sont figées dans cette croyance voulant que la pénétration vaginale soit « la » grande affaire, le sommet du plaisir. Il peut être frustrant d'essayer d'atteindre l'orgasme pendant la pénétration ; nous pouvons facilement en conclure que notre incapacité dénote une faille ou une incompétence sexuelle.

Si vous cherchez à accroître votre plaisir, commencez par le clitoris. Si vous avez déjà fait cette découverte, cessez de vous blâmer simplement parce que la nature a choisi de placer ce petit point d'une incroyable sensibilité à l'*extérieur* de votre vagin. On sait que certaines femmes n'atteignent pas toujours l'orgasme pendant la pénétration, mais qu'elles y parviendraient si la pénétration se prolongeait un peu plus longtemps, tout simplement parce que le clitoris serait indirectement stimulé un peu plus longtemps. Les chercheurs et pionniers Masters et Johnson ont prouvé hors de tout doute que la femme prend en moyenne trois fois plus de temps que l'homme à atteindre l'orgasme. Si son partenaire parvenait à retarder son propre orgasme, certaines femmes auraient plus de chances de vivre l'orgasme pendant la pénétration.

Si vous élevez des enfants en ce XXIe siècle, vous vivez à une époque où nous avons réfuté (Masters et Johnson dans les années 1960) la théorie de Freud affirmant que l'orgasme clitoridien était inférieur à l'orgasme vaginal. Nombre de mères sont devenues actives sexuellement bien avant la découverte et la compréhension du fonctionnement du fameux point G (nommé ainsi en l'honneur de celui qui l'aurait découvert, le médecin allemand Grafenberg). Mais en vérité, encore aujourd'hui, tous les chercheurs ne sont pas du même avis et certains vont jusqu'à contester l'existence même de ce fameux point G. La controverse porte également sur un autre aspect, à savoir si l'orgasme lié au point G diffère réellement de l'orgasme clitoridien ou non. Mais laissons tomber toutes ces questions sur la qualité de l'orgasme (existe-t-il un mauvais orgasme ?) et gardez en tête que le point G est une source de plaisir sexuel hautement appréciée des femmes, controverse ou pas.

En général, on croit que le point G est une extension du clitoris qui se trouve à l'intérieur du vagin. Cet organe serait composé de tissus érectiles et serait d'une taille nettement supérieure à ce qu'on avait d'abord présumé. Ce que nous appelons communément le clitoris serait, en réalité, la tête ou le gland du clitoris. Cette petite masse de chair que nous appelons le clitoris serait comparable à la tête ou au gland du pénis, toute proportion gardée[20]. Peut-être avez-vous déjà découvert votre point G. Avez-vous remarqué pendant la pénétration que, lorsque votre partenaire adopte certaines positions, la tête de son pénis appuie sur une zone particulièrement érogène de votre paroi vaginale ? Si oui, vous y êtes, c'est votre point G. Ou encore, pendant une stimulation buccale ou manuelle de vos organes génitaux externes, lorsque votre partenaire insère un doigt dans votre vagin et pousse vers le haut dans la direction du ventre et qu'à cet instant, votre plaisir monte en flèche, sachez qu'il stimule votre point G. Pendant le cunnilingus, l'orgasme sera beaucoup plus rapide et intense chez certaines femmes si on exerce une pression sur leur point G. Essayez-le, dirigez le doigt de votre partenaire dans votre vagin pendant le cunnilingus.

Si vous n'êtes pas certaine de connaître l'emplacement de votre point G, c'est que vous ne l'avez probablement pas encore trouvé. Vous pouvez partir à sa conquête ou demander à votre partenaire de vous accompagner dans cette aventure exploratoire. Si vous le faites vous-même, videz d'abord votre vessie. Assise sur le siège de la toilette, insérez votre index dans le vagin et visez le centre de la paroi supérieure ou frontale, à une profondeur d'environ un demi-doigt. Bougez le doigt afin de trouver une matière spongieuse, de la taille d'un pois ou d'un dix cents, et qui est particulièrement sensible : vous y êtes. Cette zone devient extrêmement sensible pendant l'amour et votre partenaire aurait tout intérêt à la masser, pour votre plaisir mutuel.

Comme le clitoris s'étend au-delà du gland (vers le nombril) et qu'il se prolonge le long des parois vaginales et à l'intérieur du vagin, vous serez ravie de voir votre partenaire explorer à fond toute cette région de votre anatomie, pour votre plus grand plaisir. En fait, les Drs Marcia Douglass et Lisa Douglass ont inventé

20. Pour en apprendre davantage sur l'anatomie et la physiologie de l'homme et de la femme, je vous recommande l'ouvrage des Drs Jennifer Berman et Laura Berman, *For Women Only*, New York, Henry Holt and Company, 2000.

le terme « *cligeva*[21] » à partir d'un amalgame des mots clitoris, point G et vagin en anglais. La majorité des femmes affirment que leurs zones érogènes de prédilection sont, dans l'ordre : premièrement le clitoris, deuxièmement le point G et troisièmement le vagin. C'est le gros bon sens que de voir l'ensemble de ces trois points érotiques comme une seule zone érogène chez la femme, tout comme le pénis est perçu comme une seule zone érogène comportant ses différents points érotiques.

Chez certaines femmes, la région de l'urètre (l'ouverture du tube urinaire) est également très érotique. D'autres éprouvent un grand plaisir lorsqu'on touche le col de l'utérus soit avec le doigt, soit au moment d'une profonde pénétration vaginale. Mais d'autres encore ne sont à l'aise ni dans un cas ni dans l'autre.

Enfin, comme nous l'avons déjà mentionné, une femme sur cinq a fait l'expérience de la pénétration anale. En général, les avis ne sont pas partagés à ce sujet. En ce qui vous concerne, cette pratique sexuelle vous dégoûte ou alors elle éveille votre curiosité et peut-être même fait-elle déjà partie de votre vie sexuelle. L'anus est riche en terminaisons nerveuses et certaines mères – tout ce qu'il y a de bien – aiment beaucoup les caresses anales. Certaines y trouvent un plaisir érotique tout aussi intense que celui qu'elles éprouvent à la stimulation de leur clitoris ; elles profitent de cette zone additionnelle de plaisir et s'amusent à pourfendre un tabou de plus. Si vous désirez explorer cette nouvelle avenue, je vous suggère *The Ultimate Guide to Anal Sexe for Women* par Tristan Taormino (Cleiss Press, 1997).

Partez à l'aventure, non en voyage organisé

Vous partez à la découverte d'un nouveau pays, d'un nouveau territoire. N'oubliez pas de laisser tomber vos règles habituelles – ceci, ensuite cela, puis par ici et c'est fini ! – y compris la durée. Oubliez

21. Marcia Douglass et Lisa Douglass, *Are We Having Fun Yet? The Intelligent Woman's Guide to Sex*, New York, Hyperion, 1997.

toute notion de « préliminaires » et même l'idée d'un prétendu ordre des choses. Il n'y a pas de marche à suivre dans les jeux de l'amour. Interrompre une caresse et revenir au baiser. Interrompre la pénétration et revenir aux caresses mutuelles. Caresser sa nuque, aller à l'intérieur de sa cuisse, chercher ses orteils, puis l'embrasser. Et vive le coq-à-l'âne !

La pénétration et vos zones érogènes

Lors de la pénétration, certaines positions sont plus agréables que d'autres pour la majorité des femmes. Bien sûr, l'anatomie pelvienne n'est pas le seul facteur qui vous incite à aimer une position plus qu'une autre. Il faut tenir compte de votre plaisir à sentir le corps et la peau de l'autre contre vous, de l'état de votre dos ou du sien, de l'image qui se dégage de certaines positions, de l'importance que vous accordez au contact visuel avec le partenaire, des émotions que vous éprouvez devant des positions qui suggèrent l'agressivité ou la passivité.

Je suppose que la majorité de mes lectrices ont expérimenté ou découvert leurs sources de plus grand plaisir. La plupart des couples adoptent généralement quelques positions sexuelles, mais il est possible que vous soyez figée dans l'éternelle position du missionnaire ; si c'est le cas, vous avez tout à gagner à y mettre de la variété. Une autre mauvaise habitude est de laisser à votre conjoint le soin de toujours prendre les décisions. S'il adore une position que vous détestez, dites-le-lui. Si vous aimez une position qu'il néglige, prenez-en l'initiative.

Les possibilités sont infinies et je vous assure que vous en connaissez déjà tous les secrets. Voici quelques suggestions qui vous seront peut-être utiles.

La position du missionnaire (face à face complet, l'homme audessus). Vous pouvez accroître la stimulation du point G en renversant votre pelvis vers le haut. Il vous suffit d'installer un ou deux coussins sous votre fessier. Cette position classique peut vous apporter encore plus de plaisir à l'un et l'autre si vous serrez les fesses et le plancher pelvien (souvenez-vous des exercices de Kegel lors des cours prénatals). De plus, enlevez l'oreiller sous votre tête pour que votre dos soit bien droit contre le matelas. Une autre position est de vous faire face, mais cette fois tous deux allongés sur le côté (vos jambes entrelacées).

La femme sur le dessus (la position du missionnaire mais inversée, vos genoux sont pliés et supportent votre poids). Les femmes qui aiment le contact cervical apprécient particulièrement cette position. De plus, elle vous donne facilement accès au clitoris que vous ou votre partenaire pouvez masser pendant la pénétration, ce qui augmente vos chances d'atteindre un orgasme pendant le coït. (Je sais que certaines lectrices vont sursauter à l'idée de s'autostimuler pendant la pénétration. Toutefois, il est bon de savoir que bien des hommes affirment être très excités à la vue de la femme qui se masturbe et que cette pratique est fort répandue.) Certaines femmes sont trop conscientes du fait que leurs seins sont mous pour prendre plaisir à être sur le dessus. Votre conjoint ne le remarque même pas.

La position du missionnaire modifiée. Lorsque votre conjoint vous pénètre, vous êtes naturellement portée à ouvrir les jambes et à écarter les genoux pour qu'il puisse placer ses jambes entre les vôtres. Essayez ceci : dès qu'il vous aura pénétrée, allongez vos jambes, glissez-les sous les siennes et croisez vos chevilles. Ses jambes se retrouveront naturellement de chaque côté des vôtres, à l'extérieur. Cette position tire le pénis et l'amène à s'aligner directement avec le clitoris et le point G. Pour maximiser le contact entre le pénis et le clitoris, votre partenaire doit avancer légèrement son pelvis après la pénétration et faire un mouvement de va-et-vient. La racine du pénis devrait frotter contre votre clitoris. D'accord, j'ai menti. Voilà un secret bien gardé que je ne vous avais pas encore révélé. Maintenant vous savez tout. Essayez et vous adopterez !

Les cuillères (la femme regarde devant, l'homme est derrière elle et regarde devant). Vous êtes couchés tous les deux sur le côté, exactement dans la même position, regardant dans la même direction, son corps épousant le vôtre dans votre dos. Ou encore la femme est à genoux et prend appui sur ses deux mains pendant que l'homme la prend par les hanches ou le bas du dos. Pour plus de confort, placez plusieurs coussins sous votre abdomen et votre poitrine. L'homme pénètre le vagin par-derrière; pour certaines femmes, cette position permet une pénétration plus profonde et un contact avec la région cervicale. De plus, le clitoris est facilement accessible pendant cette pénétration. Mais certaines femmes n'aiment pas cette position que Shakespeare a décrite comme «la bête à deux dos» parce qu'elle ne permet pas la même intimité que le face-à-face ou encore parce qu'elle ne leur semble pas civilisée. N'acceptez pas d'adopter des positions sexuelles qui vous rendent mal à l'aise.

Allez-y, compliquez les choses

Surprenez votre partenaire, changez de position au beau milieu d'une pénétration. Le sexe n'en sera que plus intéressant. Dès que vous modifiez subtilement le contact entre vos corps, le cerveau est éveillé par cette nouveauté et soudain, un geste que vous avez répété une centaine de fois devient plus sensuel. En outre, les hommes aiment que les femmes prennent les commandes et changent de position; ce faisant, elles transmettent un message qui révèle leur intérêt et leur enthousiasme. Si vous n'aimez pas utiliser les mots pendant l'amour, utilisez le langage corporel; c'est un moyen direct et efficace de vous faire entendre. Et toute communication qui démontre votre participation active devient érotique.

Savourez tout ce qui est érotique

Lorsque nous sommes trop jeunes pour connaître nos corps, trop jeunes pour dire le fond de notre pensée, trop jeunes pour prendre des risques dans nos relations, nous sommes toutefois favorisés par le fait que le courant passe très fort, ce qui nous permet de faire l'amour avec toute la fougue et la maladresse propres à la jeunesse, sans même nous en rendre compte. Oui, c'était merveilleux le temps où avant même d'avoir franchi le seuil de la porte, nos vêtements s'étaient déjà envolés dans le feu de la passion qui nous dévorait et, non, cette fougue ne revient pas. Mais la bonne nouvelle, c'est que le sexe est à son meilleur avec quelqu'un en qui on a mis sa confiance. Nos corps biologiques sont parfaitement conçus pour vivre notre plaisir sexuel tout au long de notre vie si nous avons le courage de nous montrer vulnérables.

Vous *pouvez* vivre une sexualité plus aventureuse avec un conjoint en qui vous avez confiance. Introduire la nouveauté dans votre vie sexuelle et faire l'amour en toute conscience est une démarche et non une destination. C'est une approche qui s'échelonne sur toute une vie et qui s'adapte à tous les hauts et les bas d'une relation amoureuse : la naissance d'un autre enfant, le vieillissement, les maladies graves et même l'entretien de la maisonnée. C'est une approche qui demande de s'exercer, mais qui devient rapidement une seconde nature.

Cette approche amène un changement fondamental au sein du couple. Elle exige que les partenaires extirpent de leur esprit cette notion voulant que faire l'amour consiste principalement à faire pénétrer un pénis dans un vagin. Lorsqu'on s'engage à revitaliser sa sexualité, on doit porter une attention particulière à tout le potentiel érotique de son corps et décider en toute conscience de développer sa sensualité. C'est une démarche profondément naturelle dans le vrai sens du terme. Nous sommes bénis d'avoir un corps humain couvert de récepteurs sensoriels complexes, qui nous offre une gamme infinie de possibilités à explorer.

Affirmation

« Vivez en vous nourrissant de votre imaginaire,
non de votre histoire. »

STEPHEN CONVEY

TROISIÈME PHASE
Accueillir la sagesse d'autrui

Jusqu'à maintenant, nous avons entrepris de développer et de renforcer les ressources déjà existantes dans le cadre de votre relation de couple. Les dernières étapes vers votre plein épanouissement sexuel portent sur l'exploration de ressources extérieures et ont pour but de vous faire découvrir de nouveaux outils qui vous aideront peut-être à retrouver le chemin de la passion amoureuse.

Une sexualité vivante et vibrante n'a pas besoin d'une panoplie d'accessoires ou de jouets sexuels. Vous pouvez vivre une grande intimité sexuelle avec ou sans les produits et les ressources qui vous seront bientôt proposés. Une sexualité épanouie repose sur l'amour, la confiance, la spiritualité, la vulnérabilité, l'attention, l'enthousiasme, le partage et le respect. Tout ce qui fonctionne avec des piles est optionnel. Mais certaines femmes ont besoin d'une approbation pour se donner le droit d'explorer, d'autres ont besoin de conseils précis pour savoir choisir parmi tous les produits offerts sur le marché.

Au cours de la huitième étape, je vous suggère de prendre conseil auprès de femmes qui ont accepté de partager avec nous leur imaginaire sexuel. Ce sont des auteurs, des écrivains, des éditrices et des cinéastes qui ont publié des histoires, des romans, des œuvres littéraires et des vidéos que vous pourrez savourer dans l'intimité de votre chambre à coucher.

Je vous parlerai aussi d'entreprises qui mettent tout en œuvre pour que votre recherche de produits sensuels devienne une expérience tout aussi plaisante qu'une visite dans une boutique luxueuse et raffinée.

Dans les prochains chapitres, je vous présenterai des produits qui vont de l'érotisme le plus « doux » au plus « osé ». Faites votre choix en fonction de votre couple et de ce qui vous semble acceptable à l'un et à l'autre. Cette présentation ne couvre pas tout ce qui se fait sur le marché ; si vous découvrez une approche qui vous stimule vraiment, sachez que vous venez de trouver un filon intéressant. Continuez de creuser.

S'instruire entre femmes est une tradition vieille comme le monde.

Gardez l'esprit ouvert. Libre à vous de rejeter les idées qui ne vous conviennent pas ; mais avant de mettre de côté une nouvelle notion, essayez d'envisager toutes les possibilités.

Huitième étape

Mettez-vous en route vers le plein épanouissement sexuel

> « Bien des couples… veulent élargir leur horizon sexuel afin d'approfondir leur lien affectif, un peu comme on ajoute de nouvelles fleurs à notre jardin, non que nos fleurs habituelles nous ennuient, mais parce que nous cherchons simplement à combler notre désir de nouveauté. »
>
> Lonnie Garfield Barbach
> *The Erotic Edge : Erotica for Couples*

- À vous de choisir si vous désirez mettre du piquant dans votre vie sexuelle en y ajoutant un peu de fantaisie. Mais sachez qu'on peut innover et utiliser l'imaginaire érotique des femmes autrement que ce qu'on en fait traditionnellement.
- L'érotisme conçu pour et par les femmes est souvent dépourvu de toutes les connotations habituellement associées à la pornographie comme la domination, la violence sexuelle, les stéréotypes ethniques et l'exploitation sexuelle. Il existe une fiction érotique qui projette une image positive de la femme et qui fait appel à la profondeur, à la sensualité, à la dignité et à la maturité humaines.

- Les livres et les sites qu'on trouve sur Internet vous permettent d'avoir accès à des produits érotiques en toute intimité, dans le confort de votre foyer.

Ce chapitre ne s'adresse pas à tout le monde. Je vous invite à passer au chapitre suivant si vous avez la certitude absolue que jamais, au grand jamais, vous ne vous arrêterez pour feuilleter un ouvrage érotique ou pour expérimenter un objet de fantaisie érotique afin d'accroître votre libido.

Mais… si cette perspective fait jaillir la moindre étincelle dans vos yeux, si vous êtes le moindrement intriguée par de nouvelles approches alors, n'hésitez pas, lisez ce chapitre. Nos sœurs nous ont confectionné tout un univers d'érotisme qui ne demande qu'à servir aux autres femmes. Vous pouvez y puiser à volonté pour ajouter couleur et saveur à votre intimité sexuelle.

Je vous promets qu'il n'y aura pas de vêtements de cuir noir suggérant la domination. Croyez-moi. Mais rappelez-vous que ce qui est « un peu trop osé » aux yeux de l'une ne le sera pas assez aux yeux d'une autre. Tout est dans l'œil de celle qui regarde. Toutefois, je suis presque certaine que ce qui est proposé dans ce chapitre n'altère en rien mes titres de féministe, de médecin et de mère. Et pourtant, j'espère de tout cœur que ma propre mère et mes enfants ne liront jamais les deux prochains chapitres. Il s'agit d'un sujet si délicat et si intime. Il est rare qu'on s'aventure à ce point à le partager, si ce n'est avec un partenaire sexuel amoureusement engagé. Habituellement, nous gardons ce jardin secret… secret.

Nous éprouvons toujours un certain malaise devant quelque chose de nouveau. L'exploration sexuelle est une quête qui nous plonge au cœur de notre vulnérabilité. Nous avons peur de nos sensations, nous craignons le ridicule. Sachez que vous vous sentirez un peu maladroite au cours de votre exploration sexuelle. Mais ça ira. Et si, au cours de votre quête, vous tentez une expérience, mais n'aimez pas les sensations qu'elle vous procure, mettez-y un terme ou évitez cette pratique sexuelle. Vous recherchez le plaisir, non le désenchantement. En lisant ce chapitre, gardez en mémoire que c'est votre droit le plus absolu d'explorer votre monde sexuel, mais que rien ne vous y oblige.

Vous êtes passablement à l'aise devant l'éventualité de faire de nouvelles expériences ? Bien, mais sachez que vous aurez tout de même besoin d'information et de guides. Dans notre culture, les femmes – en particulier les mères – ne sont pas encouragées, ni implicitement ni explicitement, à discuter des aspects pratiques de la sexualité féminine. Ainsi, une étude a démontré que parmi toutes les femmes qui se présentent à leur examen médical six semaines après avoir accouché, moins d'une sur cinq a été informée par son médecin des changements ou des problèmes subséquents à l'accouchement. Ces chiffres ne sont-ils pas étonnants ? Des médecins spécialistes du « vagin » négligent d'informer des femmes qui sont, de toute évidence, actives sexuellement ! Est-il besoin d'ajouter que vous trouverez bien peu de chose à vous mettre sous la dent si vous cherchez des « conseils pratiques sur la sexualité des parents » ou « sur la sexualité de la mère » dans la section « parents » de votre librairie ?

Lorsque vous partirez à la recherche de matériel érotique conçu par et pour les femmes, vous serez peut-être choquée ou embarrassée à la vue de certains produits. Sur Internet, vous verrez sans doute défiler des sites présentant à profusion des photographies choquantes ou vous découvrirez qu'un site qui se dit « *soft* ou doux » et qui s'adresse aux gens « timides » est à vos yeux très offensant. Dans votre boutique érotique de quartier, vous chercherez nerveusement les produits de votre choix en fouillant parmi une panoplie d'accessoires sexuels.

Les femmes ont décidé qu'elles ne seraient mieux servies que par leurs propres sœurs. C'est précisément la voie que nous, les femmes, avons prise depuis une dizaine d'années en matière de produits érotiques. Bonne nouvelle : nous avons révolutionné le monde de l'érotisme grâce à des femmes écrivains, cinéastes et entrepreneurs, qui ont investi ce marché. Aujourd'hui, nous avons le choix, nous avons accès à des produits et à une littérature qui nous touchent tout en nous respectant. Mais il nous faut savoir où les trouver.

Rappelez-vous : la « normalité » est un vaste territoire

Je suis bien consciente qu'en faisant un choix de catégories, je prends le risque de définir ce qui est un érotisme « doux » ou « osé ». Mais chaque lectrice devra trouver sa propre zone de confort. Si, après la lecture de ce chapitre, vous constatez que pas une seule de mes suggestions ne semble vous attirer, n'allez surtout pas en conclure que vous êtes frigide ou réprimée. Et s'il n'y a rien dans ce chapitre que vous n'ayez déjà expérimenté ou du moins envisagé, n'allez surtout pas croire que vous êtes d'une trop grande témérité. Nous cherchons simplement ensemble des manières de nourrir votre créativité et votre imaginaire sexuel tout en respectant votre intégrité et votre authenticité. Ces catégories ne sont là que pour vous guider, pour vous permettre de choisir et de voir les possibilités qui s'offrent à vous. Enfin, si vous tentez de mettre en pratique certaines suggestions énoncées dans ce chapitre, mais que vous vous sentez ensuite embarrassée par cette expérience, j'espère que vous saurez faire la paix avec vous-même et accueillir avec compassion votre besoin d'explorer votre sexualité.

Les fantasmes sexuels

Tous les humains ont ou peuvent avoir des fantasmes sexuels. Si vous n'avez aucun fantasme sexuel, peut-être souffrez-vous d'un déséquilibre chimique causé par un manque de testostérone ou par des antidépresseurs. Ou encore vous combattez peut-être une idéologie puritaine qui vous a fait croire dans votre enfance qu'il est honteux de nourrir des fantasmes sexuels.

Mais en général, la raison en est plus simple encore. Nous avons ignoré nos fantasmes sexuels, nous les avons laissés en veilleuse pour nous consacrer entièrement à nos enfants. Pourtant, les fantasmes sexuels sont des phénomènes normaux, sains, énergisants.

Heureusement, certains parents utilisent leurs fantasmes comme des outils sexuels, avant et pendant l'amour, et ils en tirent bien des avantages. Ce faisant, ils profitent pleinement du peu de temps dont ils disposent pour leurs ébats amoureux et ajoutent un peu de piquant à leur vie sexuelle.

Il est faux de prétendre que « tous les fantasmes sont acceptables ». Ne vous obligez pas à explorer des avenues qui vous font violence sous prétexte que votre partenaire vous le demande, parfois avec insistance. Les fantasmes qui entraînent des résistances font souvent référence à des dysfonctionnements sexuels (le sexe obtenu par la force, la pédophilie, l'inceste) ou à une pratique sexuelle qui crée un malaise. Certains fantasmes peuvent être blessants lorsqu'on les révèle à son conjoint. Aucune épouse ne veut savoir que son partenaire fantasme sur une autre femme en lui faisant l'amour et ce, même si elle en fait autant de son côté. Finalement, je vous rappelle que toute bonne chose gagne à être consommée à petites doses. N'abusez pas d'un fantasme. Et s'il vous éloigne du moment présent, crée une distance ou n'est pas en accord avec votre choix fondamental de faire l'amour en toute conscience, laissez-le tomber.

Je vous invite à utiliser vos fantasmes de deux manières. D'abord, faites le choix délibéré de donner libre cours à vos fantasmes au moment où vous ne faites pas l'amour. Cette pratique est très efficace chez les femmes qui ne prennent jamais l'initiative des jeux de l'amour ou dont la libido est nettement moins active que celle de leur conjoint. Bien des femmes savent à quel moment leur conjoint cherchera à faire l'amour (par exemple, le samedi soir) et l'idée même de cette routine suffit à les refroidir. Si c'est votre cas, vous êtes la candidate idéale pour l'exercice qui suit : choisissez de vivre vos fantasmes sexuels à répétition pendant quelques instants, tout au long de la journée (par exemple, le samedi). Il est probable que vous ne feriez pas spontanément cet exercice ; mais, c'est un fait, vous avez maintenant le choix, vous pouvez éveiller votre libido à volonté en *décidant* délibérément de faire appel à vos fantasmes sexuels.

Vous pouvez également intégrer vos fantasmes à vos ébats amoureux avec votre partenaire. Utilisez-les à l'occasion. Comme nous l'avons mentionné, il est important de varier nos approches en matière de sexualité. Évitez la répétition ou l'emploi systématique de vos fantasmes pour vous exciter sexuellement. Renouvelez vos approches. Imaginez que votre conjoint vous caresse d'une manière qui vous fait toujours chavirer, alors qu'en réalité, ce qu'il fait à ce moment précis est plutôt inintéressant. Ou encore, mettez du piquant dans votre relation sexuelle en expérimentant les trois suggestions suivantes, qui se situent sur l'échelle de l'érotisme entre les catégories « doux » et « osé ».

Débutons par un érotisme « doux » : Imaginez que vous faites l'amour avec votre conjoint dans un *lieu différent*. Parmi les fantasmes les plus courants, on retrouve :

- à l'extérieur (à la plage, dans un parc, dans les bois) ;
- dans votre propre maison ou dans la maison de vos rêves (devant un feu de foyer, sur la table, sur le plancher de la cuisine, contre la porte) ;
- dans l'eau (dans un bain chaud, dans une piscine, sous la douche) ;
- dans un lieu parfaitement osé (votre bureau, son bureau, dans un grand magasin, entre les bancs d'une église) ;
- dans un lieu public comportant des risques d'être surpris par d'autres (dans un ascenseur, sur le balcon de la chambre d'hôtel, dans un avion, au cinéma).

Montons maintenant d'un cran sur l'échelle des fantasmes sexuels. Imaginez que vous faites l'amour avec *quelqu'un d'autre*. Bien des lectrices nourrissent sans doute déjà ce fantasme et, dans certains cas, avec un fort sentiment de culpabilité. Mais l'imaginaire n'a rien de réel, vous ne faites que semblant. Vivre ce fantasme ne veut pas dire que vous aurez bientôt une aventure extraconjugale ou que vous ne souhaitez pas faire l'amour avec votre partenaire.

Dans cette catégorie de fantasmes, les « emprunts » les plus populaires sont :

- vos anciens amants ;
- un homme en uniforme (un policier, un soldat, un pompier) ;
- un ouvrier ;
- votre patron, un collègue, un employé ;
- un médecin ;
- un homme d'église (oui, l'interdit est très érotique pour bien des gens) ;
- des comédiens ou des personnalités de la télévision ;
- des musiciens, des chanteurs ou des gens célèbres ;
- un partenaire d'une lenteur exquise, sensuel, patient, flâneur et dont le seul et unique désir est de vous procurer le plus grand des plaisirs sexuels.

Enfin, sur l'échelle des fantasmes se trouvent les plus « osés », ceux qui sont de l'ordre de l'impossible ou que vous n'oseriez jamais expérimenter. Ils s'inscrivent dans la catégorie de ces choses que vous n'avouerez jamais, même pour tout l'or du monde. Ce sont les fantasmes qui vous inquiètent ou qui vous portent à penser « décidément, je suis bizarre ». Mais en réalité, ces fantasmes sont fort répandus chez les femmes et n'ont rien de pathologique. Ne vous en faites pas si vous aimez fantasmer sur *des choses que jamais vous n'oseriez faire.* Si vous avez besoin d'idées, la table est mise :

- faire l'amour avec un pur étranger ;
- être observée pendant que vous faites l'amour ou regarder des gens pendant qu'ils font l'amour ;
- faire l'amour à trois (soit avec deux hommes ou avec un couple homme/femme) ;
- faire l'amour tout en jouant avec de la crème fouettée, de la sauce au chocolat ou tout autre aliment excitant ;
- dominer votre partenaire sexuel ;
- vous soumettre délibérément à votre partenaire sexuel ;
- enseigner l'art de l'amour à un jeune inexpérimenté dans la vingtaine ;

- faire l'amour dans un contexte historique romancé (sur le bateau d'un pirate, au temps de la colonisation, comme infirmière auprès de soldats blessés).

Voici une liste d'ouvrages traitant précisément du fantasme sexuel. Je vous recommande *Private Thoughts: Exploring the Power of Women's Sexual Fantasies* par Wendy Maltz et Suzie Boss (New World Library, 2001). Si vous n'avez jamais commandé un ouvrage sur Internet, celui-ci pourrait être votre premier achat. Les coûts de transport sont habituellement inexistants, car cet ouvrage est offert à rabais au départ. La transaction est confidentielle. Ni votre facteur, ni votre gardienne n'auront la moindre idée du contenu de cette enveloppe qui vous sera livrée chez vous, sous le sceau de l'anonymat. Magasiner sur Internet est très avantageux et, qui plus est, la plupart des sites vous feront ensuite des suggestions d'ouvrages qui s'apparentent à celui que vous aurez acheté. Si vous avez aimé un livre, vous pourrez facilement trouver des produits similaires. (Attention, amazon.com vous propose, à l'écran, des produits similaires à ceux que vous commandez. Cette pratique pourrait être gênante si cette offre vous est faite au moment où vous consultez le site, alors que vos enfants regardent par-dessus votre épaule pour connaître les dernières publications qui les concernent.)

L'auteur Nancy Friday a fait une compilation des fantasmes sexuels des femmes en 1973 et brisé les tabous en les publiant sous le titre *Mon jardin secret: une anthologie des fantasmes sexuels féminins*[22]. Certaines lectrices adorent son œuvre, d'autres n'apprécient guère son approche qu'elles jugent trop osée et où « tout est acceptable ». Avant d'acheter son livre, rendez-vous à www.barnesandnoble.com et faites-vous une opinion en lisant un chapitre publié sur Internet.

22. Nancy Friday, *Mon jardin secret: une anthologie des fantasmes sexuels féminins,* Montréal, Presses Sélect, 1976.

Intégrez vos fantasmes à vos jeux amoureux

Si vous avez la fibre créative pour élaborer des fantasmes sexuels, vous pouvez vous raconter des contes érotiques pendant vos jeux amoureux. Choisissez un thème, comme l'amour dans les bois, et racontez à votre partenaire une histoire juteuse. Si vous avez du mal à amorcer le récit, faites-le en deux temps. Lors d'une première rencontre, décrivez les lieux. Lors de la seconde rencontre sexuelle, décrivez la scène érotique en détail. Lors de votre première tentative, décrivez-lui un lieu romantique que vous avez déjà visité ensemble : « Tu te souviens de cette plage en Californie, où nous avons marché ensemble ? Je nous imagine sur cette plage, seuls, marchant main dans la main sous les rayons de lune. La plage est déserte et tu... ». Vous pouvez entrer dans les détails ou demeurer vague. Ce qui rend la chose vraiment sexy, c'est l'intention de raconter une histoire tout en faisant l'amour et l'excitation que cela provoque.

La littérature érotique

Soyez honnête. Si vous avez déjà lu un roman, vous avez lu un ouvrage érotique. Vous avez emprunté les fantasmes érotiques d'un autre, mais présentés sous forme de roman. Les femmes dépensent près d'un milliard de dollars par année pour se procurer des romans et, comme le dit la journaliste Donna Laframboise, « pour bien des femmes, les romans sont une version personnelle de *Penthouse*... ce qui importe vraiment, ce n'est pas tant que toutes les femmes soient sensibles à ce stimulus, l'important c'est que certaines le soient. Toute personne qui croit à l'autodétermination dc la femme doit reconnaître et respecter cette réalité. »

Le roman couvre toute une gamme de situations, en commençant par les histoires à l'eau de rose « nous étions faits pour nous rencontrer, c'était notre destin » jusqu'à l'histoire d'un enlèvement de jeunes filles par de riches et puissants guerriers qui les épouseront après les avoir dépucelées. Peu importent les situations, tous les romans sont empreints de sensualité et d'érotisme explicites. Si le roman excite vos sens, ne soyez pas embarrassée et laissez-vous porter par vos fantasmes. Et si vous n'avez encore jamais lu un roman, allez-y, essayez. Prenez les choses en main, retirez-vous dans votre chambre et, pendant votre lecture, laissez monter le feu ardent pendant que votre époux couche les enfants. Ne vous attendez pas à vivre quoi que ce soit qui s'approche un tant soit peu de la réalité: dans les romans, les orgasmes sont toujours simultanés, multiples, coïtaux; ils n'ont pratiquement rien à voir avec ce qui se passe réellement dans la chambre à coucher des couples.

Ces lectures ennuient certaines femmes qui trouvent le roman ridicule, gênant, non plausible, hautement répétitif et tout à fait prévisible. Ces femmes seraient sans doute d'excellentes candidates pour la littérature érotique. Parmi les romans très sexy, notons: *Stella,* de Terry McMillan, *Les épices de la passion,* de Laura Esquivel, *Liaisons étrangères,* de Alison Lurie, *Les ensorceleuses,* de Alice Hoffman, *Écrit sur le corps,* de Jeanette Winterson et *Mange-moi,* de Linda Jaivin (Broadway, 1997). Deux romans très sexy et écrits par des hommes méritent qu'on s'y attarde, ce sont *L'insoutenable légèreté de l'être,* de Milan Kundera et *Vox* de Nicholson Baker (voir la bibliographie à la fin de l'ouvrage).

Si on la compare à la littérature érotique, la fiction sexuelle romancée a plusieurs avantages appréciables. Vous pouvez en lire sur la plage ou dans le train sans craindre d'être suivie par quelque énergumène. Rien ne vous empêche d'acheter le prochain roman même si vous êtes en compagnie de vos enfants. Ces romans vous nourrissent l'esprit et la libido. Ils mettent en scène un érotisme « doux » et donc plus attrayant pour certaines femmes. Par contre, ce n'est pas le meilleur moyen pour vous de gagner du temps. La littérature érotique est plus rapide et va droit au but, un peu comme un petit verre de tequila vous fouette les sangs comparativement au sherry qui vous détend.

Si vous n'avez pas jeté le moindre coup d'œil à la littérature érotique depuis une dizaine d'années, une belle surprise vous attend. Ce n'est pas ce que vous croyez. Les choses ont bien changé depuis *Histoire d'O,* car à cette époque, le contenu demeurait le même, que l'auteur soit ou non une femme: c'était l'humiliation, l'esclavage sexuel, le viol et l'abus. Les femmes ont maintenant envahi le genre et se sont approprié le terrain, y introduisant ce que Simone de Beauvoir avait annoncé, soit « une forme particulière de notre cru... une sensualité, une sensibilité d'une nature particulière[23]. »

L'érotisme conçu par et pour les femmes est, par définition, plus « doux », moins phallocrate et place souvent les acteurs dans le contexte d'une relation aimante. Bien sûr, les femmes aiment et recherchent un vaste répertoire couvrant tous les thèmes sexuels ; je ne veux surtout pas vous donner l'impression que l'érotisme féminin est trop délicat. Le répertoire que je vous présente se place sur l'échelle de l'érotisme entre « doux » et « osé ». Certaines œuvres sont de véritables bijoux littéraires, d'autres non. De nombreuses collections de grande qualité attirent tant les lesbiennes que les hétérosexuelles, d'autres s'adressent surtout aux hétérosexuelles. Il est faux de croire que la littérature érotique féminine est exclusivement destinée aux lesbiennes, mais il est vrai qu'elle englobe toutes les orientations sexuelles. Certains de ces ouvrages nourrissent vos pires fantasmes de « mauvaise jeune fille », d'autres s'adressent à la « douce rebelle ». Il s'agit habituellement de courtes nouvelles et à l'instar de tout autre genre de publications, certaines vous plairont et d'autres non.

Grâce à la littérature érotique féminine, vous trouverez peut-être la voix qui saura vous toucher et vous parler de votre sexualité ; vous devrez ensuite chercher à l'intégrer dans votre relation de couple. Si vous consultez les sites Internet, vous découvrirez une panoplie de collections érotiques pour femmes que vous pourrez consulter en toute intimité pour cultiver votre propre érotisme. Rien ne vous oblige à révéler à votre conjoint quelles ont été vos activités pendant la sieste de bébé. Mais il est possible que vous vous sentiez à l'aise de lui en parler s'il sait que vous avez entrepris d'explorer ce filon. En fait, vous pourriez même intégrer à vos relations sexuelles la lecture de poèmes ou de contes érotiques.

23. Simone de Beauvoir, *Le deuxième sexe*, Paris, Folio, 1986.

Toutes les mères ont du mal à préserver leur vie privée, mais cet obstacle est facile à contourner. Gardez vos livres hors de la portée des enfants. Nous l'avons mentionné plus tôt, vous pouvez faire vos achats sur Internet[24]. Les cinq principales librairies francophones qui offrent des romans érotiques pour femmes sur Internet sont :

France : www.amazon.fr, www.fnac.com

Québec : www.archambault.ca, www.renaud-bray.com et www.amazon.ca

Pour satisfaire votre curiosité

Voici une liste d'ouvrages érotiques :

Françoise Allain *[et al.]. 2000 ans d'amour,* Paris, Éditions Blanche, 2000.

—. *Désirs de femmes,* Paris, Presse Pocket, 2001.

Françoise Allain-Sanquer. *La volupté,* Paris, Graffic-Bruno Leprince, 2002.

Monique Ayoun *[et al.]. Troubles de femmes : Nouvelles érotiques,* Paris, Spengler, 1994.

Jeanne de Berg *[et al.]. Passions de femmes,* Paris, Éditions Blanche, 1996.

Julie Bray. *Étreintes,* Montréal, Quebecor, 2003.

—. Paris, Presse Pocket, 2001.

Nouvelles érotiques de femmes, tomes 1 et 2, Montréal, Quebecor, 2000-2001.

Catherine Breillat. *Le livre du plaisir,* Paris, Le Livre de poche, 2001.

Marguerite Duras. *L'amant,* Paris, Éditions de Minuit, 1984.

Jean-Pierre Enard. *Contes à faire rougir les petits chaperons,* Paris, Gallimard, 1987.

24. Les librairies sur Internet vous offrent l'avantage de la confidentialité, mais aussi des commentaires de lectrices et de lecteurs, ce qui peut vous aider à mieux connaître le contenu des ouvrages avant de décider de les commander.

Série Histoires à faire rougir de Marie Gray:
Histoires à faire rougir, Laval, Guy Saint-Jean, 1994.
Nouvelles histoires à faire rougir, Laval, Guy Saint-Jean, 1996.
Histoires à faire rougir davantage, Laval, Guy Saint-Jean, 1998.
Rougir de plus belle, Laval, Guy Saint-Jean, 2000.
Rougir un peu, beaucoup, passionnément, Laval, Guy Saint-Jean, 2003.

Linda Jaivin. *Les envahisseuses,* Paris, J'ai lu, 2002.

Tobsha Learner. *Celle qui fut ligotée et oubliée et autres nouvelles érotiques,* Le Cercle poche, 2001.

Catherine Millet. *La vie sexuelle de Catherine M.,* Paris, Seuil, 2001.

Anaïs Nin. *Venus Erotica,* Paris, Livre de poche, 1969.

Pauline Réage. *Histoire d'O,* Paris, Livre de poche, 1954.

Françoise Rey. *La femme de papier,* Paris, Spengler, 1993.

—. *Nuits d'encre,* Laval, Guy Saint-Jean, 1994.

—. *Marcel facteur,* Laval, Guy Saint-Jean, 1995.

Alina Reyes. *Derrière la porte,* Paris, Presse Pocket, 1994.

Anne Rice. *Les infortunes de la Belle au bois dormant,* Paris, Laffont, 1997.

Jacques Serguine. *Cruelle Zélande,* Paris, France Loisirs, 1986.

Michèle Slung. *La main lente,* Paris, Albin Michel, 1995.

William St-Hilaire. *Au fond des choses,* Outremont, Lanctôt éditeur, 2002.

—. *Banquette, placard, comptoir et autres lieux,* Outremont, Lanctôt éditeur, 2002.

Paul Verguin. *Un beau soir sans pudeur,* Paris, Spengler, 1995.

—. *Un chouïa d'amour fou,* Paris, La Musardine, 2000.

—. *Un été indécent,* Paris, Presse Pocket, 1998.

Stephen Vizinczey. *Éloge de femmes mères,* Monaco, Éditions du Rocher, 2001.

Pour satisfaire une curiosité plus aventureuse

Certaines lectrices seront attirées par une littérature qui s'adresse aux gens de toutes orientations sexuelles et qui explore le vaste univers des fantasmes sexuels existant chez l'être humain. Si vous désirez vraiment faire le grand plongeon et ignorer votre grand censeur intérieur, vous ne serez pas déçue par les titres suivants :

The Best American Erotica 2001 publié par Susie Bright, New York, Touchstone Books, 2001.

The Erotic Edge : Erotica for Couples publié par Lonnie Garfield Barbach, New York, Plume, 1996.

Aqua Erotica : 18 Stories for a Steamy Bath publié par Mary Anne Mohanraj, New York, Three Rivers Press, 2000.

Par ailleurs, il existe trois collections d'ouvrages érotiques pour femmes qui se sont spécialisées dans un secteur donné.

Best Black Women's Erotica de Blanche Richardson, San Francisco, Cleis Press, 2000.

The Oy of Sex : Jewish Women Write Erotica publié par Marcy Sheiner, San Francisco, Cleis Press, 1999.

Zaftig : Well Rounded Erotica publié par Hanne Blank, San Francisco, Cleis Press, 2001, érotisme projetant une image positive de femmes bien enveloppées.

L'érotisme sur Internet

Internet offre une gamme infinie de produits érotiques.

Voici une liste de sites web érotiques en français :

www.revebebe.free.fr/
www.100senssurs.com/recits.shtml
www.netparadise.net/eroticstories_mainpages/pages/pages_fr.htm
www.aureliefr.com/histoireserotiques/indexhistoires.htm
www.delamour.com/
www.masturbation-passion.com/
www.auboudoirdemademoisellek.com
www.charmebooks.com

Lire des ouvrages érotiques sur Internet comporte certains avantages : c'est gratuit, c'est privé, vous n'avez besoin d'aucun fichier secret, on y trouve de tout, de l'érotisme le plus « doux » au plus « osé ». On y trouve de la poésie érotique, de la fiction, des photographies, des dessins et des vidéos.

Toutefois, les inconvénients sont importants. D'abord, les répertoires sont inexistants, vous devrez parcourir les sites vous-même. Ensuite, bien des sites érotiques vous bombarderont de bannières commerciales extrêmement choquantes qui tentent d'attirer les jeunes hommes. Par contre, Internet vous permettra de découvrir si vous aimez ou non la littérature érotique avant de décider de vous constituer une bibliothèque d'ouvrages érotiques.

Pour préserver la confidentialité de vos activités sur Internet, vous devez effacer l'historique des sites visités, sinon tous les usagers qui utiliseront l'ordinateur après vous pourront vous suivre à la trace, y compris votre génial petit ado. Bien des serveurs utilisent Microsoft Internet Explorer. Pour effacer votre historique, commencez par vous rendre sur un site neutre (par exemple, quittez le site érotique et rendez-vous sur un site de recettes de cuisine). Ensuite, dans la barre d'outils du haut, cliquez sur le bouton « voir ». Un menu apparaît. Cliquez sur « options Internet » qui se trouve habituellement à la fin de la liste du menu. Vous verrez apparaître trois icônes, dont « historique », et à sa droite le bouton « effacer l'historique ». Si vous cliquez sur ce bouton, on vous posera cette question : « effacer tous les items du fichier historique ? ». En répondant « oui », vous effacerez uniquement les sites que vous venez de visiter (sans modifier vos « favoris »).

Sur AOL 6.0, cliquez sur « *settings* » dans la barre d'outils. Allez à « préférences » et optez pour « barre d'outils » dans la colonne de gauche. Cliquez sur « effacer l'historique maintenant ». Quel que soit le serveur Internet que vous utilisez, vous pouvez vérifier si tout l'historique est effectivement effacé. Il vous suffit de cliquer sur la flèche tête baissée, à la droite de la barre de l'adresse du site. Vous ne devriez voir aucune adresse sous l'adresse que vous avez visitée à l'instant. Si vous avez du mal à effacer les adresses de vos sites visités, allez sur « aide » dans votre serveur et cherchez « effacer l'historique ».

En plus d'effacer l'historique de vos sites érotiques visités sur Internet, vous devrez vous assurer de ne pas vous retrouver avec un amas de courriels non désirés vous offrant des produits sexuels ou érotiques. Si vous vous retrouvez sur l'une de ces listes d'envoi, vous ne pourrez plus ouvrir votre boîte de courriels sans crainte et sans grincements de dents, surtout si quelqu'un vous observe par-dessus votre épaule. La plupart des ordinateurs acceptent ce qu'on appelle des « témoins », « *cookies* » en anglais (une filière qui ouvre la porte à des offres ultérieures par courriels et à l'entreposage de mots de passe), sauf si l'utilisateur leur demande de s'en abstenir.

Pour éviter de recevoir des témoins pendant vos visites sur des sites offrant des produits ou des ouvrages érotiques :

Internet Explorer 6.0: Cliquez sur « outils », puis sur « options Internet ».

Choisissez « privacy tab ». Sélectionnez « élevé ».

Internet Explorer 5.x (5.1, 5.2, etc.) : Cliquez sur « outils », puis sur « options Internet ». Choisissez « security tab ». Sélectionnez « élevé ».

AOL: Cliquez sur « settings », puis sur « préférences ». Cliquez sur « Internet Properties ». Choisissez « security tab ». Sélectionnez « élevé ».

Lorsque vous ne visiterez pas de sites érotiques mais naviguerez sur Internet, vous devrez revenir à un niveau de sécurité par défaut (moyen ou moyen élevé) pour pouvoir retrouver un peu de fluidité et d'efficacité sur Internet.

Lorsque vous êtes au bureau, n'allez jamais visiter ces sites érotiques sur Internet. N'y pensez même pas !

Voici quelques sites (en anglais) sur lesquels vous trouverez des fictions érotiques « de tous les genres » sans être bombardée par un nombre excessif de bannières commerciales en XXX :

www.cleansheets.com
www.scarletletters.com
www.erotica-readers.com
www.nerve.com

Si vous désirez avoir accès à des écrits érotiques sans être envahie par des publicités de sites pornos, il vous suffit de visiter des sites portant sur la sexualité et offrant des commentaires, des conseils et des récits. Je vous recommande les sites suivants:

www.salon.com/sex/index.html. Je ne taris pas d'éloges pour ce site. Lorsque vous serez à salon.com, cherchez les archives de Susie Bright et vérifiez les articles portant parfois sur la sexualité sous la rubrique «*Mothers Who Think*».

www.hipmama.com. Cliquez sur l'icône «*hip talk*» puis allez jusqu'au bulletin «*sex*».

www.goaskalice.columbia.edu/Cat6.htlm. Service conseil en santé de l'Université Columbia. S'adresse surtout aux étudiants universitaires, mais vous y trouverez des idées fort intéressantes.

Vous aimerez peut-être consulter les messages affichés sur le babillard par les visiteurs dans les sites pour femmes comme www.oxygen.com et www.ivillage.com. Vous devez comprendre que ces messages viennent d'on ne sait où et ne sont pas supervisés par un comité éditorial; aussi aurez-vous sans doute plus de plaisir à lire les écrits érotiques publiés par des femmes connues du public. Vous verrez peut-être votre libido faire un bond juste en affichant vos questions ou vos histoires érotiques sur le site.

Si vous vous découvrez une passion pour Internet et que vous désirez dénicher tous les produits érotiques qui y sont offerts, vous trouverez une liste de centaines de sites à visiter dans l'ouvrage de Anne Seman et Cathy Winks intitulé *The Woman's Guide to Sex on the Web* (HarperSanFrancisco, 1999).

Allez-y: prenez ce livre!

Les femmes qui écrivent des ouvrages érotiques s'adressent à une lectrice qui emprunte des romans et des contes érotiques pour les savourer dans le confort de sa chambre à coucher. Les

« histoires avant de s'endormir » existent bel et bien pour les grands comme pour les petits ; en fait, il y a un *énorme* marché pour ce genre de littérature. Comme le souligne Susie Bright, le genre érotique pour femmes « est sans doute le genre littéraire qui connaît la plus grande percée de tous les temps[25]. » Il faut dire que le marché d'une littérature érotique à la fois sensible, bien écrite et positive à l'égard des femmes a littéralement explosé au cours des années 1990, tout simplement parce que des femmes créatives et sexuellement épanouies ont découvert le besoin et le désir d'en profiter. C'est une voie ultrarapide vers une sexualité vivante et vibrante, une voie facile, sans effets secondaires, privée, peu coûteuse, sans gras ni calories. Vous pouvez l'utiliser en toute intimité ou en faisant l'amour avec votre partenaire. Avant de décider d'utiliser ou de laisser tomber la littérature érotique, faites-en l'essai et voyez si vous n'y trouvez pas quelques bienfaits.

Affirmation

> « Au jour du jugement dernier, toute personne
> sera appelée à rendre compte de toute chose permise
> qu'elle aurait pu savourer, mais qu'elle a laissé
> passer sans y goûter. »
>
> LE TALMUD

25. Susie Bright, éd., *The Best American Erotica 2001*, New York, Touchstone Books, 2001, p. 7.

Neuvième étape

Découvrez les boutiques érotiques

> « … prendre le pouvoir sur sa vie… c'est en partie grâce à ce mouvement si nous sommes parvenues à sortir les jouets sexuels des coins sombres des boutiques porno pour les intégrer à un nouveau monde fait de plaisirs sexuels sains. »
>
> Annie Auguste
> *This Toy Is Not a Toy*

- Vous pouvez enrichir votre vie sexuelle en explorant le monde des films érotiques conçus pour les femmes.
- Vous pouvez partager des jeux érotiques qui mettront du piquant à vos moments d'intimité.
- Pour certaines femmes, le vibrateur est un atout précieux qui leur permet d'expérimenter un plaisir sexuel d'une grande intensité.

Au cours de la première étape, je vous ai invitée à déposer votre petite monnaie dans un vase à la fin de la journée. Le moment est venu de commencer à dépenser vos économies.

Le matériel visuel érotique

On dit souvent que les stimulations visuelles sont particulièrement excitantes aux yeux des hommes, comme en témoignent d'ailleurs le marché des magazines de nus et les films pornographiques. En contrepartie, les femmes sont plus sensibles aux stimulations tactiles et sonores. Par ailleurs, certaines femmes aiment se nourrir d'images sexuelles explicites sans toutefois apprécier les traditionnels films et vidéos « pour adultes seulement », comme ceux que nous pouvons louer dans les hôtels.

Cependant, la plupart d'entre nous aimons nous perdre dans un bon film « romantique ». Aussi, il est tout à fait convenable de vous plonger dans un film sexy pour éveiller votre libido. Quoi de plus érotique que de regarder un film relatant une brûlante histoire d'amour dans le but avoué de vous préparer à faire l'amour dans la soirée. Vos sens seront en éveil avec des titres comme *Bull Durham, Le patient anglais, Like Water for Chocolate* et *Shakespeare et Juliette.* Pour faire monter la chaleur d'un cran, essayez *Neuf semaines et demie, Kama Sutra* ou une histoire d'amour sexy comme seuls les cinéastes français savent en produire.

En outre, on vient de voir apparaître sur le marché une nouvelle catégorie de films pour adultes spécialement conçus pour les femmes. Ils sont très explicites, sexuels (même ceux qui ont un bon scénario) et n'ont qu'un but, le plaisir sexuel. Contrairement à la littérature érotique pour femmes qui poursuit tout de même un but partiellement intellectuel, les films érotiques pour femmes n'ont aucune valeur artistique, mais ils défendent une vision, celle d'un érotisme sans « *meneuses de claque* » aux fausses et opulentes poitrines.

Les femmes qui ont déjà regardé à contrecœur des films « pour adultes seulement » avec leur conjoint seront sûrement agréablement surprises de ces solutions de rechange que sont les films érotiques conçus pour les femmes. Encore une fois, n'acceptez jamais de vous prêter à des gestes sexuels que vous désapprouvez dans le seul but de plaire à votre conjoint, mais voyez si vous êtes disposée à tenter l'expérience qui suit.

Choisissez un film. Vous pouvez opter pour une vidéo traditionnelle de type porno comme à l'hôtel, louer une vidéo sexy ou acheter un film érotique conçu pour les femmes. Utilisez ce film ou cette vidéo à la manière d'un livre érotique : regardez-le seule ou en compagnie de votre partenaire. Ce dernier sera ravi de s'occuper de mettre les enfants au lit, surtout s'il sait que pendant ce temps vous vous délectez derrière la porte close de votre chambre à coucher, à regarder un film sexy tout en anticipant le moment où vous ferez bientôt l'amour. Votre conjoint s'acquittera joyeusement de sa tâche et tout le monde y gagnera.

Nous savons pourquoi les hôtels louent des vidéos : pour que les hommes puissent les regarder tout en se masturbant. Vous pouvez en faire autant, si vous le désirez. Plus de sexe mène à encore plus de sexe ; la connaissance de soi et de son propre corps conduit à une sexualité plus satisfaisante. Le fait de vous masturber tout en regardant un film érotique vous procurera une détente et un bien-être physique certains ; comme vous serez plus détendue, le désir sexuel pourra prendre une plus grande place dans votre vie. Votre sexualité à tous deux ne s'en portera que mieux.

Nous, les femmes, utilisons les films érotiques différemment des hommes. Nous préférons les intégrer à nos ébats amoureux en couple. Mais pour les parents, le défi est de trouver les occasions qui se prêtent à ce genre d'activité. S'il y a une chose au monde que nous voulons à tout prix éviter, c'est de voir nos enfants découvrir un jour que nous aimons regarder des films érotiques. Par conséquent, il nous faut planifier. Lorsque les films nous appartiennent, nous pouvons les ranger sous clé et les sortir de leur cachette le moment venu.

Voici d'autres occasions de choix : une nuit en amoureux dans une petite auberge offrant chambre avec magnétoscope ; un rendez-vous galant à midi lorsque les enfants prennent leur repas à l'école ; une soirée en tête-à-tête se présentant fortuitement, alors que tous les enfants sont invités à passer la nuit ailleurs ; immédiatement après avoir déposé votre enfant chez le voisin pour l'anniversaire d'un petit copain ; et pour les pauvres pécheurs, lorsque mamie emmène toute la maisonnée faire des courses.

Pourquoi les films érotiques plaisent-ils à certaines femmes ? À cause du voyeurisme d'abord : bien des fantasmes sexuels et des écrits érotiques s'articulent autour de ce plaisir interdit, celui de voyeur sexuel. Et aussi par grivoiserie, parce que c'est irrévérencieux, ce qui est en soi très sexy. De plus, si le côté visuel excite peu les femmes, elles sont passablement sensibles aux effets sonores ; il est donc tout indiqué de laisser le film tourner, le fond sonore pouvant accroître votre plaisir sexuel pendant vos ébats amoureux.

À mon avis, ce qui excite vraiment le couple dans cette situation, c'est qu'il faut une bonne dose de confiance mutuelle et une grande capacité à partager sa vulnérabilité pour oser vivre ensemble une expérience sexuelle audacieuse. Ce qui marque cette expérience d'une telle sensualité, c'est le fait d'être un couple engagé. Voilà ce qui fait toute la différence entre faire l'amour et s'accoupler.

Êtes-vous convaincue ? Désirez-vous tenter l'expérience ? Si oui, faites votre premier essai avec une vidéo de la cinéaste Candida Royalle, qui est à la tête de *Femme Productions,* une maison qui s'est engagée à « donner aux films érotiques une voix de femme et à explorer les avenues que nous désirons visiter, nous les femmes ». Ainsi, Royalle a déclaré que *Christine's Secret* était une production prônant l'égalité des sexes : la femme atteint l'orgasme aussi souvent que l'homme, le sexe oral est pratiqué tant par l'homme que par la femme. Après l'amour, les deux partenaires rient ensemble et se cajolent. De plus, dans une des scènes, on voit un couple marié depuis bien des années s'aimer avec passion.

Les vidéos produites par Royalle (et le DVD, qui permet de revenir facilement sur les scènes précédentes) sont disponibles sur son site Internet (à meilleur prix qu'ailleurs), soit le www.royalle.com.html ou encore par commande téléphonique en composant le 1-800-456-5683. En outre, on peut se procurer plusieurs de ses films sur le site de *Good Vibrations* (voir les détails plus loin).

La cinéaste Veronica Hart a une approche bien différente : elle affirme faire des films de sexe « ultra-explicites ». Son film *Love's Passion* est un grand succès de la maison de production *Good Vibes.* Le scénario met en scène une romance sexuelle dans un contexte de guerre civile. Qui plus est, le personnage de « l'escorte que l'on paie » est un homme, ces messieurs ne répugnent pas à porter le condom et les femmes aiment le sexe qui, rappelons-le, n'est jamais forcé. Autrement, ce film est très comparable aux films pornographiques faits par les hommes. Les images sont si explicites qu'elles sont presque gynécologiques. Certaines personnes seront désenchantées par le sexe à trois, le sexe anal et les poitrines opulentes qu'on y voit. D'autres en seront doublement excitées.

Vous pouvez vous procurer ce film et d'autres films de Veronica Hart sur le site *Good Vibrations* tenu par des femmes (www.goodvibes.com); vous y trouverez également toute une collection de vidéos érotiques, de DVD et un guide d'achat. La plupart des DVD présentent des produits additionnels. Ainsi, le DVD de *Love's Passion* offre une piste sonore offrant les commentaires de Veronica Hart et de Juli Ashton, qui tient le rôle principal. Vous serez peut-être plus excitée par ce dialogue entre amies sur la pornographie que par la trame sonore originale du film.

Vous pouvez commander un catalogue de *Good Vibrations* en composant le 1-800-289-8423 (prenez note que vous recevrez régulièrement leur catalogue par la poste par la suite). Ces documents sont postés dans des emballages discrets, mais assurez-vous de ne pas les ouvrir en présence de vos enfants.

Comme les vidéos se vendent entre 30 $ et 50 $ US, il est important d'avoir une bonne idée du produit avant de l'acheter. C'est une somme importante pour une simple expérience, j'en conviens, mais rappelez-vous que si cette démarche donne de bons résultats, vous aurez fait un bon investissement comparativement à l'achat d'une bouteille de vin. *Good Vibrations* (sur Internet et dans son catalogue) divise ses produits en 11 catégories, y compris « pour femmes », « bonne intrigue », « multiculturel » ; en outre, on spécifie l'orientation hétérosexuelle, gaie ou lesbienne du thème traité.

Jouez prudemment

Les parents ont absolument besoin d'un lieu ou d'un espace de rangement parfaitement confidentiel, muni d'une serrure ou d'un verrou. Il peut s'agir d'une boîte à outils, d'un classeur, d'un pupitre, d'un panier scellé sous clé et qu'on peut glisser dans un placard, sous le lit, etc. La clé doit être rangée sur le porte-clés de chacun des parents (ne sous-estimez pas la curiosité et la créativité de vos ados). Si vous ne pouvez ranger ces films sous clé et dans un endroit inaccessible que vous savez à toute épreuve des regards indiscrets, vous ne vous sentirez jamais parfaitement à l'aise et capable d'explorer ces nouvelles avenues.

Les jeux érotiques et l'esprit ludique

Dans une certaine mesure, les jeux sexuels sont le revers de la médaille de ce que nous avons appelé « l'amour en toute conscience », lorsque les partenaires se concentrent sur l'instant présent et restent ouverts à la spontanéité du moment. Les jeux sexuels sont par définition prémédités, structurés en tout ou en partie, intentionnels. Certains de ces jeux peuvent remplacer les ébats sexuels des parents lorsque ceux-ci disposent de très peu de temps. D'autres ne pourront s'exécuter qu'à certaines occasions, lorsque le couple disposera de beaucoup de temps et d'un lieu privé, deux denrées rares pour plusieurs d'entre nous. Le soir, lorsque le couple est un peu trop fatigué pour faire l'amour, ces jeux érotiques offrent une belle occasion de terminer la journée et de s'amuser pendant dix ou quinze minutes, avant de s'endormir.

Vous aimerez peut-être ce jeu érotique des plus populaires qui consiste à se bander les yeux. Vous pouvez simplement vous munir d'une écharpe ou promettre de garder les yeux fermés afin d'explorer le monde des sens. Pourquoi ce jeu est-il si érotique ? Parce que le sens du toucher est décuplé lorsque le sens de la vue est mis en veilleuse ; en outre, c'est également très érotique d'agir intentionnellement, de briser les conventions, de se placer dans une situation de vulnérabilité ou de contrôle. Laissez-vous simplement guider par votre instinct et explorez le corps de votre amoureux en vous servant du vôtre.

Vous pouvez ajouter une version structurée à ce jeu en lui demandant de deviner avec quel objet vous le touchez (essayez du coton ouaté, une plume, un tissu doux passé sous l'eau chaude, une légère caresse avec une brosse ou tout autre objet, soyez créative !). Épelez un mot sur sa poitrine en utilisant votre doigt ou un coton-tige. Si vous disposez de très peu de temps, rappelez-vous que vous pouvez vous amuser de la sorte sans en venir à la pénétration. Pendant quelques jours, prenez les commandes des jeux érotiques du soir, à tour de rôle. C'est un excellent moyen de maintenir votre intimité sexuelle en attendant de refaire l'amour dans quelques jours.

Voici un autre jeu amusant. Prétendez que vous êtes deux ados et que vous cherchez par tous les moyens à faire l'amour en cachette de vos parents. Il ne vous en coûtera presque rien, si ce n'est les services d'une gardienne. Puisez dans vos souvenirs. Que faisiez-vous à l'époque où la maison était le seul endroit au monde où vous ne pouviez vous laisser aller à vos jeux interdits avec votre petit copain ? Vous avez trouvé ? Alors, allez-y, faites-le de nouveau. Vous passerez peut-être quelques heures sur la banquette arrière de votre voiture ou dans une chambre de motel comme jadis. Plutôt que de vous plaindre de ne jamais avoir l'occasion de faire l'amour, voyez les choses autrement, laissez-vous prendre au jeu – aphrodisiaque – de vous aimer tous les deux en cachette.

Allons maintenant magasiner dans un endroit que vous connaissez bien : le marché d'alimentation. Faire l'amour en utilisant certains aliments est un fantasme très répandu. Vous devrez sans doute amener les enfants chez mamie pour la nuit. Mais tous n'y verront que du feu, même la caissière ne sourcillera pas lorsque vous lui présenterez vos achats : une bouteille de champagne et beaucoup de sauce au chocolat. Ou essayez le maïs soufflé : placez un grain de maïs soufflé sur une partie intéressante de l'anatomie de votre partenaire puis mordillez dedans, sans le faire tomber. Si vos enfants découvrent du maïs sous vos draps, ils ne broncheront pas. Mais pour la sauce au chocolat et la crème fouettée, il vaudra sans doute mieux remettre les contenants au réfrigérateur !

Mariez le goût et le toucher. Apportez une sucette glacée dans votre chambre. Amusez-vous à réchauffer ces parties du corps que vous venez tout juste de refroidir. Je vous recommande de ne pas introduire de nourriture dans votre vagin, car vous pourriez augmenter les risques d'infection vaginale. Si vous le faites ou si vous approchez la nourriture des parties génitales (urètre ou canal de l'urètre) d'un des partenaires, assurez-vous d'uriner immédiatement après.

Un autre jeu érotique permet d'expérimenter à la fois plusieurs fantasmes, soit le voyeurisme, l'exhibitionnisme et la vulnérabilité : il s'agit de prendre des photos pendant que vous faites l'amour. Procurez-vous un appareil Polaroid (20 $US) jetable. Pour commencer, prenez l'engagement de détruire les photos immédiatement (ou conservez-les uniquement si c'est votre désir à *tous les deux* et si vous avez un lieu pour les ranger qui soit absolument hors de la portée des enfants, du genre à rivaliser avec un coffre-fort digne de ce nom). Le but de ce jeu est le plaisir érotique qu'il vous procure pendant l'amour ; il suffit de peu pour en détruire les preuves : une allumette ou des ciseaux et une chasse d'eau suffisent. Ne courez pas le moindre risque, aussi infime soit-il, de voir ces photos tomber entre les mains de vos enfants. Évitez à tout prix de devoir avoir une conversation à ce sujet un jour avec vos enfants.

Vous êtes intéressée, vous aimeriez tenter ces expériences, mais vous êtes trop intimidée pour en parler avec votre conjoint ? Essayez de tâter le terrain en douce. Vous pouvez étudier sa réaction en lui présentant la chose par la bande, en lui disant que vous êtes tombée par hasard sur un article qui raconte que… Par exemple, s'il sait que vous lisez ce livre, montrez-lui cette page et ouvrez la discussion d'un ton neutre : « Que penses-tu de cette suggestion du Dr Raskin ? »

Vous trouverez des jeux dans les catalogues et sur Internet (voir la liste fournie pour l'achat d'un vibrateur). On y annonce toute une gamme de jeux de dés que vous pourriez fabriquer vous-même, avec un peu d'imagination, du papier, un crayon et un jeu de dés ordinaire. Ajoutez un dé qui décrit les parties du corps (vous pouvez être précise ou vague, à vous de décider : « au-dessus de la taille » est suffisant), des verbes érotiques (« caresser », « goûter », « réchauffer »). Lancez les dés et jouez. D'autres jeux fort populaires existent comme la peinture comestible qu'on applique avec les doigts sur le corps de l'autre, les poudres corporelles à diverses saveurs (par exemple, de la « poudre de miel »).

Donnez libre cours à votre créativité. Vos fantasmes sexuels sont uniques ; vous aurez des idées très personnelles sur l'art de faire souffler un vent de nouveauté et de variété sur votre vie sexuelle. Et qui sait, peut-être votre conjoint vous étonnera-t-il par son originalité s'il n'attend que votre permission pour explorer. Pour nourrir votre imagination, procurez-vous l'ouvrage de Joan Elisabeth Lloyd intitulé *52 façons d'enflammer votre samedi soir*, Les Presses Libres, 2003.

Le vibrateur

Si vous n'avez jamais fait l'essai d'un vibrateur, songez-y. Les femmes hésitent à faire l'achat d'un vibrateur pour trois raisons majeures. D'abord, elles ont le sentiment que ce n'est pas « naturel » ou que « cela n'est pas nécessaire ». Il est vrai que ce n'est ni naturel ni nécessaire, pas plus d'ailleurs qu'un dîner aux chandelles, des talons aiguilles ou une fine lingerie. Un vibrateur a l'avantage d'augmenter considérablement vos possibilités d'atteindre l'orgasme ou d'obtenir un orgasme d'une très grande intensité. Lorsque le sexe vous procure encore plus de plaisirs charnels, vous en voulez toujours davantage. Quel excellent moyen d'accroître votre libido que celui d'intensifier votre plaisir ! Ne croyez-vous pas que les hommes seraient moins intéressés par le sexe s'ils avaient plus de mal à atteindre l'orgasme ?

Le vibrateur est le traitement le plus répandu pour les femmes qui sont incapables d'atteindre l'orgasme. Pourquoi ? Parce que ça fonctionne[26] !

La deuxième chose qui inquiète les femmes, surtout celles qui ont utilisé un vibrateur pendant une période de célibat ou en l'absence prolongée d'un partenaire sexuel dans leur vie, c'est de développer une « dépendance ». Selon elles, il est si facile d'avoir un orgasme avec le vibrateur qu'elles craignent de ne plus pouvoir jouir sans l'utiliser. Presque tous les ouvrages traitant de sexualité féminine prétendent le contraire et pourtant, je crois qu'il y a un peu de vrai dans cette affirmation. Vous ne développerez pas une dépendance dans le vrai sens du terme. Vous n'abandonnerez pas votre emploi ou votre cours d'ébénisterie parce que vous ne pouvez plus vous passer de votre vibrateur et des jouissances qu'il vous procure dans votre chambre à coucher. Toutefois, certaines femmes ont noté que depuis qu'elles obtiennent des orgasmes d'une telle intensité à l'aide du vibrateur, elles sont devenues temporairement réfractaires (physiquement insensibles) à obtenir d'autres orgasmes, sauf si la stimulation physique est d'une extrême intensité, à la manière d'un vibrateur. Mais ce problème ne se posera pas si la femme dispose de plusieurs jours ou d'une semaine entre les moments où elle fait l'amour. Vous n'aurez jamais de problème si vous l'utilisez seulement par intermittence.

Si vous découvrez que vous optez toujours pour un orgasme hautement prévisible et très intense, cette situation n'a rien d'une dépendance, c'est un choix sexuel. Certaines femmes parfaitement normales utilisent le vibrateur chaque fois qu'elles font l'amour ; elles affirment que leurs relations sexuelles sont plus satisfaisan-

---

26. Fait intéressant, les médecins utilisaient le vibrateur comme traitement médical de « l'hystérie féminine » dès les années 1800. Avant cette époque, les sages-femmes recommandaient l'orgasme qui, selon elles, favorisait la fertilité. Pour connaître la fascinante histoire du vibrateur, lisez l'ouvrage de Rachel. P. Maines, *The Technology of Orgasm : Hysteria, the Vibrator and Women's Sexual Satisfaction*, Baltimore, Johns Hopkins University Press, 2001.

tes, car les deux partenaires sont libérés de la pression provenant du doute « pourra-t-elle, oui ou non, atteindre l'orgasme[27] ? » Certaines femmes se sentent très libres d'utiliser l'appareil en alternance et obtiennent un orgasme avec ou sans vibrateur ; toutefois, il est possible que ces femmes aient au départ une grande facilité à atteindre l'orgasme. Quoi qu'il en soit, si vous n'aimez pas les effets que l'emploi du vibrateur semble avoir sur vos rapports sexuels et que vous craignez de développer une « dépendance », cessez tout simplement de l'utiliser et votre corps retrouvera rapidement sa sensibilité d'antan, avant l'emploi du vibrateur. La réaction sexuelle réfractaire n'est jamais « permanente ».

Troisièmement, les femmes hésitent à se procurer un vibrateur parce qu'elles sont mal à l'aise d'acheter et de posséder cet objet. Toutes les mères devraient avoir un espace privé et verrouillé pour y entreposer toute chose qu'elles désirent garder hors de la vue des enfants. Posséder un vibrateur est du domaine privé. On peut se procurer des appareils pour massage corporel et non sexuel dans les pharmacies et les grands magasins : ils sont conçus pour vous détendre, soulager les douleurs musculaires, traiter les blessures sportives. Mais ils peuvent également être utilisés pour votre plaisir sexuel. Bien entendu, si vous vous présentez à la caisse avec un vibrateur, des condoms et de l'huile à massage, il est probable que la caissière vous jettera un œil inquisiteur. Mais si vous ajoutez quelques couches, des diachylons avec des dessins d'animaux et d'autres babioles pour enfants, vous pouvez compter sur le préjugé « une-maman-ne-fait-jamais-ça » pour passer vos achats en douce, sans éveiller le moindre soupçon.

27. Le vibrateur est le premier traitement que je suggère à mes patientes qui prennent des antidépresseurs tuant la libido ; ces médicaments font augmenter le taux de sérotonine, provoquant une chute importante de la sensibilité et de la réaction sexuelles. Le vibrateur est également très efficace pour les femmes qui ne prennent pas de thérapie de remplacement des hormones pour la ménopause ou pour celles qui consomment des hormones sans voir d'amélioration de leur libido.

Mieux encore, il est maintenant extrêmement facile d'acheter un vibrateur dans la plus stricte intimité de votre foyer grâce à Internet. Vous pouvez faire votre achat en ligne en passant par le site d'une pharmacie ou d'un site érotique tenu par des femmes. Les emballages postaux sont discrets mais, si vos enfants sont comme les miens, ils vous demanderont « qu'est-ce qu'il y a dans la boîte, maman ? », dans l'espoir que ce soit pour eux. Soyez prête à répondre stoïquement à cette question. Le prix varie entre 10 et 100 $ US, mais vous paierez en moyenne 20 à 30 $ US. Ils sont offerts dans toute une gamme de couleurs, de dimensions, de formes et de textures. Voici trois sites où vous pouvez vous procurer des vibrateurs en ligne ou en composant un numéro sans frais 1-800 :

Toys in Babeland, wwwbabeland.com, 1-800-658-9119
Good Vibrations, www.goodvibes.com, 1-800-289-8423
Eve's Garden, www.evesgarden.com, 1-800-8848-3837

Candida Royalle offre également sa propre gamme de produits et de vibrateurs, *Natural Contours,* à www.royalle.com.html, 1-800-456-5683. En outre, vous trouverez des appareils de « massage personnel » que vous pourriez offrir à votre grand-mère pour soigner son arthrite à www.drugstore.com, le magasin en ligne de Kmart's, ou encore à www.bluelight.com ou à www.sharperimage.com.

Comment choisir un vibrateur ? Pour commencer, je dois vous avertir que tous les sites érotiques cités plus haut, et même ceux que détiennent des femmes, risquent d'offusquer certaines personnes. Ils sont explicites, on y trouve des photos et des dessins des produits qu'on y vend pour un très large public cible (vous pouvez acheter des menottes, des godemichés munis de néon et des pinces pour les mamelons). Pour d'autres, ces sites seront aussi excitants qu'un très bon film ou un conte érotique et elles prendront plaisir à jeter un coup d'œil à tous les catalogues en ligne qu'elles pourront trouver. Vous remarquerez sans doute que la majorité des vibrateurs ont la forme de phallus souvent étranges. Certains arborent la forme d'un pénis on ne peut plus réaliste, plusieurs se présentent dans des couleurs et des tailles que vous ne retrouverez jamais dans la nature humaine.

Si vous rêvez d'un énorme phallus bleu néon et fonctionnant avec des piles, vous pouvez vous le procurer. Pour ma part, je vais tenter de vous présenter des choix d'objets érotiques qui ne vous sembleront pas trop « tordus ». Vous devrez fixer votre choix en fonction du prix que vous désirez payer pour un vibrateur, mais également de votre préférence entre un appareil fonctionnant avec des piles ou à l'électricité. Ces derniers sont plus puissants et souvent plus silencieux, mais moins souples que les vibrateurs à piles. Les vibrateurs électriques sont habituellement vendus à des fins médicales, par exemple pour traiter des douleurs aux épaules. Ils sont donc plus attrayants à cet égard pour une consommatrice qui aime la discrétion. Si vous achetez un de ces modèles conçu à des fins médicales, n'utilisez pas les éléments chauffants et ne vous approchez jamais de l'eau avec un vibrateur électrique[28].

Candida Royalle a mis au point une nouvelle ligne de vibrateurs, les *Natural Contours*; extrêmement populaires, ils sont offerts sur plusieurs sites mentionnés plus haut, dont www.drugstore.com. Vous pourrez les voir en photos et vous constaterez qu'ils sont attrayants et discrets; ils sont une solution de rechange intéressante au vibrateur phallique fait dans un métal rigide aux couleurs tropicales. Les fabricants se félicitent en proclamant que dans les aéroports, même les préposés à la détection et à la sécurité n'auront aucune idée de l'usage de cet objet que vous transportez dans votre sac à main.

28. Sur ces sites, vous pourrez vous procurer des vibrateurs fonctionnant avec des piles et qui sont conçus pour être utilisés dans l'eau. Notons entre autres la marque *Aquassager*. Assurez-vous que les mots « à l'épreuve de l'eau » soient bien visibles sur le produit.

Il existe sur le marché deux vibrateurs qui seront sans doute particulièrement attrayants pour les couples, car ils sont conçus pour le toucher humain. Le premier et plus ancien modèle est le *Wahl sweedish-style massager.* Il s'agit d'un vibrateur électrique qui se porte dans la main à la manière d'un gant bionique; il transmet des vibrations dans les doigts de votre partenaire. Mais il en existe une autre version, plus récente et fort populaire. C'est le *Fukuoku 9000* (non, ce n'est pas une blague de ma part!), un petit vibrateur qui fonctionne avec des piles de montre et qu'on place au bout du doigt. La stimulation est intense, mais elle est souvent perçue comme étant plus érotique ou mieux intégrée parce qu'elle ne fait qu'augmenter l'intensité du toucher naturel.

C'est pour le plaisir

Ce ne sont là que de simples suggestions. Les gens font l'amour de mille et une façons et il est intéressant de connaître les découvertes que d'autres ont faites pour augmenter leur plaisir. En sortant de temps en temps des sentiers battus, vous surmonterez les périodes au cours desquelles la monotonie semble vouloir s'installer dans votre lit. Mais il serait insensé de tenter des expériences qui vont à l'encontre de la détente pendant l'amour. Demeurez dans votre zone de confort ou mieux, faites un tout petit pas pour vous glisser juste au seuil de cette zone. Gardez le sens de l'humour et surtout n'oubliez pas, le sexe est la voie du plaisir.

Affirmation

> «Lorsque je choisis entre deux interdits,
> j'aime choisir celui que je n'ai pas
> encore transgressé.»
>
> MAE WEST

DIXIÈME ÉTAPE

Demandez l'aide de spécialistes

«... à l'exception des antibiotiques, la médecine nous offre peu de remèdes mais on y trouve du soutien et une amélioration de notre condition.»

JUDITH REICHMAN
I'm Not in the Mood: What Every Woman Should Know About Improving Her Libido

- Les femmes qui souffrent des effets secondaires de certains médicaments tels les antidépresseurs et les remèdes contre la haute tension peuvent trouver un soulagement en leur substituant des produits de médecine alternative.
- Vous pouvez améliorer grandement votre vie sexuelle en suivant un traitement approprié visant à rétablir l'équilibre de votre système hormonal ou à traiter tout autre problème physiologique lié à la sexualité.
- Les thérapies alternatives incluent la thérapie sexuelle, la thérapie de couple et la thérapie individuelle.

Si vous avez suivi les neuf étapes de la démarche proposée dans cet ouvrage mais que votre vie sexuelle est toujours insatisfaisante, le moment est venu de vérifier si vous avez besoin d'une aide professionnelle. Mais si vous entamez à peine ce bouquin et que vous commencez votre lecture par ce chapitre, alors vous n'avez pas lu mon commentaire vous informant « qu'il n'existe aucun remède miracle pour rétablir l'harmonie sexuelle entre les parents de jeunes enfants». Il faut consacrer beaucoup de temps et d'efforts pour réparer les méfaits occasionnés par un siècle d'information mensongère, par des années de blessures et de manque de communication, par les tabous qui entourent les questions sexuelles et par nos mauvaises habitudes bien enracinées.

Est-ce là bonne ou mauvaise nouvelle? Tout dépend de votre vision des choses. C'est une mauvaise nouvelle si vous cherchez une pilule ou une crème miracle qui ramènera tout comme avant et ce, même si votre médecin vous a dit: «Désolé, je ne peux rien faire pour vous.» C'est une bonne nouvelle si, après avoir subi tous les tests sanguins existants, vous êtes soulagée de ne devoir prendre aucun médicament. Et c'est également une bonne nouvelle si vous avez la sagesse de savoir que vos troubles sexuels peuvent être une bénédiction, une occasion d'intervenir pour que votre sexualité prenne son envol comme jamais auparavant.

C'est ce que j'ai découvert au début de ma carrière de psychiatre. Je traitais une femme souffrant de troubles obsessifs compulsifs (TOC) liés à une dépression du post-partum. Le seul médicament disponible pour traiter efficacement les TOC avait pour effet d'accroître la sérotonine dans le corps et dans le cerveau; malheureusement, les effets secondaires étaient une baisse de libido et une difficulté – pour ne pas dire une incapacité – à atteindre l'orgasme. Ma patiente, mère de deux jeunes enfants, répondait merveilleusement bien au Prozac qui combattait les symptômes des TOC. Elle retrouva son équilibre émotif, mais, en contrepartie, perdit toute vitalité sexuelle. Elle vint me consulter, cherchant de l'aide. Son cas était sans issue: si on diminuait la dose ou si on modifiait sa prescription médicale, sa vitalité sexuelle revenait, mais les TOC réapparaissaient. Nous avons fait l'essai de plusieurs médicaments qui devaient réduire ces effets secondaires sans grand succès.

J'étais sur le point de baisser les bras lorsqu'elle entra un jour dans mon bureau en coup de vent pour m'annoncer avec bonheur que son problème était résolu : son époux avait modifié son approche sexuelle. Plutôt que de chercher à passer rapidement à l'étape de la pénétration, tous deux avaient pris le temps de faire l'amour lentement et de goûter chaque caresse. Ma patiente vivait une véritable renaissance sexuelle. Elle me dit que de devoir prendre du Prozac était la meilleure chose qui lui était arrivée dans la vie. Ce couple a su transformer un caillou dans le soulier en une pierre précieuse. Avant cette mégapanne de désir et ce bouleversement dans leur vie sexuelle, les conjoints n'avaient porté aucune attention au déclin de leur relation de couple depuis la venue des enfants ; et, pour tout dire, leur relation avait commencé à dépérir bien avant qu'il ne soit question de Prozac.

Cette leçon me fut d'un grand secours, mais je tiens tout de même à vous rassurer : il n'est pas question d'éliminer trop rapidement les causes médicales et les traitements. On néglige terriblement la sexualité des femmes dans la profession médicale et pharmaceutique et les médecins en viennent rapidement à la conclusion que la baisse de libido ou du plaisir sexuel est le résultat inévitable de l'âge, de la condition de la femme ou de la maladie. Certains médecins n'ont pas la formation voulue pour discuter aisément de sexualité avec leurs patientes, bien qu'ils sachent traiter le problème. Parmi les 10 médicaments les plus souvent prescrits en Amérique, trois (Prozac, Paxil et Zoloft) ont des effets secondaires dévastateurs sur la sexualité des utilisatrices, et le corps médical s'est montré très lent à accorder une certaine importance aux causes réversibles du dysfonctionnement sexuel de la femme.

Dans ce chapitre, nous explorerons quatre méthodes professionnelles visant à traiter des troubles sexuels tenaces. Ces méthodes consistent à :

1) vérifier si vous prenez un médicament pouvant affecter votre libido ;
2) vérifier si vous souffrez de problèmes physiologiques pouvant entraîner des dysfonctionnements sexuels et explorer les traitements médicaux disponibles ;

3) présenter un tout nouvel appareil médical conçu pour traiter les problèmes sexuels de la femme – approuvé par la Food and Drug Administration (FDA) des États-Unis;
4) présenter certaines thérapies pouvant traiter de troubles sexuels, émotifs et relationnels.

Les médicaments et leurs effets secondaires

Lorsque nous consommons certains médicaments, leurs effets secondaires peuvent se manifester de différentes façons : baisse de libido, modifications au moment de l'orgasme, problèmes de lubrification pouvant entraîner un certain inconfort au cours des relations sexuelles. Un des signes majeurs de cette condition est une modification notable de la fonction sexuelle ou du plaisir quelques semaines après le début de la prise du médicament ou de l'augmentation de la dose. Si votre médecin vous a avisé de cette possibilité, il vous sera facile de reconnaître les effets secondaires ; mais dans le cas contraire, vous tenterez désespérément de comprendre ce qui se passe dans votre vie sexuelle sans pouvoir établir un lien entre ces nouveaux troubles sexuels et votre prescription. Suivez votre intuition et ne laissez pas votre médecin ignorer vos questions et vos inquiétudes à ce sujet.

Si votre médecin ne prend pas votre cas au sérieux, prenez les choses en main. En général, les médecins se soucient de trouver un traitement efficace contre une maladie : le médicament agit-il comme prévu (ex. : abaisser la tension, éliminer la dépression) ? En tant que patiente, votre rôle est de trouver un traitement qui améliorera votre condition et dont les effets secondaires demeurent acceptables.

Un médicament sans effets secondaires, ça n'existe pas. Il arrive parfois que le dysfonctionnement sexuel soit inévitable, mais vous ne devez jamais renoncer avant d'avoir vérifié s'il n'existe pas un remède pouvant vous aider à retrouver votre énergie sexuelle. Si les effets secondaires de cet ordre sont inévitables, vous devez demander à votre médecin de trouver des moyens concrets de les contrer par un comédicament , c'est-à-dire prescrire un second remède pour « traiter » les effets secondaires du premier.

Soyez vigilante, poussez votre médecin à chercher et à trouver une solution, soyez aussi déterminée que s'il s'agissait des soins à prodiguer à votre enfant. Insistez pour que votre médecin vous accorde tout le temps nécessaire pour discuter de votre situation. Parlez-en également à l'infirmière du bureau quelques jours avant votre rendez-vous pour qu'elle et le médecin se consultent sur la question (ils profiteront peut-être de l'occasion pour revoir l'information médicale la plus récente sur la question des effets secondaires). Faites votre propre recherche sur Internet et apportez à votre médecin toute information qui appuie vos impressions. Ne vous laissez pas impressionner par l'autorité, par les messages non verbaux du médecin « trop occupé », par son malaise à parler de sexualité. Et si votre médecin semble incapable de régler la situation, rien ne vous empêche d'en changer.

Si vous avez commencé à prendre un médicament et noté un changement quelconque dans vos rapports sexuels, présumez qu'il y a un lien entre les deux et ce, même si vous n'en avez aucune preuve. Si vous avez des doutes, parlez-en à votre médecin et exigez une réponse éclairée. N'oubliez pas que si votre conjoint prend des médicaments, il peut éprouver des difficultés similaires et souffrir d'une baisse de libido, d'un dysfonctionnement érectile, d'un changement lors de l'orgasme, y compris l'incapacité à atteindre l'orgasme.

Si vous découvrez que les médicaments qu'on vous prescrit font partie de la liste des remèdes reconnus pour leurs effets secondaires d'ordre sexuel, ne cessez pas de les prendre sans supervision médicale, car vous pourriez mettre votre vie en danger.

Voici une liste de médicaments reconnus pour causer des dysfonctionnements sexuels :

Antidépresseurs (prescrits pour combattre la dépression, les troubles de panique, l'anxiété, les phobies sociales, les troubles obsessifs compulsifs et la dysphorie prémenstruelle). Les plus néfastes sont les médicaments qui augmentent le taux de sérotonine, un inhibiteur sexuel chimique qui agit dans le cerveau et dans tout le corps. Ce sont les Prozac, Zoloft, Paxil, Celexa, Effexor, Luvox et Anafranil. D'autres médicaments utilisés en psychiatrie peuvent avoir des effets secondaires d'ordre sexuel. Pour plus d'information, je vous recommande mon ouvrage intitulé *When Words Are Not Enough: The Women's Prescription for Depression and Anxiety* (Broadway Books, 1997).

Antihypertenseurs (prescrits pour abaisser la pression artérielle; pour les maladies du cœur comme l'arythmie, la crise cardiaque ou le durcissement des artères; les migraines; la rétention d'eau dont les syndromes prémenstruels, SPM). Ces médicaments comprennent les diurétiques (hydrochlorthiazide), les bêtabloquants (Corgard, Lopressor, Tenormin) et les anciennes prescriptions comme le réserpine et le méthyldopa qui peuvent entraîner une baisse de libido et des dysfonctionnements sexuels. Des solutions de rechange existent, ce sont les inhibiteurs calciques (Cardizem, Procardia, Norvasc) ou les inhibiteurs de l'ECA (Vasotec, Zestril).

Anxiolytiques (prescrits le plus souvent pour combattre les troubles d'anxiété et l'insomnie). Ce sont les Xanax (alprazolam), Ativan (lorazepam), Klonopin (clonazepam) et plusieurs autres. Habituellement, ils n'ont pas d'effets néfastes sur l'orgasme, mais peuvent réduire la libido. On peut les remplacer par BuSpar pour traiter l'anxiété, et par Ambien et Sonata pour traiter l'insomnie.

Contraceptifs oraux. L'impact des contraceptifs oraux sur la libido est peu documenté bien qu'il soit clairement établi qu'ils réduisent l'énergie sexuelle chez bien des femmes. Mais ils n'ont aucun effet sur l'orgasme. Toutefois, comme leur composition d'œstrogène stimule la production de la protéine qui fixe la testostérone, cette dernière ne peut circuler aussi librement; or, la testostérone est l'une des principales hormones sexuelles tant chez l'homme que chez la femme. Mais il y a pire: les toutes nouvelles pilules contraceptives, faites de progestérone synthétique, réduisent encore davantage la libido parce qu'elles n'ont pas cette capacité d'imiter le rôle de la testostérone, contrairement aux anciennes progestines synthétiques (appelées composantes androgéniques). En revanche, il arrive que l'œstrogène présente un avantage sexuel, celui d'améliorer la lubrification vaginale qui augmente le plaisir sexuel.

Souvent, la meilleure façon de trouver le traitement qui convient le mieux consiste à faire des essais malgré les risques de se tromper; le cas échéant, il s'agit de trouver des substituts et de comparer les effets secondaires qui s'ensuivent. Certaines femmes ont annulé leur baisse de libido en prenant une dose de 1,5 nanogramme d'un contraceptif oral contenant l'ancienne progestine appelée norethindrone. D'autres se tournent vers la « mini-pilule », anovulant qui ne contient pas d'œstrogène.

Thérapie de remplacement hormonal (TRH) (œstrogène, œstrogène et progestine, timbre d'œstrogène). Le remplacement des hormones est souvent utilisé pour traiter la ménopause naturelle ou provoquée (par une chirurgie); on cherche alors à réduire les risques d'ostéoporose, de maladies du cœur, de bouffées de chaleur, etc. Dans la TRH, l'œstrogène réduit la sécheresse et l'atrophie vaginales au profit de relations sexuelles plus agréables. Mais bien des femmes remarquent que ces effets positifs sur leur sexualité disparaissent rapidement. Voici pourquoi: l'œstrogène accélère la production de la protéine dont le rôle est de fixer la testostérone, ce qui entraîne finalement une réduction de l'hormone responsable de la vitalité sexuelle.

Toutefois, il existe une substance qui convient à certaines femmes. Il s'agit d'une forme de TRH comprenant de la testostérone, comme Estratest ou Estratest H.S. Par exemple, les femmes qui utilisent une TRH à la suite d'une chirurgie causant la ménopause (l'ablation des ovaires pendant une hystérectomie) sont d'excellentes candidates pour une TRH avec testostérone. Nous parlerons plus loin des avantages et des inconvénients de la testostérone.

Les médicaments en vente libre. Certains peuvent provoquer des effets secondaires d'ordre sexuel. Les remèdes contre le rhume et les allergies, les analgésiques ayant les lettres PM sur l'étiquette (ex. : Tylenol-PM), les somnifères contiennent des antihistaminiques pouvant entraîner une sécheresse vaginale et, par conséquent, rendre les rapports sexuels moins agréables. Les antiacides en vente libre (ou prescrits pour de plus fortes doses) comme Pepcid et Tagamet peuvent réduire la libido.

Et si la maladie était en cause ?

Comme nous l'avons vu, votre médicament peut être la cause de votre baisse de libido, mais il est souvent difficile de déterminer si vos problèmes sexuels sont oui ou non un symptôme de la maladie pour laquelle vous êtes traitée. Ces médicaments qui tuent la libido sont souvent prescrits pour contrer la dépression et la haute tension ; par contre, si ces maladies ne sont pas traitées, elles peuvent entraîner une baisse de libido. Par exemple, votre haute tension peut être la cause d'une diminution du flot sanguin dans la région pelvienne.

On associe souvent la dépression à une baisse de l'énergie sexuelle ; il est difficile de savoir dans quelle mesure cette situation est attribuable à la maladie d'une part, au traitement d'autre part. Pour le découvrir, nous devons vérifier si la baisse de libido est apparue en même temps que les symptômes de la dépression (voir le prochain encadré) ou après le début du traitement incluant des antidépresseurs. C'est votre droit le plus absolu de recevoir les conseils et le soutien de votre médecin afin de découvrir la cause sous-jacente de votre problème sexuel et d'explorer toutes les avenues qui s'offrent à vous pour vous traiter sans que votre plaisir sexuel soit mis en péril.

Chez la femme qui a des enfants, la maladie qui cause le plus souvent une baisse de libido est la dépression clinique. Lorsqu'une mère éprouve les symptômes suivants pendant presque toute la journée sur une période de deux semaines ou plus, on est en droit de penser qu'elle est en dépression clinique:
tristesse ou sentiment de vide intérieur;
perte de plaisir à l'endroit de ses passions habituelles;
désespoir;
insomnie ou excès de sommeil;
perte ou gain d'appétit ou de poids;
anxiété ou attaque de panique;
manque de concentration;
manque d'estime de soi;
culpabilité;
idées suicidaires ou de fuite;
manque d'énergie.

D'autres maladies causent des pannes de désir ou un manque d'énergie sexuelle. La fatigue, si souvent associée à une panoplie de situations médicales ou autres, peut réduire la libido. Mais certaines maladies sont plus ciblées que d'autres, celles qui peuvent réduire le flot sanguin et l'alimentation du système nerveux dans la région pelvienne (le diabète, les maladies du cœur, la chirurgie ou la radiothérapie dans la région pelvienne, les maladies pulmonaires), les déséquilibres hormonaux (thyroïde, adrénaline, déficience hormonale des ovaires, testostérone), les maladies autoimmunes, le cancer ainsi que les douleurs chroniques peuvent avoir un impact sur les sensations, le flot sanguin, la lubrification et l'orgasme. L'abus du tabac et de l'alcool peut également provoquer des dysfonctionnements sexuels.

Pour en savoir davantage sur le sujet, je vous recommande les ouvrages de la gynécologue Judith Reichman *(I'm Not in the Mood)* et de l'urologue et coauteur Jennifer Berman *(For Women Only: A Revolutionary Guide to Overcoming Sexual Dysfunction and Reclaiming Your Life)*, des ouvrages d'une qualité exceptionnelle qui vous indiqueront les causes et les traitements du dysfonctionnement sexuel de la femme et vous fourniront probablement plus de renseignements que votre propre médecin ne le fera jamais. Voici maintenant une liste des tests médicaux permettant de diagnostiquer les principales causes physiologiques d'une baisse de libido.

Principaux tests sanguins pour déterminer les causes médicales d'une baisse de libido :
FSC (formule sanguine complète) pour vérifier l'anémie
TSH (bilan thyroïdien) pour vérifier l'hypothyroïdie
Testostérone biodisponible
Selon l'âge et les autres symptômes cliniques, on peut ajouter les tests sanguins suivants :
Niveau de prolactine afin de vérifier une maladie de la pituitaire
DHEA-S pour mesurer la fonction de l'adrénaline
FSH pour diagnostiquer la ménopause

En général, c'est rassurant d'apprendre que nous ne souffrons d'aucune maladie grave. Nous préférons savoir que notre mal de tête est causé par le stress, plutôt que par une tumeur au cerveau. Mais ce n'est pas toujours vrai lorsqu'il est question de problèmes sexuels. Bien des femmes aimeraient pouvoir mettre le doigt sur une cause bien précise. Et c'est surprenant, mais certaines sont déçues d'apprendre que leur test sanguin démontre que tout est normal du côté de la testostérone. Oubliez vos préjugés. Si vous êtes en parfaite santé, mais que vous souffrez d'une baisse de libido, votre état est tout aussi réel que celui de cette femme qui vit la même situation pour des raisons médicales. Et si au contraire vous souffrez d'une maladie ou prenez un médicament ayant des effets néfastes sur votre vie sexuelle, vous avez toujours la responsabilité de votre sexualité ; il n'en tient qu'à vous de la vivre avec courage, affirmation, invention et créativité comme tout le monde, si c'est ce que vous souhaitez ! Même vos problèmes sexuels clairement reliés à une condition médicale peuvent vous amener à modifier votre façon de faire l'amour.

Existe-t-il un remède ?

Si vous souffrez d'une baisse de libido, une investigation médicale doit être faite afin de déterminer s'il existe un remède ou un traitement particulier pour régler la situation. En général, la médecine pourra vous aider si on découvre une cause médicale précise à votre problème. On pourra vous prescrire un médicament que votre organisme tolère (chaque fois que vous prenez un nouveau produit, vous risquez d'engendrer de nouveaux effets secondaires). Même en l'absence de tout déséquilibre chimique connu, d'autres traitements peuvent s'avérer utiles, un peu comme le Viagra (sildenafil) peut venir en aide à des hommes souffrant de dysfonctionnements érectiles, qu'ils aient ou non des symptômes liés à l'âge ou qu'ils aient ou non un diagnostic médical comme le diabète.

Rien ne prouve scientifiquement qu'il existe un médicament, une herbe ou une vitamine qui soit le pendant du Viagra pour la femme et qui ait le mérite d'avoir un effet direct et positif sur sa libido. On connaît l'effet placebo : si vous croyez qu'une pilule pourra améliorer votre vie sexuelle, il est possible que vous obteniez exactement les résultats escomptés. Lorsqu'une personne nous raconte qu'elle a obtenu un orgasme fantasmagorique grâce à une crème ou à une petite pilule, c'est l'effet placebo qui nous porte à généraliser, à partir de son histoire, et à tirer des conclusions qui n'ont rien de scientifique. Pour compliquer le tout, on note que les études portant sur le traitement des troubles sexuels des femmes sont de véritables fourre-tout.

Nous aurions tout intérêt à tenter de découvrir quel serait l'impact du Viagra sur la femme, s'il en a un. Le Viagra provoque une congestion vasculaire génitale chez l'homme comme chez la femme bien que son rôle soit d'agir sur le dysfonctionnement érectile de l'homme (impuissance). On ignore encore quelle pourrait être la contribution du Viagra auprès des femmes. Les études sur le sujet arrivent à des conclusions décevantes, suggérant que le Viagra ne donne aucun résultat chez la femme, outre un effet placebo. Cependant, contrairement à des études menées auprès des hommes, ces études ont été menées auprès d'une population féminine non homogène regroupant des femmes ayant souffert d'abus sexuel pendant l'enfance et des femmes sans problèmes sexuels avant la consommation d'antidépresseurs. Pour ma part, je crois qu'il est tout à fait possible que le Viagra puisse s'avérer un traitement efficace pour la femme ; cependant, pour le prouver, on doit d'abord mener des études auprès d'une population sélectionnée avec soin (des femmes qui ne peuvent atteindre l'orgasme et dont les tests médicaux indiquent clairement qu'il n'y a aucune raison chimique ou vasculaire à la source de ce problème). Dans ma pratique, j'ai prescrit avec succès du Viagra à des femmes consentantes qui ne pouvaient atteindre l'orgasme en raison des médicaments qu'elles prenaient pour traiter des problèmes psychiatriques. Dans son livre, le Dr Berman décrit des succès cliniques similaires aux miens.

On peut se procurer sur ordonnance certains médicaments qui n'en sont qu'aux premiers stades de la recherche et de l'utilisation clinique ; je vous invite à ne pas sauter dans le train trop rapidement. C'est particulièrement vrai dans ce cas parce qu'à l'instar du Viagra, les premières études seront menées auprès des hommes seulement. Ce qui fonctionne pour les hommes n'aura pas nécessairement le même effet sur les femmes et les effets secondaires possibles ne seront sans doute pas les mêmes. Si vous avez l'intention de prendre un médicament pour accroître votre libido, je vous conseille fortement de consulter un spécialiste. Cela étant dit, nous avons de plus en plus de raisons de croire que les médicaments suivants amélioreront ou régleront les problèmes liés à l'orgasme : phentolamine, apomorphine, prostaglandine E-1 sous forme de crème, bupropion (Wellbutrin ou Zyban).

Ces médicaments ne pourront accroître le désir sexuel, sauf si l'incapacité d'atteindre l'orgasme est directement reliée à une baisse de libido. Les hormones sont nettement plus efficaces pour accroître la libido, mais on ignore si elles ont quelque utilité en l'absence d'une déficience diagnostiquée. Toutefois, comme le mentionne Susan Rako, psychiatre et auteur de l'ouvrage *The Hormone of Desire : The Truth About Testosterone, Sexuality and Menopause* (Three Rivers Press, 1999), dans les études médicales en laboratoire, la testostérone est inscrite sous la catégorie dite « anormale » uniquement lorsqu'on note une quantité excessive de cette hormone ; on néglige de ce fait d'identifier la population des femmes présentant une déficience en testostérone. Or, pendant la ménopause, les ovaires ralentissent leur production de testostérone. Par conséquent, dans ces tests en laboratoire, un manque de testostérone chez la femme est interprété comme étant un taux « normal », car seul un taux excessif est répertorié dans la catégorie dite taux « anormal ».

Demandez à votre médecin de vous montrer les résultats de vos tests et de vous expliquer si votre résultat prétendument « normal » se situe *dans les limites* de la normalité ou s'il est *simplement inférieur aux limites* établies par le laboratoire. Nous nous dirigeons vers un consensus médical voulant qu'on reconnaisse enfin qu'un manque de testostérone est une réalité dont on doit tenir compte ; lorsqu'on diagnostique un manque de testostérone, on peut régler une baisse de libido par un traitement de remplacement de la testostérone ou en le jumelant à un TRH. Lorsque le taux de testostérone d'une femme est à son plus bas (à la ligne inférieure de la catégorie dite « normale », selon l'échelle de valeurs établie par le laboratoire), cette patiente peut réagir positivement au traitement et montrer une nette amélioration lors d'un second test, six mois plus tard. Une déficience en testostérone jumelée à une baisse de libido peut entraîner l'apparition de symptômes comme la fatigue, des maux de tête, une sécheresse de la peau et des cheveux et une atrophie musculaire.

Dès qu'on normalise la testostérone chez la femme qui en manque, les résultats sont spectaculaires. Or, chez la majorité des femmes qui subissent une baisse de libido, le taux de testostérone est normal. Mais ce n'est pas toujours le cas et, malheureusement, certaines femmes ne peuvent prendre de testostérone lorsqu'elles souffrent de certains troubles médicaux (comme une maladie du foie) ; d'autres refusent de courir le risque de subir les effets secondaires qui accentuent les traits masculins (comme l'apparition de l'acné et de la barbe). En outre, une controverse existe sur le plan médical quant au risque accru de maladies cardiovasculaires ; en effet, ce risque est lié à une augmentation du cholestérol et des lipides (gras) générée par de petites doses de testostérone. Votre médecin peut contrôler cette situation en comparant les résultats d'un examen avant et après l'usage de la testostérone.

D'autres types de déficiences hormonales peuvent entraîner une baisse de libido traitable ; on parle entre autres du DHEA (déhydroepiandrostérone) et d'une déficience de la glande thyroïde. Le DHEA est en vente libre et son emploi est sujet à controverse ; on ne peut déterminer quels sont exactement ses bienfaits chez une femme ayant un taux normal de DHEA. Bien qu'il soit facile de s'en procurer, le DHEA a des effets secondaires, notamment l'apparition de traits masculins.

Il existe un produit de remplacement naturel, sécuritaire et fort prometteur : le gingko biloba, qu'on emploie en herboristerie depuis des millénaires. Des études médicales récentes démontrent que le gingko accroît le flot sanguin à l'intérieur des petits vaisseaux, ce qui lui a permis de jouer un rôle mineur dans le ralentissement de la maladie d'Alzheimer. En outre, le gingko aide les hommes souffrant de dysfonctionnements érectiles, de même que les hommes et les femmes aux prises avec les effets secondaires des antidépresseurs. Il semble que le gingko produise tous ces résultats à partir d'un seul et même mécanisme. Tout en maintenant ma mise en garde contre les conclusions sans fondement, je dois dire que j'ai obtenu de très bons résultats auprès de mes patientes avec ce produit. Une étude récente indique qu'en combinant le gingko et le ginseng, on accroît le désir sexuel chez la femme. En général, ces herbes sont bien tolérées et il vaut la peine d'en faire l'essai, pendant un ou deux mois, afin de vérifier si une amélioration de libido se produit ou si on obtient une plus grande facilité à atteindre l'orgasme. Ce traitement ne fonctionnera pas s'il n'est pas suivi régulièrement ; la dose suggérée est de 100 à 200 mg ou plus par jour, mais certaines femmes sont d'avis que cette quantité peut causer des troubles gastro-intestinaux importants. Le gingko n'a qu'un seul effet secondaire grave qui se produit rarement : certaines femmes ont tendance à faire des ecchymoses sur la peau. En outre, il n'est pas sécuritaire pour les femmes utilisant des médicaments pour éclaircir le sang comme le warfarin (Coumadin) ou l'aspirine.

Un nouvel appareil médical visant à activer le plaisir sexuel chez la femme

La FDA vient d'approuver une toute nouvelle approche médicale pour traiter l'absence d'orgasme ou le manque de libido chez la femme. Il s'agit d'un appareil qu'on a appelé Éros Thérapie (*Eros Therapy* en anglais, autrefois connu sous le nom de *Eros-CTD*). La bonne nouvelle : Éros Thérapie peut aider les femmes, non pas toutes mais plusieurs, aux prises avec un dysfonctionnement sexuel ; il leur permet d'éprouver un plus grand plaisir clitoridien, d'avoir une meilleure lubrification vaginale et d'atteindre l'orgasme plus rapidement. Selon les recherches, les femmes ayant un dysfonctionnement sexuel qui utilisent cet appareil affirment être plus satisfaites de leur vie sexuelle depuis le début de ce traitement.

Éros Thérapie est un appareil muni de piles, de la taille d'une petite radio portative ; il comprend une petite coupe en plastique qui sera placée sur le pubis de manière à couvrir le clitoris. Lorsqu'on le met en marche, il produit une douce succion sur le clitoris. Ce mouvement stimule le flot sanguin et l'engorgement du clitoris, provoquant ainsi une lubrification et des sensations. Vous serez peut-être effrayée à l'idée d'une succion sur le clitoris, mais si vous avez déjà utilisé une pompe mammaire pour tirer votre lait, vous savez que cette douce succion n'est ni dangereuse ni douloureuse sur cette partie sensible du corps. Ici, le mouvement de succion est nettement plus doux encore. Non seulement ce n'est pas désagréable, mais, c'est tout le contraire. C'est très agréable! Cet appareil est la *seule et unique* solution de rechange mécanique pour remplacer le vibrateur et, qui plus est, il est différent puisqu'il produit une succion (qui imite le sexe oral), plutôt qu'une vibration. Tout comme son cousin le vibrateur, cet appareil est parfaitement sécuritaire.

Éros Thérapie est particulièrement efficace auprès des femmes qui voient leur plaisir sexuel tomber en chute libre en raison de problèmes médicaux ou physiologiques (comme le diabète, les effets secondaires de leurs médicaments, un dysfonctionnement sexuel post-chirurgical ou des troubles liés à la ménopause); en outre, cet appareil rend de grands services aux femmes qui n'ont encore jamais pu atteindre l'orgasme. Nul ne sera étonné d'apprendre que les femmes qui n'ont aucun problème sexuel et qui ont fait l'essai de cet appareil affirment éprouver des sensations plus intenses, atteindre l'orgasme plus facilement et être satisfaites sexuellement.

La mauvaise nouvelle: cet appareil coûte 300 $ US et on ne peut se le procurer que sur ordonnance médicale. Plusieurs compagnies d'assurances en couvrent les frais si vous l'obtenez sur ordonnance médicale avec, pour diagnostic, un dysfonctionnement sexuel qui en justifie l'usage. Si vous pouvez le payer sans recourir à votre compagnie d'assurances, vous devrez tout de même présenter une ordonnance médicale pour l'obtenir. Si vous décidez de retourner l'appareil Éros Thérapie dans les 60 jours suivant l'achat, vous serez entièrement remboursée.

Bien des médecins ne connaissent pas cet appareil. Vous pouvez obtenir plus d'informations en téléphonant à l'entreprise, au 1-877-774-1442, ou en visitant le site www.urometrics.com/products/eros/ . Il vous suffit de photocopier l'information utile et de la présenter à votre médecin pour obtenir votre ordonnance avant de passer votre commande. Certaines femmes préfèrent discuter de leur projet avec l'infirmière avant de se présenter au bureau du médecin ; ainsi, lorsque ce dernier arrive dans la salle d'examen, il est déjà au courant de la requête.

L'utilisation de l'appareil Éros Thérapie est semblable à celle du vibrateur : vous pouvez l'employer en solitaire ou avec votre partenaire. Je recommande à mes patientes de l'utiliser d'abord en solitaire, le temps de se familiariser avec ce nouvel instrument avant de l'introduire dans leurs ébats amoureux avec leur partenaire. Le mode d'emploi est clairement expliqué. Lorsque vous saurez bien l'utiliser (c'est très simple), vous pourrez montrer votre savoir-faire à votre partenaire. Si vous décidez de l'utiliser à deux, et je vous souhaite d'oser, il n'y a qu'un moyen d'aborder le sujet. Vous devez en discuter ouvertement. Les femmes qui ont connu des problèmes sexuels ou une chute de plaisir affirment que leurs partenaires étaient ravis de voir Éros Thérapie se joindre à leurs jeux amoureux. Votre plaisir est important aux yeux de votre conjoint et cet appareil peut vous apporter de très bons moments à tous deux.

Le rôle de la thérapie verbale

Si vous envisagez l'emploi d'un médicament pour accroître votre plaisir ou votre libido, je vous encourage fortement à suivre une forme de thérapie verbale, tout comme je vous encouragerais à combiner médicaments et thérapie verbale pour traiter efficacement une dépression clinique. La thérapie verbale peut être utile si :

1. vous avez suivi les suggestions proposées dans cet ouvrage mais que les choses ne s'améliorent pas ;
2. vous ou votre conjoint souffrez d'un dysfonctionnement sexuel précis (ce n'est pas une simple question de monotonie) ;
3. vous prenez conscience que votre problème n'est pas seulement sexuel mais conjugal ;
4. vos difficultés sont liées à un traumatisme sexuel passé (les personnes ayant vécu l'inceste pendant leur enfance et les adultes victimes de viol peuvent connaître des problèmes récurrents liés à l'intimité sexuelle) ;

5. vous songez à la séparation ou au divorce ;
6. vous souffrez également de dépression ;
7. vous désirez simplement en faire l'expérience (aucune justification n'est nécessaire).

À vous de choisir entre la thérapie individuelle, la thérapie de couple (ou conjugale) et la thérapie sexuelle (ou sexologie, où les deux partenaires sont habituellement présents). La thérapie individuelle est tout indiquée lorsque vous souffrez d'une dépression ou d'un trouble lié à un stress post-traumatique, car ces situations peuvent engendrer des troubles sexuels au sein d'un couple qui, par ailleurs, va très bien. La thérapie de couple vise à améliorer la communication entre conjoints et à construire une intimité émotionnelle. La thérapie sexuelle se penche plus précisément sur des questions d'éducation sexuelle et d'attitudes par rapport à un dysfonctionnement sexuel. Bien que la thérapie sexuelle soit habituellement réservée aux couples, plusieurs sexologues traitent des personnes individuellement, en particulier des gens ayant vécu un traumatisme sexuel.

Le rôle de la thérapie individuelle

La thérapie verbale est fort efficace pour traiter la cause première d'une baisse de libido : la dépression. Les troubles de l'humeur sont deux fois plus fréquents chez la femme que chez l'homme et la période qui suit l'accouchement est extrêmement délicate. Chez la femme, la dépression se manifeste très souvent par une baisse de libido, elle tue son énergie, ses espoirs et son sentiment de compétence, qui sont pourtant essentiels à la résolution de ses problèmes sexuels. Sachez que la dépression du post-partum n'est pas une conséquence naturelle de l'accouchement et que vous ne devez surtout pas refuser de vous traiter sous prétexte que cette situation se résorbera d'elle-même. Quant à la dépression autre que postnatale, elle peut frapper à tout moment. Il y a d'autres périodes de vulnérabilité liées au cycle reproducteur, par exemple la grossesse et la ménopause. Notons que les transitions de vie sont également des périodes de fragilité, par exemple lorsque nous vivons des situations de perte, d'isolement social, un stress parental ou un divorce. Mais peu importe que la cause de votre dépression soit évidente ou non, vous pouvez profiter d'une thérapie verbale ou d'un traitement médical.

Le stress lié à un trouble post-traumatique (STPT) peut provenir d'un abus sexuel vécu pendant l'enfance ou d'un assaut sexuel (incluant la tentative de viol). L'un des symptômes majeurs du STPT est que la victime tente de refouler ses souvenirs liés au drame ; ce refoulement est évidemment un problème qui refait surface pendant l'acte sexuel et ce, même si cette personne aime son partenaire sexuel. Si vous souffrez de troubles sexuels reliés à un traumatisme passé, allez chercher une aide professionnelle. Votre vie pourrait prendre un nouveau départ.

La thérapie individuelle peut vous aider à résoudre une multitude de problèmes émotifs qui ont parfois de fâcheuses répercussions sur votre vie sexuelle. Si vous avez tenté en vain de placer en priorité vos besoins personnels, une thérapie peut vous être utile. Si vous ne pouvez vous défaire de votre ennemi numéro 1, le perfectionnisme, une thérapie peut vous y aider. Si vous avez grandi dans un milieu où les messages négatifs sur la sexualité féminine fusaient, une thérapie peut vous être utile. Et si votre conjoint refuse de consulter un thérapeute ou un sexologue, la thérapie individuelle peut vous aider à résoudre une partie du problème – celle qui vous concerne personnellement – et, qui sait, peut-être deviendrez-vous plus efficace dans l'art de le convaincre de se joindre à votre traitement, en cours de route.

Le rôle de la thérapie de couple

La thérapie de couple est très efficace pour résoudre les problèmes sexuels. Bien souvent, ces derniers cachent en réalité des problèmes relationnels, comme nous l'avons vu précédemment (voir le quatrième obstacle : la désunion). Il n'est pas rare que le couple (ou l'un des partenaires) soit moins intimidé par une thérapie conjugale que par une thérapie « sexuelle ». La thérapie de couple s'avère très utile pour bâtir une relation, améliorer la communication, apprendre à tolérer les différences et les changements chez l'un et l'autre, maîtriser la colère et les questions de pouvoir, régler les conflits liés à l'éducation des enfants, approfondir l'intimité émotionnelle. En règle générale, le couple rencontre le thérapeute une fois par semaine pendant des mois, parfois même des années.

Cette approche est particulièrement utile lorsque l'un des partenaires n'a pas eu la chance de grandir dans un milieu familial lui offrant un modèle positif d'une union réussie. Ce sera le cas si ses parents ont divorcé alors qu'il était enfant ou si ses parents sont demeurés ensemble, mais en exposant un modèle négatif de l'union et du mariage.

Si vous ne pouvez suivre une thérapie conventionnelle, offrez-vous une retraite d'un week-end visant la réconciliation chez les couples mariés. On propose aux couples des ateliers dans les églises, les synagogues, les centres familiaux ; ces week-ends visent à resserrer les liens entre les conjoints et ce, même lorsque le mariage n'est pas en péril. Lorsque vous laissez votre voiture pour une vérification de routine, cela ne signifie pas qu'elle soit défectueuse. Pourquoi ne pas en faire autant pour votre mariage ? Ces ateliers sont annoncés sur Internet, dans votre bulletin paroissial, dans les journaux, etc. (Sachez toutefois que certaines institutions très conservatrices ont pour mission de donner ces ateliers dans le but d'inciter les femmes à se soumettre davantage à leur mari, bien que ce ne soit pas le but visé dans la majorité de ces ateliers.)

Le rôle de la thérapie sexuelle

La thérapie sexuelle peut certainement traiter le problème d'une sexualité terne et monotone, mais on y vient généralement pour traiter des problèmes particuliers de dysfonctionnements sexuels. Si vous avez un problème de cet ordre qui n'a pas été abordé dans le présent ouvrage, je vous invite à consulter un sexologue. Vous trouverez à l'annexe B une liste des catégories utilisées par l'Association américaine des psychiatres (American Psychiatric Association) pour décrire les dysfonctionnements sexuels de tous genres.

Les questions relationnelles sont abordées dans une thérapie sexuelle conventionnelle mais les sexologues reconnus sont habituellement formés en approches behaviorales et cognitives pour traiter les troubles sexuels, en plus de connaître la thérapie verbale traditionnelle. Les sexologues sont généralement des thérapeutes « ordinaires » (travailleurs sociaux, psychologues, conseillers matrimoniaux, psychiatres) qui se sont spécialisés en sexologie et en diverses techniques particulières. Un bon sexologue ne s'arrêtera pas uniquement aux mécanismes sexuels et sachez que pendant une séance, vous et votre sexologue ne ferez rien de plus que discuter (ainsi, on ne vous demandera jamais de vous dévêtir, d'apporter des photographies, de faire une démonstration de nature sexuelle pendant la séance).

La plupart des sexologues commenceront la thérapie en faisant l'historique du problème qui vous amène à consulter ; ils chercheront à comprendre comment cette situation affecte votre couple et vous demanderont sans doute de faire un résumé écrit ou verbal de votre évolution sexuelle. En général, votre sexologue cherchera à vérifier s'il existe un trouble physiologique associé à votre situation ; il examinera votre enfance pour comprendre de quelle façon elle vous influence dans votre vie d'adulte. En thérapie sexuelle, il est fréquent de « prescrire » d'abord une série d'exercices et de devoirs qu'on pourrait intituler « zoom sur le monde des sens ». On demande au couple de cesser temporairement toute pénétration pendant leurs rapports sexuels afin de faire tomber la pression et de mettre fin à l'escalade des conflits. On y ajoute progressivement des exercices érotiques dans le but d'améliorer la communication et le plaisir physique tout en détournant l'attention de la pénétration.

En principe, un sexologue vous assigne une série d'exercices qui vous permettront de reprendre contact avec votre sensualité, dans l'intimité de votre chambre à coucher. Bien des parents ne peuvent tout simplement pas trouver le temps nécessaire (habituellement, on prescrit des exercices d'une demi-heure, à faire quatre ou cinq fois par semaine, et comportant des touchers sensuels ou érotiques et des massages sans pénétration). Dans la sixième étape de cet ouvrage, j'ai modifié cet exercice pour l'adapter aux parents qui manquent de temps. Mais sachez que plus vous vous exercerez à la maison, plus vous progresserez. Si votre thérapeute refuse de croire que vous manquez de temps, il est possible qu'il ou qu'elle manque trop de sensibilité pour vous être vraiment utile. Mais n'utilisez pas ce prétexte pour résister au traitement. Essayez de négocier avec votre sexologue une approche qui tienne compte de votre horaire et faites de votre mieux.

Un sexologue clinicien doit être membre de son association professionnelle et détenir tous les diplômes démontrant sa formation et ses compétences en la matière. En outre, un bon sexologue doit travailler de concert avec un centre médical spécialisé dans le traitement des troubles sexuels, car un bon diagnostic est le premier pas à franchir. Il est préférable de se soumettre à un examen médical et à certains tests en laboratoire avant d'entreprendre une thérapie sexuelle.

Pour en savoir davantage sur la thérapie sexuelle, je vous encourage à lire l'ouvrage du Dr Domeena Renshaw intitulé *Seven Weeks to Better Sex* (Dell Publishing, 1995). Elle y explique dans le détail comment transformer une thérapie sexuelle en une thérapie maison. Son programme comprend le toucher sexuel sans pénétration, la communication sexuelle et non sexuelle, les jeux érotiques dans le couple, des questionnaires visant à alimenter les échanges entre conjoints. En outre, elle décrit la technique de Gestalt et les jeux de rôle qui permettent d'apprendre à discuter de sexualité par la communication verbale et non verbale. Au cours de la cinquième semaine de ce programme, le couple peut reprendre la pratique de la pénétration pendant les rapports sexuels. Il est possible de suivre ce programme à la lettre et, si aucun progrès n'est constaté, de consulter un thérapeute.

Comment choisir votre thérapeute

Bien des gens choisissent leur thérapeute en fonction de leur plan d'assurances médicales. Mais le meilleur moyen de trouver un bon thérapeute, c'est encore la bonne vieille méthode du bouche à oreille. Demandez à votre médecin, à votre gynécologue, à votre urologue ou à vos amies de vous recommander une personne de confiance.

Quoi qu'il en soit, suivez votre intuition et jugez par vous-même si ce thérapeute qu'on vous a recommandé vous convient réellement. Les gens sont portés à demeurer fidèles au premier thérapeute qu'ils rencontrent, même s'ils éprouvent un certain malaise en sa présence. Vous êtes le meilleur juge, peu importe qu'il s'agisse d'un psychiatre, d'un conseiller matrimonial, d'un thérapeute ou d'un sexologue. Vous ne pourrez obtenir de bons résultats que si vous vous sentez à l'aise et en confiance auprès de cette personne. Si vous avez le sentiment que votre thérapeute ne vous comprend pas, qu'il prend la part d'un des deux conjoints, manque d'empathie, de sensibilité ou de clairvoyance ou ne comprend rien à la réalité parentale, alors partez à la recherche d'un autre thérapeute.

Un bon thérapeute est heureux de votre contribution lorsque vous notez certaines faiblesses dans le déroulement de la thérapie. Les autres vous blâmeront et vous diront que la thérapie se doit de vous placer dans l'inconfort. Il est vrai qu'une bonne thérapie n'est pas toujours de tout repos parce qu'un bon thérapeute vous incite à cesser de reproduire les mêmes erreurs que par le passé. Mais vous ne devriez jamais vous sentir honteuse, effrayée ou profondément mal à l'aise au cours de ce traitement. Vous devriez sentir que votre thérapeute vous comprend et désire vous amener à faire de meilleurs choix de vie. Vous ne devriez jamais avoir l'impression qu'on vous pointe du doigt et qu'on vous identifie comme étant celle qui a le problème; il en va de même de votre conjoint. Si l'un de vous se sent visé, la thérapie échouera. Les couples qui consultent font souvent la même erreur, celle de quitter un mauvais thérapeute et de ne pas poursuivre leur démarche, convaincus que la thérapie ne saurait les aider. Par ailleurs, certains couples persistent alors qu'un des conjoints ne se sent pas à l'aise auprès du thérapeute. Soyez une consommatrice avertie. Magasinez avant de choisir votre thérapeute.

Pour régler certains problèmes, vous aurez besoin d'aide. Vous trouverez ainsi une solution efficace plus rapidement. Consulter un spécialiste ne correspond nullement à un échec ; bien au contraire, c'est l'occasion de progresser. Si vous éprouvez encore des difficultés sexuelles, donnez-vous la chance d'obtenir le soutien et la compétence d'un spécialiste qui vous donnera le traitement qui convient. Vous méritez de vivre votre plein épanouissement sexuel.

Affirmation

> « On peut avancer de mille et une manières, mais il n'y a qu'une seule façon de demeurer immobile. »
>
> FRANKLIN D. ROOSEVELT

CONCLUSION
Consolider les nouveaux acquis

> « La sexualité kosher est un parcours dont la finalité
> est un couple qui se sent uni non seulement parce
> qu'il partage le même toit et les mêmes enfants, mais
> surtout en raison de la joie et du plaisir
> que les conjoints se procurent l'un l'autre. »
>
> SHMULEY BOTEACH
> *Kosher Sex*

Certains croient que les humains sont des créatures divines, d'autres pensent que nous sommes des êtres hautement évolués, d'autres encore sont convaincus que nous sommes des êtres guidés par une main divine. Peu importent nos croyances, nous les humains sommes parfaitement conçus pour explorer notre plaisir sexuel tout au long de notre vie.

Une sexualité vivante et vibrante est une sexualité vécue dans l'intimité ; or, l'intimité ouvre la voie au plein épanouissement sexuel. L'intimité sexuelle est empreinte de vulnérabilité, d'engagement, de nourriture intérieure et de concentration. Sans nier la valeur du feu de la passion qui traverse nos jeunes années, rien ne nous oblige à vivre selon le préjugé voulant que la jeunesse soit l'âge par excellence de la sexualité. Le corps humain est conçu pour expérimenter une sexualité vibrante à très long terme, car c'est l'engagement sexuel qui nous amène au paroxysme de notre plaisir sexuel. Le fait de partager l'éducation et la joie de voir grandir nos enfants ne doit pas mettre un frein à notre évolution sexuelle au sein du couple. L'engagement parental est une base solide; il nous permet de nous ouvrir pleinement à l'autre, de partager nos corps, nos âmes et nos cœurs, de faire réellement l'amour. Lorsque vous cueillerez les fruits de la confiance sexuelle et du pouvoir incommensurable qui en découle, vous vivrez une intimité sexuelle d'une telle profondeur que votre vie sexuelle vous offrira tout, absolument tout sauf la monotonie.

Une sexualité vivante et vibrante est empreinte de maturité; or, la maturité mène au plein épanouissement sexuel. La maturité sexuelle est faite d'acceptation de soi, de générosité, de confiance, de confort et de bonne humeur. Lorsque nous évoluons au point de découvrir et de manifester tout notre potentiel érotique, nous faisons l'expérience du raffinement et du contentement émanant d'une association amoureuse. En faisant l'amour avec la même personne année après année, vous vous offrez une vie entière ensemble pour intégrer la confiance et la vulnérabilité, pour perdre pied et vous relever encore et encore. Au fil des ans, plus vous faites l'amour entre adultes, moins vous croyez aux contes de fées. Faire l'amour entre adultes signifie déboulonner les mythes et les préjugés, affirmer votre authenticité sexuelle et prendre vos responsabilités.

Une sexualité vivante et vibrante n'a pas son pareil et, pourtant, elle n'est pas différente de tout le reste. Tout comme la maternité, la natation, la confection du pain ou la résolution d'un problème géométrique, l'intimité sexuelle exige une intention claire et une pratique constante. La procréation est innée, mais faire l'amour est un art que nous devons apprendre, nourrir et honorer. Pour consolider vos nouveaux acquis, vous devrez y travailler avec application. Essayez, puis essayez encore. Laissez vos petits succès vous donner envie de prendre de beaux grands risques.

Prenez le temps nécessaire, trouvez le courage de vous lancer dans l'aventure, atteignez votre étoile.

Affirmation

> « L'avenir appartient à ceux qui croient à la beauté de leurs rêves. »
>
> ELEANOR ROOSEVELT

Annexe A

Un conseil à l'intention des pères

Pour bien des pères, la naissance d'un enfant amène des changements importants dans la vie sexuelle. S'il est vrai que les mères reçoivent des messages négatifs concernant leur sexualité, il en va de même pour les hommes qui doivent composer avec des mythes culturels et des attentes irréalistes en matière de sexualité masculine. Trop de parents, pères et mères, croient en tout ou en partie les messages contradictoires sur le sexe tels que ceux-ci : tout le monde a une vie sexuelle nettement supérieure à la nôtre ; la venue d'un enfant détruit obligatoirement notre vie sexuelle ; un « vrai homme » sait instinctivement comment plaire à une femme au lit ; le sexe, c'est tout simplement affaire d'atomes crochus et nous n'y pouvons rien.

Oui, c'est tout un défi de maintenir notre passion vivante et vibrante tout en répondant à nos exigences familiales et professionnelles. Et oui, il est vrai que bien des couples se heurtent à la monotonie de leur vie sexuelle. Mais ce vide sexuel n'est pas inévitable. Ce livre s'adresse directement à votre conjointe, mais il est important de vous rappeler que la sexualité est affaire de couple. Ni elle ni vous ne pouvez régler la situation sans la participation active de l'autre conjoint.

Si vous en avez le temps, je vous encourage à lire cet ouvrage en entier. Mais si cela vous semble impossible, je vous suggère de vous concentrer sur la quatrième étape (Découvrez votre expression sexuelle) afin d'améliorer votre communication sexuelle et sur la sixième étape (Cultivez votre imaginaire érotique) afin de faire l'amour avec plus de conscience et de présence. Toutefois, si cette lecture vous est impossible, voici un résumé de ce que les époux doivent absolument savoir au sujet de la sexualité de leur femme.

Lorsque nous parlons de « conseils sexuels », cette expression évoque dans notre esprit des trucs à connaître, des points secrets de l'anatomie, des techniques particulières et des méthodes visant à mettre de l'exotisme dans notre vie sexuelle. Les meilleurs conseils que l'on puisse donner aux conjoints qui veulent voir rejaillir l'étincelle au fond des yeux de leur compagne au moment de l'amour sont d'une simplicité désarmante. Une sexualité entre conjoints mariés ou engagés pour toute la vie trouve son plein épanouissement dans le cadre d'une relation amoureuse extraordinaire. Voici des trucs sexuels qui fonctionnent.

Faites-lui la cour comme par le passé

Rappelez-vous l'époque de vos ébats amoureux brûlants. Lorsque nous regardons en arrière, nous avons tendance à donner tout le crédit de notre passion à la biologie (l'excitation de la nouveauté et de nos premières relations sexuelles) ou à la simplicité de notre mode de vie d'alors (quand le temps n'était pas encore un luxe). Bien sûr, ces facteurs sont indéniables. Mais je parie qu'à cette époque, vous vous faisiez tous les deux une cour assidue. Il vous était si facile de lui dire combien elle était jolie ; elle vous demandait de lui raconter votre journée dans le moindre détail et vous écoutait avec toute son attention.

C'est incroyablement sexy d'être le centre de l'univers de l'homme que vous aimez. Vous avez la confirmation d'être l'élue de son cœur, d'être appréciée et de vivre une véritable histoire d'amour. La majorité des parents laissent le romantisme disparaître de leur vie. Bien des hommes sont sur la défensive dès qu'on leur demande de se montrer un peu plus romantiques ; certains ont le sentiment qu'on leur reproche d'être des hommes, d'autres pensent que, après toutes ces années ensemble, c'est un peu ridicule.

Soyons clairs. On ne parle pas ici de choisir entre bien agir ou mal agir. La question n'est pas là. Mais je peux vous garantir que si vous ne vous préoccupez jamais des besoins romantiques ou sentimentaux de votre conjointe, le sexe n'aura que peu d'intérêt à ses yeux. Chez les hommes, l'intérêt pour le sexe n'est que très peu relié à leurs besoins relationnels; la majorité d'entre eux sont estomaqués d'apprendre à quel point c'est différent pour la femme. (Le désir monte ou descend en fonction de la qualité de la relation.) Les femmes sont ainsi faites. Agissez en conséquence. À quoi bon perdre votre temps à vous demander si c'est bien ainsi, si c'est juste ou logique? Jetez-vous à corps perdu dans ce jeu de la reconquête pendant au moins trois mois avant de dire que ça ne fonctionnera pas, et vous verrez.

Vous sentez-vous maladroit ou incompétent quand vient le temps « d'être romantique » ? Est-ce une notion trop vague pour vous? Je vous épargnerai les sempiternels conseils tels « offrez-lui des fleurs » ou « dites-lui qu'elle est jolie », bien que je sois tout à fait en faveur de ces attentions charmantes. Si vous désirez obtenir de précieux conseils pratiques, procurez-vous l'ouvrage de Michael Webb intitulé *The RoMANtic's Guide: Hundreds of Creative Tips for a Lifetime of Love* (Hyperion, 2000). Téléphonez-lui au milieu de la journée, envoyez-lui une carte virtuelle, attardez-vous à lui brosser les cheveux, faites-lui la surprise de vous occuper des enfants tout un après-midi pour lui permettre de sortir avec sa meilleure amie, offrez-lui des petits présents (une boîte de thé exotique, une jolie plume, un journal personnel, des savons aux huiles essentielles, un CD sexy, toute chose qui lui dit que vous pensez à elle comme à une femme séduisante lorsque vous n'êtes pas ensemble). Faites laver sa voiture, notez et dites-lui votre admiration lorsqu'elle agit d'une manière qui vous impressionne dans le cadre de l'éducation des enfants, demandez-lui de vous raconter sa journée au travail. Si tout cela vous semble, disons, trop idiot, essayez la méthode traditionnelle : ouvrez-lui la porte, portez ses paquets, grattez la glace de son pare-brise.

Pourquoi ces gestes ont-ils tant d'importance aux yeux d'une femme ? La revue *Esquire* le dit mieux que je ne saurais le faire, sous sa rubrique intitulée « Ce que tout homme devrait savoir au sujet de la femme/*Things a Man Should Know About Women* » que vous pouvez consulter pour votre plaisir sur le site www.esquire.com. Voici les deux énoncés que je préfère : « Un baiser spontané et non sollicité est pour la femme ce que des billets gratuits pour une joute de hockey sont pour l'homme » et « Le parfait petit cadeau surprise qui témoigne de votre grande écoute aura deux fois plus de valeur à ses yeux que le plus bel objet provenant de chez Tiffany ». Ce qui nous touche et qui a tant de prix à nos yeux, c'est d'être vue, c'est d'être nourrie par une foule de petits gestes qui expriment votre appréciation à notre endroit. Pour nous, les femmes, la maternité consiste à porter attention aux moindres détails de la vie de l'enfant ; le romantisme, c'est de voir l'autre porter attention aux moindres *détails de notre vie.* Ce côté romantique valide cette partie de la femme en nous qui est tout sauf une mère, cette partie de la femme en nous que nous désirons nourrir l'un et l'autre, et l'un pour l'autre.

Savoir faire des avances sexuelles qui séduisent une femme

Chez les femmes qui ont moins de libido que leur partenaire, l'une des plaintes qui revient sans cesse est le sentiment d'être trop souvent poussées à faire l'amour. Soyez honnête et voyez de quelle façon vous approchez votre femme ou de quelle manière vous lui demandez ses faveurs sexuelles. La plainte la plus fréquente est que l'homme traite la sexualité comme un droit acquis : « Il me fait remarquer combien de temps s'est écoulé depuis la dernière fois. » Si vous pensez avoir droit à une relation sexuelle parce que vous êtes abstinent depuis 24 heures ou 24 jours, peu importe la durée, vous agissez comme si vous tentiez d'allumer un feu avec un extincteur. Chaque fois que vous laissez entendre que vous voulez faire l'amour parce que vous n'avez pas copulé depuis un certain temps, votre compagne se sent personnellement rejetée; car ce qu'elle entend, en fait, c'est que vous le feriez avec n'importe quel vagin consentant.

Approchez-la différemment, demandez-lui de faire l'amour parce que vous la désirez, *elle*, non parce que vous désirez vous accoupler. Prenez soin de bien choisir vos mots et lancez-lui un message clair indiquant que c'est *elle* qui vous attire.

Faites taire le censeur intérieur

Lorsqu'un couple se présente en thérapie de couple ou en thérapie sexuelle, il arrive souvent que les partenaires demandent au thérapeute de déterminer lequel des deux a « raison ». Pourquoi résistons-nous au changement? Parce qu'en modifiant notre mode de fonctionnement, nous avons le sentiment d'admettre avoir été dans l'erreur. Essayez d'envisager la possibilité de changer, sans pour autant jeter le blâme sur l'un ou l'autre. Acceptez de changer parce que vous le souhaitez. Faites le premier pas. Soyez généreux. Admettez que, malgré tous vos efforts pour régler vos problèmes sexuels, vous n'avez pas réussi, non en tant qu'individu mais en tant que couple, non parce que l'un de vous ne comprend rien ou que l'autre ne crie pas assez fort.

En lisant cet ouvrage, votre conjointe donne la preuve qu'elle tente de faire les choses différemment. Prenez conscience que vous devez en faire autant et que ni l'un ni l'autre n'êtes gagnants devant le grand censeur intérieur. Ce qui est en cause ici, ce n'est pas d'avoir tort ou raison, mais de trouver le chemin de votre bonheur ensemble.

Rejetez le concept de « préliminaires »

Le concept de « préliminaires » met l'accent sur la pénétration et l'orgasme qui deviennent le but ultime à atteindre, le dessert après les hors-d'œuvre. Ce modèle sexuel malheureusement trop répandu, qui voit les jeux de l'amour comme une joute de football

– on commence par un coup de pied et on termine par une bonne mise en échec –, est parfaitement incongru aux yeux de presque toutes les femmes et en particulier d'une mère qui en a déjà plein les bras. On rejoint ici la seconde plainte des femmes: « le manque d'affection ». C'est un écueil fréquent chez les parents qui veulent retrouver le chemin de la passion amoureuse: la distinction à faire entre le sexe (pénétration/orgasme) et l'affection (tout le reste). Les hommes qui entendent « J'ai besoin de plus d'affection » perçoivent ces mots comme une critique (« J'ai besoin de plus d'affection, vieil imbécile!») ou un message caché de non-bienvenue (« J'ai besoin de plus d'affection et de beaucoup moins de sexe »). Les mères ont souvent le sentiment de s'être données aux autres tout au long de la journée. Lorsqu'elles se couchent, elles veulent de l'affection et elles veulent peut-être qu'on les séduise, mais elles ne veulent surtout pas qu'on leur demande de se donner encore à travers leur corps.

Mais que demandent les femmes lorsqu'elles disent vouloir plus d'affection? Elles demandent qu'on les touche plus souvent et plus longuement avec sensualité, ce qui peut mener ou non à la pénétration. Bien souvent, lorsqu'une femme aime son conjoint et constate qu'elle a moins d'appétit sexuel que lui, elle évite les contacts physiques car son partenaire pourrait les interpréter comme une invitation ou un désir de faire l'amour. Par conséquent, les femmes évitent les touchers sensuels à moins d'avoir la certitude de vouloir une relation sexuelle. Vous y perdez tous les deux, lorsque vous négligez toute sensualité entre vous. Si votre conjointe se sent parfaitement à l'aise d'avoir des touchers sensuels ou sexuels sans risquer de vous décevoir lorsqu'elle décidera de ne pas avoir de relation sexuelle avec pénétration, alors c'est sans doute paradoxal, mais, en vous montrant plus sensuel, vous risquez d'avoir plus souvent des relations sexuelles avec pénétration.

Tous les bons sexologues connaissent cette solution pratiquement infaillible: plus de touchers érotiques mène à plus de sexe et ce, même si le toucher érotique ne mène pas ou ne doit pas toujours mener au sexe. Quoi de plus simple à changer? Cessez de compter le nombre de fois que vous avez fait l'amour sur une période donnée et consacrez-vous plutôt à augmenter et à améliorer l'expression de votre sensualité partagée et de votre tendresse sexuelle. Une sexualité vibrante est remplie d'affection et les signes d'affection sont très suggestifs. Laissez tomber une fois pour toutes cette dichotomie entre sexuel/non sexuel. Multipliez les baisers. Enlacez-la plus souvent. Prenez ses mains dans les vôtres plus souvent. Faites presque l'amour… mais plus souvent.

N'aimeriez-vous pas comprendre pourquoi votre femme vous demande plus d'affection, mais refuse vos étreintes prolongées sur le divan ? Il est fort probable qu'elle agit de la sorte pour protéger votre ego ; elle préfère tout arrêter avant que votre excitation ne s'affirme au point où elle devra dire « non » parce qu'elle ne sait pas encore si elle aura finalement envie de dire « oui ». Dans notre culture, on enseigne aux femmes qu'une érection interrompue est une chose terrible et que le fait d'induire l'homme en erreur équivaut à « l'agacer ». Dites clairement à votre partenaire que vous aimez autant qu'elle vos caresses, vos baisers, vos touchers érotiques et vos jeux d'adolescents, bref votre sensualité partagée.

N'allez pas croire tout ce qu'on raconte au sujet de la sexualité masculine

On ne saurait dire si nos valeurs culturelles font plus de tort à l'estime de soi de l'homme ou à celle de la femme, mais ce qui ne fait aucun doute, c'est que les hommes sont inondés de messages négatifs quant à leur sexualité. Parlons de celui-ci : les hommes devraient savoir d'instinct comment séduire une femme au lit. Mais au fil des ans, la relation prend de la maturité et les atomes crochus du début tendent à s'estomper peu à peu. Et voilà que les problèmes sexuels font surface à peu près au même moment que naissent les enfants. Cette période pendant laquelle tout vous porte à croire que « les enfants tuent la libido » est en fait une magnifique occasion d'évoluer et d'accroître votre maturité sexuelle.

Voici un autre secret bien gardé en matière de sexualité : nul besoin de tout savoir à l'avance, nous sommes ici pour apprendre. Nous sommes si différentes de vous, dans notre corps comme dans notre esprit ! Et la télépathie n'est pas innée chez l'homme. Jetez un coup d'œil à la septième étape pour y puiser quelques conseils sur la cartographie érotique de la femme. Tentez des expériences et demandez à votre conjointe de réagir à vos essais. Essayez de la toucher autrement, dans des endroits différents, et insistez pour qu'elle vous dise ce qu'elle ressent. N'allez pas croire que les « vrais hommes » savent déjà tout cela. N'allez pas croire que toute la question sexuelle tourne autour de votre pénis. Croyez plutôt que vous avez la créativité, l'imagination, la patience, la perception et l'ouverture nécessaires pour comprendre ce qui amène votre conjointe au paroxysme de son plaisir. Les ingrédients érotiques les plus importants ne se trouvent ni dans un livre ni entre vos jambes : ils se trouvent dans votre esprit, sur vos lèvres, dans vos mains et dans votre capacité à demander et à écouter.

Dans notre culture, il est difficile pour un homme de solliciter de l'aide lorsqu'il est aux prises avec un dysfonctionnement sexuel. La recherche médicale a franchi des pas de géant pour expliquer les causes physiologiques des deux plus grandes difficultés sexuelles de l'homme, à savoir l'éjaculation précoce (ou trop rapide) et le dysfonctionnement érectile (ou impuissance). L'éjaculation précoce est un orgasme involontaire qui se produit immédiatement ou peu de temps après la pénétration. Le dysfonctionnement érectile est l'incapacité d'avoir ou de maintenir une érection suffisamment longtemps pour permettre à l'homme de pénétrer la femme et d'atteindre l'orgasme. Il existe maintenant des médicaments (SSRI et sildenafil) capables de renverser les deux situations citées ainsi que des traitements sans médicaments[29]. Sachez que si ces problèmes sexuels ne reposent sur aucune raison physiologique, il est probable que votre relation de couple soit

29. Voir Bernie Zilbergeld, *The New Male Sexuality*, édition révisée, New York, Bantam Doubleday, Dell, 1999.

en cause et non quelque tare dans votre psyché ou votre virilité. Lorsqu'un homme souffre de dysfonctionnement sexuel, il devrait commencer par voir un médecin ou un urologue spécialisé en sexologie.

Détendez-vous

Mon dernier conseil est de prendre les choses calmement tout en réveillant la passion dans votre couple. Amusez-vous, soyez optimiste, acceptez de vous sentir un peu maladroit à l'occasion et donnez-vous le droit à l'erreur. Ne regardez pas votre problème sexuel comme un clou sur lequel frapper à coups de marteau. Il n'existe aucun remède miracle ; le seul et unique changement durable auquel vous puissiez vous attendre, c'est une série de changements mineurs ; ils seront le résultat de ces petites transformations auxquelles vous consentirez, jour après jour, dans votre façon de penser, d'interagir et de vous soucier l'un de l'autre, dans votre corps, votre âme et votre cœur. L'intimité au lit est nourrie et se nourrit de l'intimité que vous partagez dans tous les autres aspects de votre vie.

ANNEXE B

LE DYSFONCTIONNEMENT SEXUEL
(glossaire terminologique)

Les expressions suivantes sont employées par les sexologues, les professionnels en santé mentale et les médecins afin de décrire et de classifier les diagnostics de dysfonctionnement sexuel. Cette terminologie n'est pas immuable et nous assistons à de nombreux débats sur le système de classification du dysfonctionnement sexuel. Ce glossaire vous est présenté uniquement à titre indicatif afin de vous aider à identifier des problèmes plus sérieux que de simples pannes de désir. Veuillez noter que ces appellations sont utilisées en partie à des fins d'assurance médicale et ne doivent pas servir à jeter le blâme sur l'un ou l'autre des partenaires.

En général, le dysfonctionnement sexuel est cité dans l'expression verbale suggérée pour chacun des diagnostics présentés. N'allez pas croire que vous avez un problème majeur simplement parce que vous avez une difficulté sexuelle dans un des domaines cités plus loin. Pour chacun des diagnostics qui suivent, le problème décrit doit être accompagné d'une « profonde détresse ou difficulté interpersonnelle[30] ». Cette liste est, en fait, une évaluation subjective qui demande à être confirmée au besoin par un clinicien expérimenté. Dans ces diagnostics, le problème énoncé doit être persistant et récurrent. Faites preuve de prudence, on a souvent

30. *Diagnostic and Statistical Manual of Mental Disorders,* Text Revision (DSM-IV-TR), Washington, D.C., American Psychiatric Association, 2000.

tendance à exagérer lorsqu'on se diagnostique soi-même, car les problèmes sexuels et psychologiques couvrent un vaste territoire. Le diagnostic est un art beaucoup plus complexe qu'un verdict de bonne santé ou de maladie. Et même lorsqu'un diagnostic s'avère pertinent, les dysfonctionnements sexuels sont souvent le miroir des problèmes relationnels du couple plutôt que de ceux d'une seule personne.

Enfin, souvenez-vous que l'histoire de la médecine est parsemée de situations qui furent attribuées à des problèmes de santé mentale jusqu'au jour où on en découvrit les causes physiologiques. Ce fut le cas, par exemple, des ulcères peptiques, des crampes menstruelles, des attaques de panique et de l'épilepsie. Tout récemment, l'apparition d'un médicament pour traiter les difficultés érectiles (le Viagra) a complètement modifié notre compréhension de « l'impuissance » tout comme les antidépresseurs ont changé notre compréhension de la dépression clinique. Toutefois, il est peu probable qu'un modèle purement biologique ou encore purement psychologique prévaudra un jour. Les causes comme les solutions nous amèneront sans doute à comprendre que les éléments en jeu sont complexes et parlent à la fois d'hormones, d'anatomie, d'émotions et de relations humaines.

Aversion sexuelle : Contrairement au partenaire sexuel qui résiste par inhibition du désir sexuel (baisse de libido), la personne souffrant d'aversion sexuelle évite activement tout contact sexuel en raison d'une profonde répugnance à l'égard de la sexualité. Elle éprouve de la répulsion ou de l'anxiété à l'idée d'avoir des contacts sexuels. Lors du diagnostic, il est essentiel de faire une distinction entre cette condition et celle de stress post-traumatique où l'aversion sexuelle est attribuable à un abus sexuel ou à un assaut sexuel.

Difficulté érectile (ou dysfonctionnement érectile) : Le trouble érectile, aussi connu sous le nom d'impuissance sexuelle, est l'incapacité d'avoir ou de maintenir une érection suffisamment longtemps pour parvenir à une pénétration ou à une relation sexuelle complète. Le trouble érectile peut être causé par toute obstruction du flot sanguin dans la région pelvienne, obstruction attribuable à l'abus du tabac, à une haute tension sanguine, au diabète, à certains médicaments, à une maladie cardiovasculaire ou au processus du vieillissement. En outre, l'anxiété peut en être la cause sous-jacente.

Dysfonctionnement de l'excitation sexuelle chez la femme: Les troubles de l'excitation sexuelle chez la femme se manifestent par une déficience dans le gonflement et la lubrification vaginale comme réponse à une excitation sexuelle progressive; toutefois, les conjoints remarquent surtout la sécheresse vaginale et la douleur secondaire causées par un manque de lubrification. Cette condition apparaît parfois lorsque la mère allaite, en période de ménopause, lors de la prise de certains médicaments ou dans toute autre circonstance occasionnant une diminution du flot sanguin dans la région pelvienne. L'anxiété peut également causer un trouble de l'excitation sexuelle.

Dysfonctionnement de l'orgasme: Les troubles de l'orgasme, chez l'homme comme chez la femme, se manifestent par l'absence d'orgasme ou une grande difficulté à l'atteindre après une stimulation sexuelle «appropriée». Plusieurs cliniciens préfèrent employer l'expression dysfonctionnement «pré-orgasmique» lorsqu'il atteint des femmes qui n'ont pas encore connu l'orgasme car, selon eux, toutes sinon la plupart pourraient connaître l'orgasme si elles pouvaient bénéficier d'une stimulation et d'une expérience adéquates. Chez l'homme, les troubles de l'orgasme pendant la pénétration sont parfois appelés «éjaculation tardive» ou «anorgasmie coïtale chez l'homme». Les débats vont bon train: on se demande si une personne est véritablement anorgasmique lorsque sa condition physiologique et anatomique est normale. Le fait est que nombre de personnes apparemment anorgasmiques sont incapables d'atteindre l'orgasme uniquement pour des raisons de situations et que l'anorgasmie secondaire est souvent attribuable à des conditions physiques multiples. Parmi ces conditions physiques néfastes, notons l'usage des antidépresseurs SSRI dont Celexa, Effexor, Luvox, Paxil, Prozac et Zoloft ainsi que l'abus d'alcool. Lorsqu'une personne est atteinte de dysfonctionnement orgasmique acquis (donc nouvellement déclaré), on doit présumer que son anorgasmie provient d'une cause médicale, jusqu'à preuve du contraire.

Dyspareunie: Douleur physique (dans la région génitale et pelvienne) lors de la pénétration. Nombre de cliniciens considèrent qu'il s'agit d'un problème lié à la douleur plutôt qu'un trouble sexuel puisque la plupart de ces femmes éprouvent la même douleur lors d'un examen gynécologique, de l'insertion d'un tampon, etc. Le traitement le plus courant et le plus efficace contre la dyspareunie est une approche multidisciplinaire qui reconnaît la complexité des interactions entre les facteurs physiques et émotifs. La dyspareunie peut être causée par certains troubles gynécologiques, dont la vestibulite vulvaire ou l'atrophie vulvaire et vaginale associées à la ménopause.

Éjaculation précoce: Éjaculation rapide immédiatement après la pénétration alors que l'homme désire attendre pour atteindre l'orgasme. Chez certains cliniciens, on précise que la norme est d'une minute, mais cette position soulève un tollé de protestations (ainsi, un adolescent atteint l'orgasme très rapidement, normalement). Nos préjugés culturels voulant que les «vrais hommes» maintiennent une érection pour une période mythique prolongée contribuent à alimenter cette controverse, sans parler de l'obsession à vouloir satisfaire sa partenaire. L'expression «éjaculation précoce» est surtout utile pour l'homme qui n'a jamais su retarder ou contrôler son éjaculation ou celui qui a perdu cette capacité après avoir connu une période pourtant satisfaisante à cet égard. L'éjaculation précoce est le trouble sexuel le plus fréquent chez l'homme. L'anxiété ou la crainte de l'éjaculation précoce peut également être à la source du problème.

Inhibition du désir sexuel: Absence ou manque d'intérêt envers l'activité sexuelle ou les fantasmes sexuels, observé souvent chez un individu dont les fonctions physiologiques de l'excitation sexuelle et de l'orgasme sont intactes. Par exemple, manque de libido en raison d'une dépression clinique, d'un déséquilibre hormonal ou d'une profonde insatisfaction à l'endroit de la vie conjugale. Lors du diagnostic, il sera essentiel de déterminer 1) si l'un des conjoints est effectivement aux prises avec une baisse de libido ou 2) si cette personne est jumelée à un conjoint ayant une libido supérieure à la sienne ou 3) si l'autre partenaire jouit d'une libido particulièrement forte.

Vaginisme: Spasmes musculaires involontaires dans la région vaginale qui font obstacle à la pénétration. Il est parfois difficile de distinguer le vaginisme de la dyspareunie. Certains spécialistes croient que le vaginisme est une réaction associée à la douleur vulvaire et vaginale plutôt qu'une maladie proprement dite. Puisqu'il faut pénétration pour qu'il y ait conception, les mères qui développent un vaginisme acquis – fait plutôt rare – doivent être traitées par un médecin qui en cherchera la cause sous-jacente du côté médical ou d'un traumatisme sexuel.

Bibliographie

Ouvrages cités

ACKERMAN, Diane. *Le livre des sens,* Paris, Le Livre de poche, 1993.

BAKER, Nicholson. *Vox,* Paris, Julliard, 1993.

BARBACH, Lonnie Garfield. *For Yourself: The Fullfilment of Female Sexuality,* édition révisée, New York, Signet, 2000.

—. *The Erotic Edge: Erotica for Couples,* New York, Plume, 1996.

BASCO, Monica Ramirez. *Y a-t-il des perfectionnistes heureux?,* Montréal, Le Jour éditeur, 2000.

BERMAN, Jennifer, Laura BERMAN et Elisabeth BUMILLER. *For Women Only: A Revolutionary Guide to Overcoming Sexual Dysfunction and Reclaiming Your Life,* New York, Henry Holt, 2001.

BREATHNACH, Sarah Ban. *L'Abondance dans la simplicité: la gratitude au fil des jours,* Montréal, Éditions du Roseau, 1999.

BRIGHT, Susie, éd. *The Best American Erotica 2001,* New York, Touchstone, 2001.

—. *Herotica 1: A Collection of Women's Erotic Fiction,* San Francisco, Down There Press, 1998.

DANILUK, Judith C. *Women's Sexuality Across the Lifespan: Challenging Myths, Creating Means,* New York, Guilford Press, 1998.

DOMAR, Alice et Henry DREHER. *Self-Nurture: Learning to Care for Yourself as Effectively as You Care for Everyone Else,* New York, Penguin, 2001.

ESQUIVEL, Laura. *Les épices de la passion,* Paris, Pocket, 1993.

FRIDAY, Nancy. *Mon jardin secret : une anthologie des fantasmes sexuels féminins,* Montréal, Presses Sélect, 1976.

GOTTMAN, John M. et Nan Silver. *Les couples heureux ont leurs secrets,* Paris, JC Lattès, 2000.

HEINMAN, Julia R. et Joseph LOPICCOLO. *Becoming Orgasmic : A Sexual and Personal Growth Program for Women,* édition révisée, New York, Fireside, 1988.

HOFFMAN, Alice. *Les ensorceleuses,* Paris, Flammarion, 1998.

JAIVIN, Linda. *Mange-moi,* Paris, J'ai lu, 2000.

JONES, Richard Glyn et A. WILLIAMS, Susan, éd. *The Penguin Book of Erotic Stories by Women,* New York, Penguin, 1996.

KENISON, Katrina. *Le précieux fil des jours : réflexions à l'intention des mères qui courent après le temps,* Varennes : AdA ; Longueuil : Éditions Goélette, Collection « Guide ressources », 2001.

KUNDERA, Milan. *L'insoutenable légèreté de l'être,* Paris, Gallimard, 1989.

LERNER, Harriet. *Mère un jour, mère toujours ! : comment les enfants transforment votre vie,* Montréal, Le Jour éditeur, 1998.

LLOYD, Joan Elizabeth. *52 façons d'enflammer votre samedi soir,* Les Presses Libres, 2003.

LURIE, Alison. *Liaisons étrangères,* Paris, Payot, 1997.

MALTZ, Wendy et Suzie BOSS. *Private Thoughts : Exploring the Power of Women's Sexual Fantasies,* New York, New World Library, 2001.

McGRAW, Phillip C. *Sauvez votre couple : une stratégie en 7 étapes pour rétablir les liens avec votre partenaire,* Varennes, Québec, Éditions AdA, 2001.

McMILLAN, Terry. *Stella,* Paris, Flammarion, 1999.

MICHAEL, Robert T., John H. GAGNON, Edward O. LAUMANN et Gina KOLATA. *Sex in America : A Definitive Survey,* New York, Warner Books, 1995.

MOHANRAJ, Mary Anne, éd. *Aqua Erotica : 18 Stories for a Steamy Bath,* New York, Three Rivers Press, 2000.

PLACKSIN, Sally. *Mothering the New Mother: Women's Feelings and Needs After Childbirth, a Support and Resource Guide*, New York, Newmarket Press, 2000.

RAKO, Susan. *The Hormone of Desire: The Truth About Testosterone, Sexuality and Menopause*, New York, Three Rivers Press, 1999.

REICHMAN, Judith. *I'm Not in the Mood: What Every Woman Should Know About Improving Her Libido*, New York, Morrow, 1998.

RENSHAW, Domeena. *Seven Weeks to Better Sex*, New York, Dell, 1995.

ROSENFELD, Alvin et Nicole WISE. *Hyper-Parenting: Are You Hurting Your Child by Trying Too Hard?*, New York, St. Martin's Press, 2000.

SEMANS, Anne et Cathy WINKS. *The Woman's Guide to Sex on the Web*, San Francisco, HarperSanFrancisco, 1999.

SUDO, Philip Toshio. *Zen Sex: The Way to Making Love*, San Francisco, HarperSanFrancisco, 2000.

THORNTON, Laura, Jan STURTEVANT et Amber Coverdale SUMRALL, éd. *Touching Fire: Erotic Writings by Women*, New York, Carroll & Graf, 1989.

WEBB, Michael. *The RoMANtic's Guide: Hundreds of Creative Tips for a Lifetime of Love*, New York, Hyperion, 2000.

WINTERSON, Jeanette. *Écrit sur le corps*, Paris, Plon, 1993.

ZILBERGELD, Bernie. *The New Male Sexuality*, édition révisée, New York, Doubleday Dell, 1999.

Sites sur Internet*

Sites web érotiques en français (récits et contes):

www.revebebe.free.fr/
www.100senssurs.com/recits.shtml
www.netparadise.net/eroticstories_mainpages/pages_fr/story_fr.htm
www.aureliefr.com/histoireserotiques/indexhistoires.htm
www.delamour.com/
www.masturbation-passion.com/
www.auboudoirdemademoisellek.com
www.charmebooks.com
www.bodypositive.com
www.cleansheets.com
www.erotica-readers.com
www.goaskalice.columbia.edu
www.hipmama.com
www.ivillage.com
www.nerve.com
www.oxygen.com
www.redbook.women.com
www.salon.com/sex/index.html
www.scarletletters.com
www.susiebright.com

Sites commerciaux:

www.babeland.com
www.royalle.com
www.drugstore.com
www.evesgarden.com
www.goodvibes.com
www.redenvelope.com

* Voir la page 212 pour quelques conseils sur la navigation sur Internet lors du repérage des sites érotiques pour les mères.

Table des matières

LA PRESCRIPTION

LES ÉDITIONS DE L'HOMME

Affaires et vie pratique

26 stratégies pour garder ses meilleurs employés, Beverly Kaye et Sharon Jordan-Evans
* **1001 prénoms, leur origine, leur signification,** Jeanne Grisé-Allard
100 stratégies pour doubler vos ventes, Robert L. Riker
* **Acheter et vendre sa maison ou son condominium,** Lucille Brisebois
* **Acheter une franchise,** Pierre Levasseur
À la retraite, re-traiter sa vie, Lucie Mercier
* **Les annuelles en pots et au jardin,** Albert Mondor
* **Les assemblées délibérantes,** Francine Girard
Belles voitures de toujours, Jacques Gagnon
* **La bible du potager,** Edward C. Smith
Le bon mot — Déjouer les pièges du français, Jacques Laurin
* **Bonne nouvelle, vous êtes engagé!,** Bill Marchesin
* **La bourse,** Mark C. Brown
* **Bricoler pour les oiseaux,** France et André Dion
* **Le chasse-insectes dans la maison,** Odile Michaud
* **Le chasse-insectes pour jardins,** Odile Michaud
* **Le chasse-taches,** Jack Cassimatis
* **Choix de carrières — Après le collégial professionnel,** Guy Milot
* **Choix de carrières — Après le secondaire V,** Guy Milot
* **Choix de carrières — Après l'université,** Guy Milot
Clicking, Faith Popcorn
* **Comment cultiver un jardin potager,** Jean-Claude Trait
Comment lire dans les feuilles de thé, William W. Hewitt
Comment rédiger son curriculum vitæ, Julie Brazeau
Comment voir et interpréter l'aura, Ted Andrews
* **Comprendre le marketing,** Pierre Levasseur
La conduite automobile, Francine Levesque
La couture de A à Z, Rita Simard
Découvrir la flore forestière, Michel Sokolyk
* **Des bulbes en toutes saisons,** Pierre Gingras
Des pierres à faire rêver, Lucie Larose
* **Des souhaits à la carte,** Clément Fontaine
* **Devenir exportateur,** Pierre Levasseur
* **Écrivez vos mémoires,** S. Liechtele et R. Deschênes
* **L'entretien de votre maison,** Consumer Reports Books
* **L'étiquette des affaires,** Elena Jankovic
* **EVEolution,** Faith Popcorn et Lys Marigold
* **Faire son testament,** Me Gérald Poirier et Martine Nadeau
* **Fleurs de villes,** Benoit Prieur
* **Fleurs sauvages du Québec,** Estelle Lacoursière et Julie Therrien
* **La généalogie,** Marthe F.-Beauregard et Ève B.-Malak
* **Gérer ses ressources humaines,** Pierre Levasseur
* **Les graminées,** Sandra Barone et Friedrich Oehmiche
Le grand livre de l'harmonie des couleurs, Collectif
* **Le grand livre des vivaces,** Albert Mondor
La graphologie en 10 leçons, Claude Santoy
* **Le guide Bizier et Nadeau,** R. Bizier et R. Nadeau
* **Le guide de l'auto 2001,** J. Duval et D. Duquet
Le guide de l'auto 2003, J. Duval et D. Duquet
* **Guide complet du bricolage et de la rénovation,** Black & Decker
Guide complet pour rénover sa maison, Black & Decker
* **Guide des arbres et des plantes à feuillage décoratif,** Benoit Prieur
* **Guide des fleurs pour les jardins du Québec,** Benoit Prieur
* **Le guide des plantes d'intérieur,** Coen Gelein
* **Guide des plantes pour la maison,** Benoit Prieur
* **Guide des voitures anciennes tome I et tome II,** J. Gagnon et C. Vincent
* **Guide du jardinage et de l'aménagement paysager au Québec,** Benoit Prieur
* **Guide du potager,** Benoit Prieur
* **Le guide du savoir-écrire,** Jean-Paul Simard
* **Le guide du vin 2001,** Michel Phaneuf
* **Le guide du vin 2002,** Michel Phaneuf

*** Guide gourmand 97 — Les 100 meilleurs restaurants de Montréal,** Josée Blanchette
*** Guide gourmand — Les bons restaurants de Québec — Sélection 1996,** D. Stanton
*** Le guide Mondoux,** Yves Mondoux
Guide pratique des premiers soins, Raymond Kattar
Guide pratique des vins d'Italie, Jacques Orhon
*** Guide Prieur saison par saison,** Benoit Prieur
L'harmonie des couleurs à la maison, Martha Gill
L'harmonie des couleurs sur le web, Cailin Boyle
*** Les hémérocalles,** Benoit Prieur
*** J'aime les azalées,** Josée Deschênes
*** J'aime les bulbes d'été,** Sylvie Regimbal
J'aime les cactées, Claude Lamarche
*** J'aime les conifères,** Jacques Lafrenière
*** J'aime les petits fruits rouges,** Victor Berti
J'aime les rosiers, René Pronovost
*** J'aime les tomates,** Victor Berti
*** J'aime les violettes africaines,** Robert Davidson
J'apprends l'anglais…, Gino Silicani et Jeanne Grisé-Allard
Le jardin d'herbes, John Prenis
*** Jardins d'ombre et de lumière,** Albert Mondor
Les jardins fleuris d'oiseaux, France et André Dion
*** Lancer son entreprise,** Pierre Levasseur
Le locataire avisé, Option consommateurs
*** La loi et vos droits,** Me Paul-Émile Marchand
Ma grammaire, Roland Jacob et Jacques Laurin
*** Mariage, étiquette et planification,** Suzanne Laplante
*** Le meeting,** Gary Holland
La menuiserie, Black & Decker
Mieux connaître les vins du monde, Jacques Orhon
Le nouveau guide des vins de France, Jacques Orhon
*** Nouveaux profils de carrière,** Claire Landry
Les nouvelles stratégies de coaching, Pierre J. Gendron et Christiane Faucher
L'orthographe en un clin d'œil, Jacques Laurin
*** Ouvrir et gérer un commerce de détail,** C. D. Roberge et A. Charbonneau
*** Passage obligé,** Charles Sirois
*** Le patron,** Cheryl Reimold
La peinture et la décoration, Black & Decker
*** Le petit Paradis,** France Paradis
*** La planification fiscale étape par étape,** Diane Blais et Michel Lanteigne
La plomberie, Black & Decker
*** Prévoir les belles années de la retraite,** Michael Gordon
Le principe 80/20, Richard Koch
Le rapport Popcorn, Faith Popcorn
*** Les secrets d'une succession sans chicane,** Justin Dugal
Souriez, c'est lundi!, Bill Marchesin
Sur le bout de la langue, André Couture
La taxidermie moderne, Jean Labrie
*** Les techniques de jardinage,** Paul Pouliot
Techniques de vente par téléphone, James D. Porterfield
Technostress, technophobie, Michel Nachez et Erica Guilare-Nachez
*** Tests d'aptitude pour mieux choisir sa carrière,** Linda et Barry Gale
*** Tout ce que vous devez savoir sur le condominium,** Robert Dubois
Les travaux d'électricité, Black & Decker
Une carrière sur mesure, Denise Lemyre-Desautels
L'univers de l'astronomie, Robert Tocquet
Un paon au pays des pingouins, B. Hateley et W. H. Schmidt
La vente, Tom Hopkins
Votre destinée dans les lignes de la main, Michel Morin

Affaires publiques, vie culturelle, histoire

L'affiche au Québec — Des origines à nos jours, Marc H. Choko
Aller-retour au pays de la folie, S. Cailloux-Cohen et Luc Vigneault
*** Antiquités du Québec — Objets anciens,** Michel Lessard
*** Apprécier l'œuvre d'art,** Francine Girard
*** Autopsie d'un meurtre,** Rick Boychuk

* **Avec un sourire,** Gilles Latulippe
* **La baie d'Hudson,** Peter C. Newman
* **Banque Royale,** Duncan McDowall
Les belles inoubliables, Marcel Brouillard
* **Boum Boum Geoffrion,** Bernard Geoffrion et Stan Fischler
Le cercle de mort, Guy Fournier
* **Claude Léveillée,** Daniel Guérard
* **Les conquérants des grands espaces,** Peter C. Newman
* **Cow-boy dans l'âme,** Bernard Arcand et Serge Bouchard
* **Dans la fosse aux lions,** Jean Chrétien
* **Dans les coulisses du crime organisé,** A. Nicaso et L. Lamothe
* **Le déclin de l'empire Reichmann,** Peter Foster
* **De Dallas à Montréal,** Maurice Philipps
* **Deux verdicts, une vérité,** Gilles Perron et Daniel Daignault
* **Les écoles de rang au Québec,** Jacques Dorion
* **Enquête sur les services secrets,** Normand Lester
* **Étoiles et molécules,** Élizabeth Teissier et Henri Laborit
La généalogie, Marthe F. Beauregard et Ève B. Malak
Gilles Villeneuve, Gerald Donaldson
Gretzky — Mon histoire, Wayne Gretzky et Rick Reilly
* **L'histoire des Molson,** Karen Molson
Ici Radio-Canada – 50 ans de télévision française, SRC et Jean-François Beauchemin
* **L'île d'Orléans,** Michel Lessard
* **Les insolences du frère Untel,** Jean-Paul Desbiens
* **Jacques Normand,** Robert Gauthier
* **Jacques Parizeau, un bâtisseur,** Laurence Richard
Jean-Claude Poitras – Portrait d'un homme de style, Anne Richer
* **Landry – Le grand dérangeant,** Michel Vastel
* **Les liens du sang,** Antonio Nicaso et Lee Lamothe
* **La maison au Québec,** Yves Laframboise
* **Marcel Tessier raconte…,** Marcel Tessier
* **Maurice Duplessis,** Conrad Black
Meubles anciens du Québec, Michel Lessard
* **Moi, Mike Frost, espion canadien…,** Mike Frost et Michel Gratton
* **Montréal au XXe siècle — regards de photographes,** Collectif dirigé par Michel Lessard
Montréal — les lumières de ma ville, Yves Marcoux et Jacques Pharand
Montreal, the lights of my city, Jacques Pharand et Yves Marcoux
Montréal, métropole du Québec, Michel Lessard
* **Les mots de la faim et de la soif,** Hélène Matteau
* **Notre Clémence,** Hélène Pedneault
* **Objets anciens du Québec — La vie domestique,** Michel Lessard
* **Option Québec,** René Lévesque
Parce que je crois aux enfants, Andrée Ruffo
Paul-Émile Léger tome 1. Le Prince de l'Église, Micheline Lachance
Paul-Émile Léger tome 2. Le dernier voyage, Micheline Lachance
Paul-Émile Léger - coffret 2 volumes, Micheline Lachance
La peinture au Québec depuis les anées 1960, Robert Bernier
* **Pierre Daignault, d'IXE-13 au père Ovide,** Luc Bertrand
* **Plamondon — Un cœur de rockeur,** Jacques Godbout
* **Pleins feux sur les… services secrets canadiens,** Richard Cléroux
* **Pleurires,** Jean Lapointe
Prisonnier à Bangkok, Alain Olivier et Normand Lester
Quebec, city of light, Michel Lessard et Claudel Huot
Québec from the air, Pierre Lahoud et Henri Dorion
Québec, ville de lumière, Michel Lessard et Claudel Huot
Québec, ville du Patrimoine mondial, Michel Lessard
Le Québec vu du ciel, Pierre Lahoud et Henri Dorion
* **Les Quilico,** Ruby Mercer
René Lévesque, portrait d'un homme seul, Claude Fournier
Riopelle, Robert Bernier
* **Sainte-Foy – L'art de vivre en banlieue au Québec,** M. Lessard, J.-M. Lebel et C. Fortin
Sauvez votre planète !, Marjorie Lamb
* **Saveurs des campagnes du Québec,** Jacques Dorion
* **La sculpture ancienne au Québec,** John R. Porter et Jean Bélisle
Les sentinelles du Saint-Laurent, Patrice Halley
Sentinels of the St.Lawrence, Patrice Halley
Sir Wilfrid Laurier, Laurier L. Lapierre

La stratégie du dauphin, Dudley Lynch et Paul L. Kordis
Suzor-Côté – Light and Matter, Laurier Lacroix
Suzor-Côté – Lumière et matière, Laurier Lacroix
Syrie terre de civilisations, Michel Fortin
* **Le temps des fêtes au Québec,** Raymond Montpetit
* **Trudeau le Québécois,** Michel Vastel
* **Un amour de ville,** Louis-Guy Lemieux
* **Un siècle de peinture au Québec,** Robert Bernier
Villages pittoresques du Québec, Yves Laframboise
Virage global, Ervin Laszlo

Cuisine et nutrition

* **Les 250 meilleures recettes de Weight Watchers,** Collectif
* **À la découverte des fromageries du Québec,** André Fouillet
L'alimentation durant la grossesse, Hélène Laurendeau et Brigitte Coutu
Les aliments et leurs vertus, Jean Carper
Les aliments miracles pour votre cerveau, Jean Carper
Les aliments pour rester jeune, Jean Carper
Les aliments qui guérissent, Jean Carper
* **Apprêter et cuisiner le gibier,** collectif
Balsamico, Pamela Sheldon Johns
Le barbecue, Patrice Dard
Le barbecue – Toutes les techniques pour cuisiner sur le gril, Steven Raichler
* **Bien manger sans se serrer la ceinture,** Marie Breton
* **Biscuits et muffins,** Marg Ruttan
Bon appétit !, Mia et Klaus
La bonne cuisine des saisons, Victor-Antoine d'Avila-Latourette
Bonne table, bon sens, Anne Lindsay
Bonne table et bon cœur, Anne Lindsay
Les bonnes soupes du monastère, Victor-Antoine d'Avila-Latourrette
* **Bons gras, mauvais gras,** Louise Lambert-Lagacé et Michelle Laflamme
Les bons légumes du monastère, Victor-Antoine d'Avila-Latourrette
Le boulanger électrique, Marie-Paul Marchand
* **Le cochon à son meilleur,** Philippe Mollé
* **Cocktails de fruits non alcoolisés,** Lorraine Whiteside
Combler ses besoins en calcium, Denyse Hunter
Comment nourrir son enfant, Louise Lambert-Lagacé
La congélation de A à Z, Joan Hood
Les conserves, Sœur Berthe
* **Crème glacée et sorbets,** Yves Lebuis et Gilbert Pauzé
Cuisine amérindienne, Françoise Kayler et André Michel
La cuisine au wok, Charmaine Solomon
* **La cuisine chinoise traditionnelle,** Jean Chen
La cuisine des champs, Anne Gardon
La cuisine du monastère, Victor-Antoine d'Avila-Latourrette
La cuisine, naturellement, Anne Gardon
* **Cuisiner avec le four à convection,** Jehane Benoit
Cuisine traditionnelle des régions du Québec, Institut de tourisme et d'hôtellerie du Québec
Le défi alimentaire de la femme, Louise Lambert-Lagacé
* **Délices en conserve,** Anne Gardon
Des insectes à croquer, Insectarium de Montréal et Jean-Louis Thémis
* **Les desserts sans sucre,** Jennifer Eloff
Devenir végétarien, V. Melina, V. Harrison et B. C. Davis
* **Du moût ou du raisin ? Faites vous-même votre vin,** Claudio Bartolozzi
* **Faire son pain soi-même,** Janice Murray Gill
* **Faire son vin soi-même,** André Beaucage
Fruits & légumes exotiques, Jean-Louis Thémis
Gibier à poil et à plume, Jean-Paul Grappe
La grande cuisine de Jean-Paul Grappe – Coffret de deux volumes, Jean-Paul Grappe
* **Le guide des accords vins et mets,** Jacques Orhon
Harmonisez vins et mets, Jacques Orhon
Huiles et vinaigres, Jean-François Plante
Jus frais et boissons santé, Anne McIntyre
Le juste milieu dans votre assiette, Dr B. Sears et B. Lawren
Le lait de chèvre un choix santé, Collectif

* **Le livre du café,** Julien Letellier
Mangez mieux, vivez mieux !, Bruno Comby
Ménopause, nutrition et santé, Louise Lambert-Lagacé
* **Menus et recettes du défi alimentaire de la femme,** Louise Lambert-Lagacé
* **Les muffins,** Angela Clubb
Nouilles, Vicki Liley
Le nouveau guide des vins d'Italie, Jacques Orhon
* **La nouvelle boîte à lunch,** Louise Desaulniers et Louise Lambert-Lagacé
La nouvelle cuisine micro-ondes, Marie-Paul Marchand et Nicole Grenier
La nouvelle cuisine micro-ondes II, Marie-Paul Marchand et Nicole Grenier
Les passions gourmandes, Philippe Mollé
* **Les pâtes,** Julien Letellier
* **La pâtisserie,** Maurice-Marie Bellot
Plaisirs d'été, Collectif
* **Poissons, mollusques et crustacés,** Jean-Paul Grappe et l'I.T.H.Q.
Le porc en toutes saisons, Le Porc du Québec
Les recettes de grand-maman Lassonde, Juliette Lassonde
* **Les recettes du bien-être absolu,** Dr Barry Sears
Réfléchissez, mangez et maigrissez !, Dr Dean Ornish
La sage bouffe de 2 à 6 ans, Louise Lambert-Lagacé
La santé au menu, Karen Graham
* **Soupes et plats mijotés,** Marg Ruttan et Lew Miller
Sushis et sashimis, Masakuzu Hori et Kazu Takahashi
Telle mère, telle fille, Debra Waterhouse
Le temps des pommes, Olwen Woodier et Suzanne P. Leclerc
Les tisanes qui font merveille, Dr Leonhard Hochenegg et Anita Höhne
Un homme au fourneau, Guy Fournier
Une cuisine sage, Louise Lambert-Lagacé
* **Votre régime contre l'acné,** Alan Moyle
* **Votre régime contre la colite,** Joan Lay
* **Votre régime contre la cystite,** Ralph McCutcheon
* **Votre régime contre la sclérose en plaque,** Rita Greer
* **Votre régime contre l'asthme et le rhume des foins,** R. Newman Turner
* **Votre régime contre le diabète,** Martin Budd
* **Votre régime contre le psoriasis,** Harry Clements
* **Votre régime pour contrôler le cholestérol,** R. Newman Turner
* **Les yogourts glacés,** Mable et Gar Hoffman

Psychologie, vie affective, vie professionnelle, sexualité

20 minutes de répit, Ernest Lawrence Rossi et David Nimmons
36 jeux drôles pour pimenter votre vie amoureuse, Albertine et Christophe Carré
101 conseils pour élever un enfant heureux, Lisa McCourt
1001 stratégies amoureuses, Marie Papillon
À dix kilos du bonheur, Danielle Bourque
L'adultère est un péché qu'on pardonne, Bonnie Eaker Weil et Ruth Winter
* **Aider mon patron à m'aider,** Eugène Houde
Aimer et se le dire, Jacques Salomé et Sylvie Galland
Aimer un homme sans se laisser dominer, Harrison Forrest
À la découverte de mon corps — Guide pour les adolescentes, Lynda Madaras
À la découverte de mon corps — Guide pour les adolescents, Lynda Madaras
L'amour au défi, Natalie Suzanne
L'amour comme solution, Susan Jeffers
* **L'amour, de l'exigence à la préférence,** Lucien Auger
* **L'amour en guerre,** Guy Corneau
L'amour entre elles, Claudette Savard
Les anges, mystérieux messagers, Collectif
Apprendre à dire non, Marcelle Lamarche et Pol Danheux
Apprenez à votre enfant à réfléchir, John Langrehr
L'apprentissage de la parole, R. Michnik Golinkoff et K. Hirsh-Pasek
L'approche émotivo-rationnelle, Albert Ellis et Robert A. Harper
Arrête de bouder!, Marie-France Cyr
Arrosez les fleurs pas les mauvaises herbes, Fletcher Peacock
L'art de discuter sans se disputer, Robert V. Gerard
L'art de parler en public, Ed Woblmuth
L'art d'être parents, Dr Benjamin Spock

Attention, parents !, Carol Soret Cope
Au bout du rouleau ?, Debra Waterhouse
Au cœur de l'année monastique, Victor-Antoine d'Avila-Latourrette
Balance en amour, Linda Goodman
Bébé joue et apprend, Penny Warner
Bélier en amour, Linda Goodman
Bientôt maman, Janet Whalley, Penny Simkin et Ann Keppler
* **Le bonheur au travail,** Alan Carson et Robert Dunlop
Le bonheur si je veux, Florence Rollot
Cancer en amour, Linda Goodman
Capricorne en amour, Linda Goodman
Ces chers parents !..., Christina Crawford
Ces enfants que l'on veut parfaits, Dr Elisabeth Guthrie et Kathy Mattews
Ces gens qui remettent tout à demain, Rita Emmett
Ces gens qui vous empoisonnent l'existence, Lillian Glass
* **Ces hommes qui méprisent les femmes... et les femmes qui les aiment,** Dr Susan Forward et Joan Torres
Ces pères qui ne savent pas aimer, Monique Brillon
Cessez d'être gentil, soyez vrai, Thomas d'Ansembourg
Ces visages qui en disent long, Jeanne-Élise Alazard
Changer en douceur, Alain Rochon
Changer ensemble — Les étapes du couple, Susan M. Campbell
Changer, oui, c'est possible, Martin E. P. Seligman
Les clés du succès, Napoleon Hill
Comment aider mon enfant à ne pas décrocher, Lucien Auger
Comment communiquer avec votre adolescent, E. Weinhaus et K. Friedman
Comment contrôler l'inquiétude et l'utiliser efficacement, Dr E. M. Hallowell
Comment développer l'estime de soi de votre enfant, Carl Pickhardt
Comment faire l'amour sans danger, Diane Richardson
* **Comment parler en public,** S. Barrat et C. H. Godefroy
Comment s'amuser à séduire l'autre, Lili Gulliver
Comment s'entourer de gens extraordinaires, Lillian Glass
Communiquer avec les autres, c'est facile !, Érica Guilane-Nachez
Le complexe de Casanova, Peter Trachtenberg
* **Comprendre et interpréter vos rêves,** Michel Devivier et Corinne Léonard
La concentration créatrice, Jean-Paul Simard
La côte d'Adam, M. Geet Éthier
Couples en péril réagissez !, Dr Arnold Brand
Découvrez votre quotient intellectuel, Victor Serebriakoff
Découvrir un sens à sa vie avec la logothérapie, Viktor E. Frankl
Le défi de vieillir, Hubert de Ravinel
* **De ma tête à mon cœur,** Micheline Lacasse
La dépression contagieuse, Ronald M. Podell
La deuxième année de mon enfant, Frank et Theresa Caplan
Développez votre charisme, Tony Alessandra
Devenez riche, Napoleon Hill
* **Dieu ne joue pas aux dés,** Henri Laborit
Dominez votre anxiété avant qu'elle ne vous domine, Albert Ellis
Les douze premiers mois de mon enfant, Frank Caplan
* **Du nouvel amour à la famille recomposée,** Gisèle Larouche
Les dynamiques de la personne, Denis Ouimet
Dynamique des groupes, Jean-Marie Aubry
En attendant notre enfant, Yvette Pratte Marchessault
* **Les enfants de l'autre,** Erna Paris
Les enfants de l'indifférence, Andrée Ruffo
L'enfant dictateur, Fred G. Gosman
L'enfant en colère, Tim Murphy
* **L'enfant unique — Enfant équilibré, parents heureux,** Ellen Peck
L'Ennéagramme au travail et en amour, Helen Palmer
Entre le rire et les larmes, Élisabeth Carrier
L'esprit dispersé, Dr Gabor Maté
* **L'esprit du grenier,** Henri Laborit
Êtes-vous faits l'un pour l'autre ?, Ellen Lederman
* **L'étonnant nouveau-né,** Marshall H. Klaus et Phyllis H. Klaus
Être soi-même, Dorothy Corkille Briggs
* **Évoluer avec ses enfants,** Pierre-Paul Gagné
Exceller sous pression, Saul Miller

* **Exercices aquatiques pour les futures mamans,** Joanne Dussault et Claudia Demers
Fantaisies amoureuses, Marie Papillon
La femme indispensable, Ellen Sue Stern
La force intérieure, J. Ensign Addington
Le fruit défendu, Carol Botwin
Full sexuel – La vie amoureuse des adolescents, Jocelyne Robert
Gémeaux en amour, Linda Goodman
Le goût du risque, Gert Semler
Le grand dauphin blanc, Bruno Saint-Cast
Le grand livre de notre enfant, Dorothy Einon
* **Le grand manuel des cristaux,** Ursula Markham
La graphologie au service de votre vie intime et professionnelle, Claude Santoy
Guérir des autres, Albert Glaude
* **La guérison du cœur,** Guy Corneau
Le guide du succès, Tom Hopkins
* **Heureux comme un roi,** Benoît L'Herbier
Histoire d'une femme traquée, Gaëtan Dufour
L'histoire merveilleuse de la naissance, Jocelyne Robert
Horoscope chinois 2001, Neil Somerville
Horoscope chinois 2002, Neil Somerville
Horoscope chinois 2003, Neil Somerville
Les initiales du bonheur, Ronald Royer
L'insoutenable absence, Regina Sara Ryan
J'ai commis l'inceste, Gilles David
* **J'aime,** Yves Saint-Arnaud
J'ai rendez-vous avec moi, Micheline Lacasse
Jamais seuls ensemble, Jacques Salomé
Je crois en moi et je vais mieux !, Christ Zois et Patricia Fogarty
Je réinvente ma vie, J. E. Young et J. S. Klosko
Le jeu excessif, Ladouceur, Sylvain, Boutin et Doucet
* **Le journal intime intensif,** Ira Progoff
Le langage du corps, Julius Fast
Lion en amour, Linda Goodman
Le mal des mots, Denise Thériault
Maman a raison, papa n'a pas tort…, Dr Ron Taffel
Maman, bobo !, Collectif
Les manipulateurs et l'amour, Isabelle Nazare-Aga
Les manipulateurs sont parmi nous, Isabelle Nazare-Aga
Ma sexualité de 0 à 6 ans, Jocelyne Robert
Ma sexualité de 6 à 9 ans, Jocelyne Robert
Ma sexualité de 9 à 12 ans, Jocelyne Robert
La méditation transcendantale, Jack Forem
Le mensonge amoureux, Robert Blondin
Nous divorçons — Quoi dire à nos enfants, Darlene Weyburne
Mère à la maison et heureuse ! Cindy Tolliver
Mettez du feng shui dans votre vie, George Birdsall
* **Mon enfant naîtra-t-il en bonne santé ?,** Jonathan Scher et Carol Dix
* **Mon journal de rêves,** Nicole Gratton
Parent responsable, enfant équilibré, François Dumesnil
Parle, je t'écoute…, Kris Rosenberg
Parle-moi… j'ai des choses à te dire, Jacques Salomé
Parlez-leur d'amour et de sexualité, Jocelyne Robert
Parlez pour qu'on vous écoute, Michèle Brien
Partir ou rester ?, Peter D. Kramer
Pas de panique !, Dr R. Reid Wilson
Pensez comme Léonard de Vinci, Michael J. Gelb
Père manquant, fils manqué, Guy Corneau
Petit bonheur deviendra grand, Éliane Francœur
La peur d'aimer, Steven Carter et Julia Sokol
Les peurs infantiles, Dr John Pearce
Peut-on être un homme sans faire le mâle ?, John Stoltenberg
* **Les plaisirs du stress,** Dr Peter G. Hanson
La plénitude sexuelle, Michael Riskin et Anita Banker-Riskin
Poissons en amour, Linda Goodman
Pour en finir avec le trac, Peter Desberg
Pour entretenir la flamme, Marie Papillon
Pourquoi l'autre et pas moi ? — Le droit à la jalousie, Dr Louise Auger

Pourquoi les hommes s'en vont, Brenda Shoshanna
Pourquoi les hommes marchent-ils à la gauche des femmes?, Philippe Turchet
Le pouvoir d'Aladin, Jack Canfield et Mark Victor Hansen
Le pouvoir de la couleur, Faber Birren
Le pouvoir de la pensée «négative», Tony Humphreys
Le pouvoir de l'empathie, A.P. Ciaramicoli et C. Ketcham
Préparez votre enfant à l'école dès l'âge de 2 ans, Louise Doyon
* **Prévenir et surmonter la déprime,** Lucien Auger
Le principe de Peter, L. J. Peter et R. Hull
Les problèmes de sommeil des enfants, Dr Susan E. Gottlieb
Psychologie de l'enfant de 0 à 10 ans, Françoise Cholette-Pérusse
* **La puberté,** Angela Hines
La puissance de la vie positive, Norman Vincent Peale
La puissance de l'intention, Richard J. Leider
La puissance des émotions, Michelle Larivey
Qui a peur d'Alexander Lowen?, Édith Fournier
Réfléchissez et devenez riche, Napoleon Hill
Rendez-vous au lit, Pamela Lister
La réponse est en moi, Micheline Lacasse
La réussite grâce à l'horoscope chinois, Neil Somerville
Les rêves, messagers de la nuit, Nicole Gratton
Les rêves portent conseil, Laurent Lachance
Rêves, signes et coïncidences, Laurent Lachance
Rompre pour de bon!, Joyce L. Vedral
* **Rompre sans tout casser,** Linda Bérubé
Ronde et épanouie!, Cheri K. Erdman
* **S'affirmer au quotidien,** Éric Schuler
S'affirmer et communiquer, Jean-Marie Boisvert et Madeleine Beaudry
S'aider soi-même davantage, Lucien Auger
Sagittaire en amour, Linda Goodman
Scorpion en amour, Linda Goodman
Se comprendre soi-même par des tests, Collaboration
Se connaître soi-même, Gérard Artaud
* **Le secret de Blanche,** Blanche Landry
Secrets d'alcôve, Iris et Steven Finz
Les secrets de la flexibilité, Priscilla Donovan et Jacquelyn Wonder
Les secrets de l'astrologie chinoise ou le parfait bonheur, André H. Lemoine
Les secrets des 12 signes du zodiaque, Andrée D'Amour
Séduire à coup sûr, Leil Lowndes
* **Se guérir de la sottise,** Lucien Auger
S'entraider, Jacques Limoges
* **La sexualité du jeune adolescent,** Dr Lionel Gendron
La sexualité pour le plaisir et pour l'amour, D. Schmid et M.-J. Mattheeuws
Si je m'écoutais je m'entendrais, Jacques Salomé et Sylvie Galland
Le Soi aux mille visages, Pierre Cauvin et Geneviève Cailloux
* **Superlady du sexe,** Susan C. Bakos
Surmonter sa peine, Adele Wilcox
La synergologie, Philippe Turchet
Taureau en amour, Linda Goodman
Te laisse pas faire! Jocelyne Robert
Le temps d'apprendre à vivre, Lucien Auger
Tics et problèmes de tension musculaire, Kieron O'Connor et Danielle Gareau
Tirez profit de vos erreurs, Gerard I. Nierenberg
Tout se joue avant la maternelle, Masaru Ibuka
* **Travailler devant un écran,** Dr Helen Feeley
Un autre corps pour mon âme, Michael Newton
* **Un monde insolite,** Frank Edwards
Une vie à se dire, Jacques Salomé
* **Un second souffle,** Diane Hébert
Verseau en amour, Linda Goodman
* **La vie antérieure,** Henri Laborit
Vieillir au masculin, Hubert de Ravinel
Vierge en amour, Linda Goodman
Vivre avec les autres, Jacques Salomé
Vivre avec un cardiaque, Rhoda F. Levin
Vos enfants consomment-ils des drogues?, Steve Carper et Timothy Dimoff
Votre enfant est-il trop sensible?, Janet Poland et Judi Craig

Votre enfant est-il victime d'intimidation ?, Sarah Lawson
Vouloir c'est pouvoir, Raymond Hull
Vous valez mieux que vous ne pensez, Patricia Cleghorn

Santé, beauté

Alzheimer — Le long crépuscule, Donna Cohen et Carl Eisdorfer
Arbres et arbustes thérapeutiques, Anny Schneider
L'arthrite, Dr Michael Reed Gach
L'arthrite — méthode révolutionnaire pour s'en débarrasser, Dr John B. Irwin
Au cœur de notre corps, Marie Lise Labonté
Bien vivre, mieux vieillir, Marie-Paule Dessaint
Bon vin, bon cœur, bonne santé !, Frank Jones
Le cancer du sein, Dr Carol Fabian et Andrea Warren
La chirurgie esthétique, Dr André Camirand
* **Comment arrêter de fumer pour de bon,** Kieron O'Connor, Robert Langlois et Yves Lamontagne
Le corps heureux, Thérèse Cadrin Petit et Lucie Dumoulin
Cures miracles, Jean Carper
De belles jambes à tout âge, Dr Guylaine Lanctôt
* **Dites-moi, docteur...,** Dr Raymond Thibodeau
Dormez comme un enfant, John Selby
Dos fort bon dos, David Imrie et Lu Barbuto
Dr Dalet, j'ai mal, que faire ?, Dr Roger Dalet
* **Être belle pour la vie,** Bronwen Meredith
Être jeune et le rester, Dr Alan Bonsteel et Chantal Charbonneau
La faim de vivre, Geneen Roth
Guide critique des médicaments de l'âme, D. Cohen et S. Cailloux-Cohen
* **Guide de la santé (le),** Clinique Mayo
H_2O — Les bienfaits de l'eau, Anna Selby
L'hystérectomie, Suzanne Alix
L'impuissance, Dr Pierre Alarie et Dr Richard Villeneuve
Initiation au shiatsu, Yuki Rioux
* **Maigrir : la fin de l'obsession,** Susie Orbach
Maladies imaginaires, maladies réelles ?, Carla Cantor et Dr Brian A. Fallon
* **Le manuel Johnson & Johnson des premiers soins,** Dr Stephen Rosenberg
* **Les maux de tête chroniques,** Antonia Van Der Meer
Maux de tête et migraines, Dr Jacques P. Meloche et J. Dorion
Millepertuis, la plante du bonheur, Dr Steven Bratman
La médecine des dauphins, Amanda Cochrane et Karena Callen
Mince alors... finis les régimes !, Debra Waterhouse
Perdez du poids... pas le sourire, Dr Senninger
Perdre son ventre en 30 jours, Nancy Burstein
La pharmacie verte, Anny Schneider
Plantes sauvages médicinales, Anny Schneider et Ulysse Charette
Pourquoi les femmes vivent-elles plus longtemps que les hommes ?, Royda Crose
* **Principe de la technique respiratoire,** Julie Lefrançois
* **Programme XBX de l'aviation royale du Canada,** Collectif
Qi Gong, L.V. Carnie
Renforcez votre immunité, Bruno Comby
Le rhume des foins, Roger Newman Turner
Ronfleurs, réveillez-vous !, Jocelyne Delage et Jacques Piché
La santé après 50 ans, Muriel R. Gillick
Santé et bien-être par l'aquaforme, Nancy Leclerc
Savoir relaxer — Pour combattre le stress, Dr Edmund Jacobson
Se guérir autrement c'est possible, Marie Lise Labonté
* **Soignez vos pieds,** Dr Glenn Copeland et Stan Solomon
Le supermassage minute, Gordon Inkeles
Vaincre les ennemis du sommeil, Charles M. Morin
* **Vaincre l'hypoglycémie,** O. Bouchard et M. Thériault
Vivre avec l'alcool, Louise Nadeau
Le yoga, Sandra Anderson

Achevé d'imprimer au Canada
en juin 2003
sur les presses des Imprimeries Transcontinental inc.
Division Imprimerie Gagné.